浦和実業学園中学校

東北大・北海道大・ICUに現役合格！
未来に続く11期生募集！

英語イマージョン教育で「真の英語力」を

■ 学校説明会
9月15日（月・祝）10:00〜／ミニ文化祭
9月27日（土）13:30〜／部活動体験
10月26日（日）10:00〜／英語イマージョン体験授業
11月 9日（日）10:00〜／入試問題の傾向と対策

■ ミニ説明会
＊ミニ説明会はメール予約先着50名です。
　予約メールアドレスは、開催2週間前に専用メールアドレスをHPに掲載します。

12月25日（木）18:20〜　1月 5日（月）10:00〜
12月26日（金）18:20〜　1月 6日（火）10:00〜
12月27日（土）13:30〜

■ 入試問題学習会
11月23日（日・祝）10:00〜
12月21日（日）10:00〜

＊学校説明会同時開催

■ 文化祭　　　■ 体育祭
9月14日（日）　　10月11日（土）
9:00〜14:00　　　9:00〜14:00

■ 公開授業
11月18日（火）〜11月20日（木）
9:00〜15:00

〒336-0025　埼玉県さいたま市南区文蔵3丁目9番1号　TEL：048-861-6131（代表）　FAX：048-861-6132
ホームページ http://www.urajitsu.ed.jp　Eメールアドレス info@po.urajitsu.ed.jp

先を見て齊(ととの)える

Wayo Kudan
Junior & Senior High School

オープンスクール 予約制 9:30〜	**学校体験会** 予約制 11:00〜	**学校説明会**	**プレテスト** 予約制 8:40〜
8月22日(金)	9月20日(土) ※新校舎発表会があります	9月20日(土)　12月 6日(土) 11:00〜【予約制】　13:30〜【予約不要】	12月21日(日)
イブニング説明会 予約制19:00〜	**ミニ説明会** 予約制 10:00〜	**入試対策勉強会** 予約制 10:00〜	**文化祭** 9:00〜
9月12日(金)	10月18日(土)　11月14日(金) 1月10日(土)	10月25日(土)　国語・算数① 11月 1日(土)　社会・理科① 11月 8日(土)　国語・算数②	10月 4日(土)　10月 5日(日)

 和洋九段女子中学校

http://www.wayokudan.ed.jp　［和洋九段］検索

〒102-0073 東京都千代田区九段北1-12-12　TEL 03-3262-4161(代)
九段下駅(地下鉄 東西線・半蔵門線・都営新宿線)より徒歩約3分／飯田橋駅(JR・地下鉄各線)より徒歩約8分／九段上・九段下、両停留所(都バス)より徒歩約5分

東農大三中

男女共学
90名募集

究理探新

本物に出会い、
本当にやりたい夢に近づく
6年間。

実学教育をベースに
学力・進路選択力・人間力を育てます。

■受験生・保護者対象　体験授業・説明会 等　＊詳しくはHPをご確認ください。またはお問い合わせください。

日 時	内 容	会 場
7月26日（土）① 9：30〜 ②14：00〜	体験授業Ⅰ【理科・社会・英語】（要予約）/ 説明会	本校
8月17日（日） 9：30〜	体験授業Ⅱ【理科・社会】（要予約）/ 説明会	本校
9月16日（火）14：00〜	説明会（学校概要と募集要項の説明）	所沢
10月 4日（土） 9：30〜	説明会（授業公開と募集要項の説明）	本校
10月15日（水）19：00〜	イブニング説明会（学校概要と募集要項の説明）	大宮
10月17日（金）19：00〜	イブニング説明会（学校概要と募集要項の説明）	川越
11月 4日（火）10：30〜	説明会（募集要項の説明）	熊谷
11月10日（月）10：00〜	説明会（募集要項の説明）	大宮
11月24日（月振休）9：30〜	入試模擬体験【国語・算数】（要予約 11/1より）/ 説明会	本校
12月13日（土） 9：30〜	説明会（27年度入試出題傾向と対策）	本校

浪漫祭（文化祭）
9月20日（土）・21日（日）

東京農業大学第三高等学校附属中学校

〒355-0005 埼玉県東松山市大字松山1400-1
TEL：0493-24-4611
http://www.nodai-3-h.ed.jp

＊7駅よりスクールバス運行　東武東上線　東松山駅、JR高崎線　上尾駅・鴻巣駅・吹上駅・熊谷駅
西武新宿線　本川越駅、秩父鉄道　行田市駅

きみの知は、
どこまで遠く飛べるだろう。

Developing Future Leaders

クラス概要

「グローバルエリート（GE）クラス」
東大をはじめとする最難関大学への合格を目指すことはもちろん、「世界のリーダーを育てたい」という開校以来の理念を実現するクラスです。

「グローバルスタンダード（GS）クラス」
難関大学合格を目指すと同時に、世界を舞台に幅広く活躍できる人材を育成する、従来の「世界標準」のクラスです。

学校見学会
7月12日（土）10:00〜12:00

授業見学
10月 4日（土）10:00〜12:00

小学4・5年生対象説明会
12月21日（日）10:00〜12:00

学校説明会

第1回　9月 6日（土）10:00〜12:00　＊授業見学可

第2回　10月19日（日）13:30〜15:30　＊体験授業

第3回　11月22日（土）10:00〜12:00　＊入試問題解説会

第4回　12月13日（土）10:00〜12:00　＊入試問題解説会

予約不要・スクールバス有り　　※詳しくはホームページをご覧下さい。

春日部共栄中学校

〒344-0037　埼玉県春日部市上大増新田213
電話048-737-7611㈹　Fax048-737-8093
春日部駅西口よりスクールバス約10分　ホームページアドレス http://www.k-kyoei.ed.jp

KOKUSAI GAKUIN JUNIOR HIGH SCHOOL

ego cogito, ergo sum

オープンスクール（要予約：HP／FAX／Mail／TEL）

7月26日（土）11:00〜12:45　【体験授業】理科実験その1

8月22日（金）10:00〜12:00　【体験授業】理科実験その2

9月20日（土）11:00〜12:45　【体験授業】英語をつかおう

※学食で在校生と同じ食事を用意しています。
※体験授業の内容についてはホームページにてご確認下さい。

学校説明会 in 五峯祭（文化祭）

9月14日（日）11:00〜11:30

入試対策学習会（要予約：HP／FAX／Mail／TEL）

10月18日（土）14:00〜16:30　2科（算国）模擬試験と解説

＊11月14日（金）10:00〜12:30　4科（算国理社）模擬試験と解説

12月 6日（土）14:00〜16:30　過去問題解説・傾向と対策

＊11/14は、学食で在校生と同じ食事を用意しています。

イブニング学校説明会（要予約：HP／FAX／Mail／TEL）

会場：国際学院埼玉短期大学

11月26日（水）18:30〜19:00　【個別相談】19:00〜20:00

学校説明会（要予約：HP／FAX／Mail／TEL）

11月 4日（火）10:00〜11:00　【個別相談】11:00〜12:00

12月20日（土）14:00〜15:00　【個別相談】15:00〜16:00

12月25日（木）10:00〜11:00　【個別相談】11:00〜12:00

●予約が必要なイベントはホームページからもお申し込みができます。

●オープンスクールと、入試対策学習会の11/14は学食にて実際に本校の生徒に提供している食事が食べられます。御予約の際、学食での食事希望の有無と、希望される方は参加人数をお知らせ下さい。

United Nations
Educational, Scientific and
Cultural Organization
UNESCO Associated Schools

ユネスコスクール加盟校

中高一貫部
国際学院中学校

QRコードで
簡単アクセス

〒362-0806　埼玉県北足立郡伊奈町小室10474　TEL：048-721-5931（代）FAX：048-721-5903　http://jsh.kgef.ac.jp　✉ js@kgef.ac.jp

Act on the GLOBE

SEIBUDAI NIIZA
Junior High School

地球サイズのたくましい人間力。

子供たちが社会に出る10年後。そこには間違いなく、今より格段にグローバル化が進展した世界が広がっているでしょう。西武台新座中学校の6年間は、そうした将来の社会で活躍できるたくましい人間力を備えるためにあります。

本校では、「高い学力」と「グローバル・リテラシー」という2つの大きなチカラの育成を目標に、独自の英語教育や先端的なICT活用教育など、新しい概念のプログラムや環境を整備し、確かな成果と手応えを得ております。説明会では、そんなお話を中心に、「学ぶ喜び」と「出会い」に充ちた、かけがえのない6年間について、ご案内させていただきます。

学校説明会・体験イベント ◆開催時間や詳しい内容は本校ホームページでご確認ください

日程		時間	名称	会場	備考
7／24	〈木〉	13:00～15:00	オープンスクール	本校	要予約
9／6 7	〈土〉 〈日〉	本校ホームページにて	武陽祭(文化祭)＋相談会	本校	予約不要
9／28	〈日〉	10:00～12:00	第2回 学校説明会	本校	要予約
10／19	〈日〉	10:00～12:00	第3回 学校説明会	本校	要予約
11／16	〈日〉	10:00～12:00	第4回 学校説明会	本校	要予約
12／6	〈土〉	本校ホームページにて	入試模擬体験会	本校	要予約
12／25	〈木〉	本校ホームページにて	入試直前情報説明会	本校	要予約

スクールバスをご利用ください

◆説明会開催時には、スクールバスを運行いたします。運行時間や発着場所は、本校Webサイトでご確認ください。
◆お車でもお越しいただけます。駐車スペースに限りがございますので、必ず前日までにご連絡ください。(武陽祭は除く)

お問い合わせ:TEL.048-424-5781
〒352-8508 埼玉県新座市中野2-9-1
学校法人 武陽学園 西武台新座中学校・西武台高等学校

西武台新座中学校

西武台TV **ON AIR** 視聴はこちらから! 西武台新座 検索

ここから始まる私たちの未来

Teikyo University Junior High School

TEIKYO 帝京大学中学校

〒192-0361 東京都八王子市越野322　TEL.042-676-9511(代)

http://www.teikyo-u.ed.jp/

○2015年度入試 学校説明会

対象／保護者・受験生　　会場／本校

第2回	**9/13** (土) ①10:00 ②14:00	学習への取り組み　クラブ活動体験※
第3回	**10/11** (土) 14:00	学校行事とクラブ活動　模擬授業 〜合唱祭今年の優勝は〜
第4回	**11/15** (土) 10:00	本校の生活指導　安全管理 〜保護者が見た帝京大学中学校〜
第5回	**12/14** (日) 10:00	入試直前情報　過去問解説授業
第6回	**1/10** (土) 14:00	これから帝京大学中学校をお考えの皆さんへ
第7回	**2/28** (土) 14:00	4年生・5年生保護者対象の説明会

※予約制　クラブ活動体験・模擬授業は電話予約が必要となります。予約方法は各説明会の1ヶ月前頃にホームページ上でお知らせします。
○9/13の説明会のみ予約制となります。詳しくはお問い合わせ下さい。
○学校見学は、随時可能です。(但し、日祝祭日は除く。また学校説明会等、行事のある場合は見学出来ないことがあります。)
○平常授業日(月〜土)には、事前にご予約いただければ、教員が校舎案内をいたします。

○邂逅祭(文化祭)　11月1日(土)・2日(日)

●スクールバスのご案内

月〜土曜日／登校時間に運行。
詳細は本校のホームページをご覧ください。

JR豊田駅 ←→ 平山5丁目(京王線平山城址公園駅より徒歩5分) ←→ 本 校
(20分)

多摩センター駅 ←→ (15分) ←→ 本 校

帝京大学中学校高等学校

学校法人帝京

桐朋女子中学校

成長していく"わたし"と正面から向き合う

■ 平成27年度入試が変わります

| A入試 | 口頭試問（理科・社会分野を含む）・筆記試験（国語・算数） 2月1日実施　入試結果を即日発表 |
| B入試 | 筆記試験（国語・算数・社会・理科） 2月2日午後に日程を変更　面接は行いません |

■ デュアル・ランゲージ・プログラム(DLP)が始動します

2016年度より、新規導入のカリキュラム

「言語技術教育」　中学3年・高校1年の英語の授業にて実施

「DLP特別講座」　高校2年・高校3年の自由選択科目として実施

国際バカロレア（IB）の理念を踏まえた新講座を導入。一部の教科では英語で教える講座も設置。

「英語を使って、学ぶ」経験を通して、道具（ツール）としての実践的な英語力を育成します。

現在実施の多様な課外講座　「英会話教室」「英会話シャワー」「米国夏季研修」など

■体験イベント《要予約》
近づいてます!
模擬授業体験会　8月30日（土）
9:30〜

■ナイト説明会《要予約》
近づいてます!
第1回7月25日（金）19:00〜
第2回9月19日（金）19:00〜

■学校説明会《要予約》
第2回 10月25日（土）10:00〜
「桐朋女子のキャリア教育」
第3回 11月15日（土）14:00〜
「生徒と卒業生による説明会」
第4回 12月 6日（土）14:00〜
「入学試験体験会」
第5回 1月10日（土）14:00〜
「入試直前説明会」

■公開イベント
「桐朋祭」9月27日（土）12:00〜
28日（日）9:00〜
※入試情報室《予約不要》を同時開催
「ミュージック・フェスティバル」《要予約》
3月12日（木）

桐朋女子中・高等学校

〒182-8510　東京都調布市若葉町1-41-1
Tel：03-3300-2116　　Fax：03-3300-4266（中高普通科入試事務局直通）　URL：http://www.toho.ac.jp/chuko/　　桐朋女子 検索

京王線「仙川」駅より徒歩5分　小田急線「成城学園前」・JR「吉祥寺」「三鷹」駅より小田急バス

よろこびと真剣さあふれる学園

鷗友学園女子中学高等学校

〒156-8551　東京都世田谷区宮坂1-5-30　TEL03-3420-0136　FAX03-3420-8782

http://www.ohyu.jp/

＊2015年度 学校説明会＊【インターネット予約制】

- 9月5日(金)
- 9月10日(水)
- 10月18日(土)
- 11月15日(土)
- 11月18日(火)
- 12月13日(土)

いずれも10:00～11:30(開場9:00)
終了後授業見学(12月13日を除く)

＊入試対策講座＊【インターネット予約制】

- 12月13日(土)　第1回　13:00～14:30
　　　　　　　　　第2回　15:00～16:30

受験生・6年生保護者対象

＊公開行事＊

▶オープンキャンパス【インターネット予約制】
- 7月12日(土)　午前2講座・午後2講座

▶学園祭[かもめ祭]
- 9月20日(土)　9:30～16:30(受付 ～16:00)
　 21日(日)　9:00～15:30(受付 ～15:00)

心豊かに、自らの道を切り拓く

Ohyu Gakuen

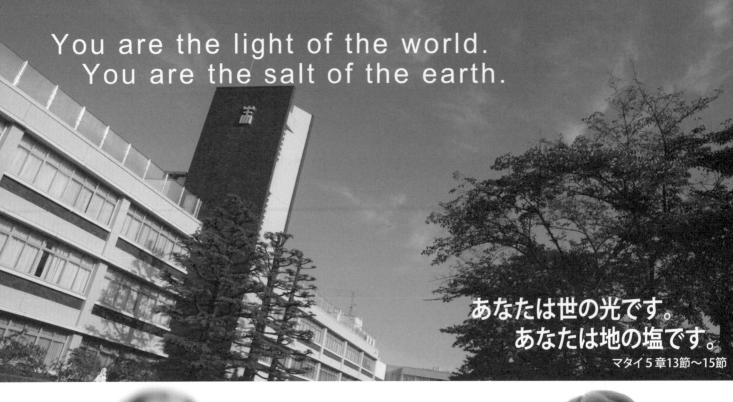
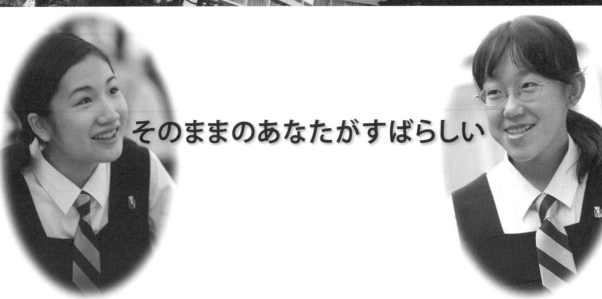

中学1・2年は2人担任制

創立109年

みらいは、私の中にある。

●**学校説明会**（受験生・保護者対象）
第3回 … 9/11（木）10:30〜 授業見学あり
第4回 … 11/19（水）10:30〜 授業見学あり
　　　　※第4回は6/14（土）と同内容

●**入試説明会**（全3回とも同内容です。）
第1回 … 12/6（土）14:30〜
第2回 … 1/15（木）10:30〜 授業見学あり
第3回 … 1/25（日）10:30〜

※校舎内は上履きに履き替えていただきますので、
　上履きをご持参ください。
※上記日程以外でも、いつでも校内見学ができます。
　ご希望の方は事前にご連絡ください。

●**体験イベント**（[要予約]HP・電話にてご予約ください。）
クラブ体験 …………………… 7/27（日）9:00〜 全学年対象
体験学習 ……………………… 8/30（土）9:00〜 全学年対象
5年生以下対象体験学習… 12/21（日）14:30〜 5年生以下対象

●**入試模擬体験**（[要予約]HP・電話にてご予約ください。）
10/26（日）9:00〜 5・6年生対象
12/21（日）9:00〜 5・6年生対象

●**公開イベント**
学園祭（葵祭）……………… 9/27（土）・28（日）10:00〜16:00
※入試相談コーナーあり 9/28はミニ説明会あり

KOJIMACHI GAKUEN GIRLS'

こうじ まち
麹町学園女子　中学校 高等学校
Junior & Senior High School

〒102-0083 東京都千代田区麹町3-8　e-mail: new@kojimachi.ed.jp
TEL: 03-3263-3011　FAX: 03-3265-8777　http://www.kojimachi.ed.jp/

東京メトロ有楽町線………………………………………… 麹町駅より徒歩　1分
東京メトロ半蔵門線………………………………………… 半蔵門駅より徒歩　2分
JR総武線、東京メトロ南北線、都営新宿線………………… 市ケ谷駅より徒歩　10分
JR中央線、東京メトロ南北線・丸ノ内線…………………… 四ツ谷駅より徒歩　10分

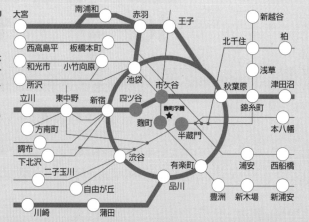

自主独立の気概と科学的精神で、
次代のリーダーとなれ

2015
KOMABA TOHO JUNIOR & SENIOR HIGH SCHOOL

駒場東邦
中学校・高等学校

学校説明会

第1回	第2回	第3回
10/5 [日]	**10/11** [土]	**10/12** [日]
※往復ハガキによる予約制です。	※個別相談会も実施されます。	

第57回 文化祭 ▷ **9/20** [土]　**9/21** [日]

〒154-0001 東京都世田谷区池尻 4-5-1 TEL: 03-3466-8221(代)　| 駒場東邦　| 検索

◎京王井の頭線「駒場東大前駅」徒歩10分　◎東急田園都市線「池尻大橋駅」徒歩10分

描く100年 創る100年
女子美が目指したのは、女子の新しい生き方を世の中に示すことでした。

私たち女子美生は、創立したその時から「描くこと」「創ること」によって、自分自身を輝かせ、
日本の女の子たちを勇気づけ、社会をゆっくり大きく変えてきました。
この確かな歩みは、これからの100年も変わることなく、一層力強く続いてゆきます。

女子美付属の100年の歴史に新たなる輝きを。
これからの100年に挑む女子美生の使命です。

■平成26年度　受験生対象行事

9月27日(土)	公開授業	8:35～12:40
10月4日(土)	公開授業	8:35～12:40
	学校説明会	14:00～
10月25日(土)	女子美祭(ミニ説明会実施)	10:00～17:00
10月26日(日)	〃	〃
11月22日(土)	公開授業	8:35～12:40
11月29日(土)	公開授業	8:35～12:40
	学校説明会	14:00～
12月6日(土)	ミニ学校説明会	14:00～
1月10日(土)	ミニ学校説明会	14:00～

●本校へのご質問やご見学を希望される方
には、随時対応させて頂いております。
お気軽にお問い合わせください。

■女子美祭
10月25日(土)～26日(日)

〈進学説明会〉
10月25日(土)　①10:30～　②13:30
　　26日(日)　①10:30～　②12:30～
　　　　　　　③14:30～

付属中学・高校・大学まで同時に開催される
本校のメーンイベントです。
生徒全員の作品展示のほか、盛りだくさんの
内容でお待ちしています。

■女子美二ケ中学生・高校生美術展
9月27日(土)～10月4日(土)
10:00～17:00　本校エントランスギャラリー

■高等学校卒業制作展
3月2日(月)～3月8日(日)
9:30～17:30　東京都美術館

女子美術大学付属高等学校・中学校

〒166-8538　東京都杉並区和田 1-49-8　TEL 03 - 5340 - 4541　URL http://www.joshibi.ac.jp/fuzoku/

CONTENTS

掲載学校名　50音順　もくじ

サ

掲載学校名50音順もくじ

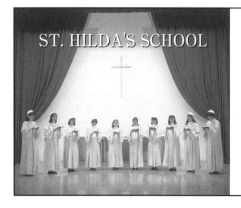

ここから始まる 未来への道

TEIKYO JUNIOR HIGH SCHOOL

学校説明会　　予約不要

9月13日（土）　13：30〜

10月18日（土）　13：30〜

11月15日（土）　13：30〜

12月 7日（日）　11：00〜

12月20日（土）　13：30〜
※入試模擬体験（要予約）

1月10日（土）　13：30〜

体験入学　　要予約

8月23日（土）・24日（日）

9：10〜13：00

※お電話にてお申し込みください。

蜂桜祭 [文化祭]

10月4日（土）・5日（日）

9：00〜15：00

※両日とも入試相談コーナーあり

帝京大学系属

TEIKYO 帝京中学校

〒173-8555 東京都板橋区稲荷台27番1号　TEL. 03-3963-6383
● J R 埼 京 線『 十 条 駅 』下 車 徒 歩 １ ２ 分
● 都営三田線『板橋本町駅』下車 A1 出口より徒歩8分

http://www.teikyo.ed.jp

日本大学豊山女子

Nihon University Buzan Girls' Junior High School

2015

私を変えられる，
わたしになろう。

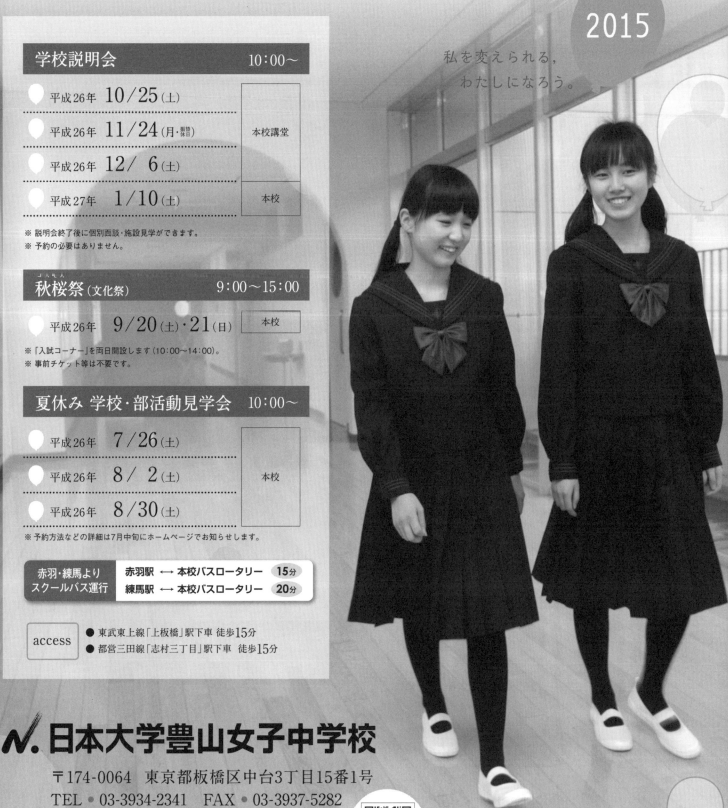

学校説明会		10：00〜
平成26年 **10/25**（土）		
平成26年 **11/24**（月・振替休日）	本校講堂	
平成26年 **12/ 6**（土）		
平成27年 **1/10**（土）	本校	

※ 説明会終了後に個別面談・施設見学ができます。
※ 予約の必要はありません。

秋桜祭（文化祭）		9：00〜15：00
平成26年 **9/20**（土）・**21**（日）	本校	

※「入試コーナー」を両日開設します（10：00〜14：00）。
※ 事前チケット等は不要です。

夏休み 学校・部活動見学会		10：00〜
平成26年 **7/26**（土）		
平成26年 **8/ 2**（土）	本校	
平成26年 **8/30**（土）		

※ 予約方法などの詳細は7月中旬にホームページでお知らせします。

赤羽・練馬より スクールバス運行	赤羽駅 ⟷ 本校バスロータリー **15分**
	練馬駅 ⟷ 本校バスロータリー **20分**

access
● 東武東上線「上板橋」駅下車 徒歩15分
● 都営三田線「志村三丁目」駅下車 徒歩15分

𝒩. 日本大学豊山女子中学校

〒174-0064　東京都板橋区中台3丁目15番1号
TEL ● 03-3934-2341　FAX ● 03-3937-5282

http://www.buzan-joshi.hs.nihon-u.ac.jp/
http://www.buzan-joshi.hs.nihon-u.ac.jp/k/

キミが主役。

未来の自分をつくるために、今の自分がある。

希望の明日へつなげるために、大切な学びがある。

10年後、キミが力強い主役になっている。

【男女共学・中高一貫特進クラス】

●説明会日程

小学生対象オープンキャンパス&説明会	7月21日	（月）	10：00～11：30
小学生対象授業見学&説明会	9月 6日	（土）	10：00～11：30
保護者対象 Premium 説明会	9月18日	（木）	10：00～11：30

※説明会は本校HPにて完全予約制です。詳しい学校紹介はHP又は学校案内書をご覧ください。

八王子学園
八王子中学校
八王子高等学校
Hachioji Junior & Senior High School

〒193-0931 東京都八王子市台町 4-35-1　Tel.042-623-3461（代）
URL http://www.hachioji.ed.jp　E-mail info@hachioji.ed.jp

JR 中央線［西八王子駅］から徒歩5分

［過去10年の大学合格実績］

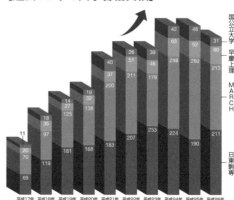

平成17年　平成18年　平成19年　平成20年　平成21年　平成22年　平成23年　平成24年　平成25年　平成26年

※平成26年5月10日現在の合格実績です。

平成26年の
【合格実績】

■国公立大学（31名）
筑波大学　1
京都大学　1
千葉大学　1
高知大学　1
東京外国語大学　1
横浜国立大学　1
横浜市立大学　1
電気通信大学　4
東京農工大学　2
東京学芸大学　1
東京藝術大学　3
首都大学東京　6
他

■早慶上理（60名）
早稲田大学　22
慶應義塾大学　8
上智大学　8
東京理科大学　22

■MARCH（213名）
明治大学　36
青山学院大学　35
立教大学　17
中央大学　60
法政大学　65

■日東駒専（211名）
日本大学　85
東洋大学　34
駒澤大学　31
専修大学　61

世界の星を育てます

中学1年生から英語の多読多聴を実施しています。
また、「わくわく理科実験」で理科の力を伸ばしています。

学校説明会

第2回 **9月 6日(土)**
14:00〜
[在校生とトーク]

第5回 **11月21日(金)**
19:00〜
[Evening（お仕事帰りにどうぞ）]

第3回 **10月11日(土)**
14:00〜
[明星の国際教育]

第6回 **12月13日(土)**
14:00〜
[小6対象入試問題解説・
入試対策授業（要予約）]

第4回 **11月 8日(土)**
14:00〜
[小6対象模擬試験（要予約）]

第7回 **1月17日(土)**
15:00〜
[小6対象面接リハーサル（要予約）]

※説明会のみのご参加は予約不要です。
※小6対象、模擬試験・入試対策授業、及び面接リハーサルの
詳細は、実施1ヶ月前にホームページに掲載されます。

オープンキャンパス

第1回 **7月20日(日)**
第2回 **8月30日(土)**
第3回 **8月31日(日)**
9:00〜15:00
※予約不要

明星祭／受験相談室

9月27日(土)・28日(日)
9:00〜15:00
※予約不要

体験授業・体験入部

体験入部
7月19日(土)・20日(日)

体験授業
7月20日(日)

※小4から小6対象、要予約
※詳細はホームページをご覧ください。

学校見学

月〜金曜日 9:00〜16:00
土曜日 9:00〜14:00

※日曜・祝日はお休みです。
※事前のご予約が必要です。

ご予約、お問い合わせは入学広報室までTEL. FAX. メールでどうぞ

明星中学校
MEISEI

〒183-8531 東京都府中市栄町1−1 入学広報室
TEL 042-368-5201(直通) FAX 042-368-5872(直通)
(ホームページ) http://www.meisei.ac.jp/hs/
(E-mail) pass@pr.meisei.ac.jp

交通／京王線「府中駅」 徒歩約20分
JR中央線／西武線「国分寺駅」 またはバス（両駅とも2番乗場）約7分「明星学苑」下車
JR武蔵野線「北府中駅」より徒歩約15分

親子でチャレンジ 国立・私立中学受験

　この本は、首都圏の私立中高一貫校、国立中高一貫校をめざす受験生と、その保護者のみなさんに向けて、よりよい「学校選び」をしていただくために編集されました。首都圏275の学校が登場しますが、たくさんの学校のなかからわが子に合った学校を選び取るには、どのような点に注意したらよいのでしょうか。ここではまず、いま「私立中学校」と「中学受験」が置かれている現状をお話しし、その後、学校選択の観点について触れたいと思います。

いま、私立中学校とは どのような存在か

小学校6年生には いくつもの選択肢がある

　現在の小学校6年生には、卒業時に選べる進学先として4コースがあります。①そのまま地元の公立中学校に進学　②国立の中高一貫校を受検して進学　③公立中高一貫校を受検して進学　④私立中高一貫校を受験して進学　の4コースです。

　公立中学校を選ばずに進む他の3コースのうち、ここでは私立中学校を選択することの意義を考えてみることにします。

　私たちにとって、現在の私立中学校とはどのような存在なのでしょうか。この本を開いた保護者ならば、少なくとも私立中学校を選択の1コースとしてとらえておられると思います。

　学費が無料の公立中学校ではなく、私立中学校を選ぼうとするからには、私立中学校にはそれだけの魅力があると考えられます。

　そうでなければ、毎年毎年これほど多くのかたが私立中学校を選

択していく、わけがありません。

　首都圏にかぎらず私立中学校は、公立中学校にはないよさをアピールし、どのように独自色をだしつつ、さらに、費用がかかるぶんだけ公立以上の魅力をだしうるか、また、隣接の私立中学校とどう対抗できるか、加えて近年では、いくつか開校された公立中高一貫校との差別化を絶えず考え、変化・進化していこうと考えつづけています。

　首都圏4都県でのちがいもあります。千葉私立には男女共学校が多い、という特徴があります。女子校は3校、男子校はありません。公立志向（共学）の強い土地柄であることから、比較・選択しやすいようにと私立校も共学が多くなった、というわけでしょう。

　同じく公立志向の強い埼玉でも私立には共学校が多いのですが、埼玉の公立は千葉とはあり方が対照的で、男子校、女子校もあります。

　東京・神奈川では、昔から私立高校が選択されてきた土壌があ

り、系列の私立中学校にも共学校、男子校、女子校、さらに別学校というスタイルの学校もあって百花繚乱です。それだけに差別化がむずかしいともいえ、各校の学校改革アピールには工夫が見られますし、改革に後れをとれば、生徒募集に苦労することにもなります。

大学進学実績だけではない 私立中学校の魅力

　学校改革の目玉となってきたのは、大学合格実績を伸長させることでした。また、「公立中→公立高に進むのとはちがう青春がありますよ」と、大学受験がないことを魅力としてアピールする大学附属校も生き残ってきました。

　進学校で、大学附属ではない学校は、よほどの特徴を持っているか、並はずれた大学合格実績をしめすことを学校の存続にかけてきました。これらの学校は、どこをとっても公立中・高校に劣るものではなく、お子さまのために選びとって損はない学校と言っていいでしょう。

　残された比較は、実質無料という公立の学費との費用格差があげられます。しかし、各都県とも就学支援制度が充実してきましたし、政府の支援もようやく私立生

に目が向けられてきました。

また、今年度から始まったスーパーグローバルハイスクール（全国で56校指定）という制度では、国費から毎年1600万円を限度に向こう5年間、グローバルリーダー育成の費用が支給されます。

この指定校には、公立高校に負けじと私立高校が選ばれています。そのほとんどが中高一貫校です。もともと国際理解教育に力を入れ、海外大進学などにも強い学校が選ばれたのですが、すでに実績をだしている学校として「選ばれるべくして選ばれた」のが、私立の中高一貫校だったとも言えます。

子どもの未来を選び取るのが中学受験

では、私立中学校を選ぶのは「いい大学に進むのに有利だから」だけなのでしょうか。

ご近所の公立中学校に進む道もあったはずなのですが、そうはしないで、「受験」をして、そのご家庭とお子さまに最も合うと思われる中学校を選び取っていく、それが「中学受験」です。

公立中学校が「荒れていた」時代なら、それを理由に私立中学校に目を向けたご家庭もあったでしょうが、いまは、公立中学校も落ちつき、それだけが理由ということはありません。

ですから、私立中学校を選ぶのなら、保護者の視点、家庭のポリ

シーをどう持つのか。わが子に最もふさわしい学校環境をどのように選んでいくのか。保護者の役割が非常に大きくなっているのが小学校高学年のこの時期です。

端的に言えば、「中学受験」は、ご家庭がお子さまの未来を選び取っていくことに等しいのです。

では、公立中学校と私立の中高一貫校はどこがちがうのか見ていきましょう。

公立中学校には学区というものがあり、原則的に近隣の学校にしか通学できません。いくら子どもにピタリと合う学校があっても、学区がちがえば進学することはできません。

一方、私立の中高一貫校には学区はありません。どこの学校でも自分に合った学校を選べます。

中高一貫校は、6年間という長い目で教育を考え、計画的に継続した教育カリキュラムを組むことができます。そこが、中学校3年生と高校1年生の接続部分でムダや無理のある公立とはちがいます。

そのなかで生まれる時間的余裕を、授業を基本としたさまざまな教育活動にあてているのが私立の中高一貫校です。情操教育や国際理解教育、高度な理数教育など、それぞれの教育理念に照らして「その学校らしい」教育を展開しています。

いま急増している公立の中高一貫校も、これら私学が推し進めてきた「一貫教育のよさ」に「公立

の側」も着目したからにほかなりません。

繰り返しますが、私立の中高一貫校のよさ、大きな魅力は、それぞれ独自の教育理念を持った学校のなかから、各家庭に合った学校を選ぶことができる「選択の自由」にあると言えます。

私学のよさってどういうところにある？

私立の学校が持っている最も大きな柱は、しっかりとした「教育理念」があるということでしょう。

私立の各校は創立者が掲げた「教育理念」を、連綿とつながる歴史のなかで守りぬいてきました。

教育理念とは、わが校の生徒は「こんな人間に育ってもらいたい」「こういうことが考えられる人間に育てたい」という確固たる考えです。

卒業し、大学や社会にでてから、「この気持ちの持ちよう、がんばる精神は、学校でつくられたものだ」と感じる卒業生がたくさんいます。

その教育理念に基づいて、各校の教育カリキュラムがつくられ、そのカリキュラムが有効に浸透するよう教育メソッドがつくられ、異動のない教員たちによって継続してきました。

施設は、教室、図書館、実験室、音楽室、調理室、グラウンド、校外施設、その他の設備にしても、

各校それぞれ工夫をこらし、青春を過ごす環境としてすばらしいものがあります。

授業は進路教育、進学教育を中心に、国際理解教育、情操教育などが充実しています。授業の理解のために少人数習熟度別授業や補習などにも積極的です。

また、教育は授業だけではありません。学校行事、クラブ活動、生活指導もはじめにあげた教育理念のもと、生徒たちの学校生活を輝かせる一端となっています。

さて、この本には、首都圏を中心に国立・私立中高一貫校が275校並んでいます。

各校の輝き、特筆すべき長所・よさを、偏差値というメガネからは離れてご紹介していますので、学校を選択する一助としていただければ幸いです。

高校受験で入れる 私学はどんどん減っている

「私立中高一貫校のよさはわかった。でも、それなら高校から私学に入ってもいいんじゃない」というお気持ちもあるのではないでしょうか。

しかし、じつは、私立の中高一貫校では、高校からの募集は行わない学校がどんどん増えています。とくに女子校を中心にこれからも増えていきそうですし、高校募集を行っている学校でもその定員を減らしていく方向です。

これは、中高一貫校のよさは6年間の教育が行われてこそ、発揮されると各校が考えていることの現れです。また、公立中学校から入学してくる高校募集生の学力に不安がある、と学校側が考えていることも事実なのです。

自分で考える力を求められる 私立中学校の入試問題

中学入試は高校入試よりもむずかしい、さらにいえば昨今の大学入試よりもむずかしい、とさえいわれます。

一部の私立高校入試や大学入試センター試験のように、多くの受験生がいる入試ではマークシート式で解答する場合が多いのですが、中学入試でマークシート式という学校は、まず、ありません。中学入試では記述式解答が多く、決まった解答がなく、自らの考えを述べる形式が多くみられます。

難問や奇問は姿を消しましたが、たとえば算数では、「数学」で解くときに使う方程式では答えにたどりつけない問題さえあります。ふだん算数や数学から離れてしまっている保護者では、とても歯が立たないにちがいありません。

他の科目でも、解法パターンを覚えれば解けるという問題はほとんどありません。

子どもたちは、問題にしめされた情報のなかから、答えにたどりつく情報を取捨選択して解答への方向性を見出し、自ら考え、解答にたどりついていきます。最近は、前述したように自分の考えを表現する力も要求されています。

つまり、これらの出題には、各校の「こんな生徒に入学してほしい」というメッセージがこめられているのです。そのベースには各校の教育理念である「卒業しておとなになったとき、こんな人間に育ってほしい」という思いがあります。

自ら問題を発見し、調べ、考え、問題を解決する方法を探し、発表していく。そんな人を育てたい、その思いが入試問題に凝縮されています。中学入試に必要なものは解答テクニックではありません。もちろん基礎となる知識は必要ですが、これらの問題を解くための能力は、中学進学後、また、社会にでてからも役に立つ潜在能力となっていくのです。

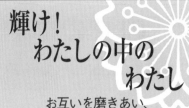

この春の中学入試を振り返ってみると

受験者総数は微減
難関校の受験者数に変化

　この春の中学入試（2014年度入試）には、どのような特徴があったのかについて振り返ってみたいと思います。

　「アベノミクス効果」で、わずかとはいえ景気が上向きに転じたなかでの入試でしたが、中学受験者数は昨年をわずかに下回り、減少傾向は今春もつづくことになりました。小学生の保護者には、実感としての景気上昇は感じられていないのかもしれません。

　2014年春、首都圏（1都3県〜東京、神奈川、千葉、埼玉〜）で小学校を卒業することになっていた6年生児童数は30万3594人でした（文部科学省、学校基本調査による）。

　首都圏では11年前の約28万7000人を底として、小学校卒業生数は増減を繰り返してきました。

　ただ、世の中では少子化が問題になっていますが、首都圏では大きく減じることはなく、2007年度には6年ぶりに30万人を超え（約30万7000人）、その後は、6年前に約1万1000人減って30万人の大台を割り込んだものの（約29万6000人）、翌年には再び増加し（約30万3000人）、その後は30万人台を維持したまま、今年度の数字となっています。ただ、2016年度からは首都圏でも小学校6年生人口は徐々に減っていきます。

　そのなかで、中学受験をする「中学受験者数」は、ゆとり教育がもたらした学力低下への懸念を背景に、2000年代には、首都圏で5万人を超えるという一大潮流となりました。

　ところが、ここ数年は減少に転じており、要因としては前述のとおり、不況感がそうさせてきたと見られています。

　その間に、人気を集める学校と苦戦する学校の二極化が進み、難関校だけをみると、いまも激戦がつづいていますが、他の学校では軒並み易化してきました。

　ただ、森上教育研究所では、リーマンショック後の2009年度以降、最難関校でも徐々に受験者が減っているとし、来年度以降も、難関校でもゆるやかな易化傾向がつづくとみています。

併願校数をしぼって
受験校数は減る傾向に

　2013年度入試までの特徴は、今年度入試でも引き継がれていたと言っていいでしょう。つまり、経済的な理由が受験校選びに影響し、進学校に比べて学費の負担が大きい大学附属校が受験者を減らし、お金のかからない公立中高一貫校が台頭するなどの動きです。

　難関大学附属校で受験者が減る傾向はつづきました。さらに進学校でも、難関校は受験者を減らしています。

　早稲田大、慶應義塾大の難関大学附属・系属校では、早稲田実業、早稲田、慶應中等部の3校が前年より100人以上減り、慶應義塾湘南藤沢でも58名の減です。

　進学校でも、男子校難関の開成が71人減、桐朋で54人、駒場東邦、栄光学園はそれぞれ49人減っています。女子校難関でも、フェリス女学院で70人減、雙葉で37人減、桜蔭でさえ7人減とはいえ受験者を減らしています。

　もちろん、これとは逆に受験者が増えた学校もあるのですが、全体の傾向として「より大学合格実績の高い学校をねらいたい」としながら、「でも、なるべく合格に近い学校」を選ぶ傾向があったと分析できます。受験者が増えた学校は、受験者を減らした最難関校の次に位置している学校だったということなのです。

　大学附属校をねらう受験生は、あくまで、より高いランクの大学の系列校にチャレンジしていく、進学校であれば大学受験の実績を重要視して受験生活を送る。しかし、最後の学校選択の場面では、合格可能性を重視して学校を選ぶという傾向です。

　「経済的な魅力」と「大学合格実績」、このふたつの選択要素は公立中高一貫校の人気の裏付けともなっています。公立中高一貫校はこのふたつを合わせ持った存在としてクローズアップされています。

　この春も公立の中高一貫校は変わらず人気を博しています。ただ、今春の公立中高一貫校の応募者数を細かくみると、昨年までに比べて一段落、やや減少に転じた学校も多くみられます。しかし、倍率は相変わらず高く、多少応募者数が減少しても、根強い人気がつづいています。大学合格実績もこれまでの公立高校の数字に比べれば、公立中高一貫校は大きな伸びを見せています。ただ、これらの大学合格実績は華々しく見えますが、いずれも学校ごとに比較すると私立の中高一貫校の難関校にはかないません。

　私立の中高一貫校に話を戻すと、近くの学校のなかで「よりよい学校」を選ぼうとする傾向もめだちました。東日本大震災以降の傾向です。万が一のことを考えて、通学距離と時間をなるべくかけないという傾向です。

　「遠くには通わせない。電車通

学も最小限」ということを、学校選択条件としてあげるご家庭が多くなっています。以前なら許容範囲であった「通学1時間」でも長すぎ、「乗り換えは1回まで」など、考え方が変化しています。

とくに第2志望校で、これらの条件が強く顔をだしてきます。

受験スケジュールも変化しています。たとえば、東京、神奈川の受験生の場合、従来は、1月の埼玉、千葉入試で試し受験を含めて数校受験し、2月になってから自らの都県で2月1日〜4日・5日までを計画的に、偏差値ランクで階段状に受けていく受験生が多かったのですが、昨年につづき受験校をしぼって減らしていくスタイルがめだちました。

学校側が、複数回受験の実施や午後入試を増やすなど、受験生の利便性を考えた入試日程を組んでいることも要因のひとつですが、「受験料さえ節約したい」という心理が働いています。

たとえば1月の埼玉、神奈川で受けるのは1、2校で、合格したらあとは受験せずに2月1日に東京、神奈川の第1志望校にチャレンジ、2日以降も複数回入試を実施する学校や、午後入試校を受験日程に組んでいく、というかたちです。

同じ学校の複数回入試にしぼることによって、受験校数の負担は減ります。同じ学校ですから慣れが生じ、受けるたびに「きょうはできたよ！」という手応えを感じる可能性も高くなります。

ひとりあたりが受験する学校数（受験回数）は、この春は昨年平均5.5校（回）を下回ったのではないかと言われます。2007年度入試の6.1校（回）というピーク時に比べれば大きな変化といえます。

インターネットでの合否の即日発表や午後入試の増加が、このような受験日程編成を可能にしているともいえます。

また、受験する学校をしぼることで、過去問演習を行う対象校が減るなど、いくつもの学校を受験するときの物理的、精神的な負担が軽減されるという大きなメリットがあることも認識されてきました。そして、実際の受験に入ってからでも、時間的、体力的にムダがなくなり、そのぶん第1志望校に、より集中できるという好循環も生まれているのです。

とくに午後入試の人気は高く、恵泉女学園では800人近くを集めましたし、大妻多摩も374人が応募しました。近くの学校が午後入試を行うなら「午前入試校からの移動負担も少ないから」という受験生が集まりました。

来年度入試はサンデーショックの年

来年度（2015年度）入試は「サンデーショック」の年にあたります。サンデーショックとは東京・神奈川の入試解禁日である2月1日が日曜日にあたることで、ミッションスクール校のうち、とくに女子プロテスタント校が例年なら2月1日に行う入試日を移動、そして玉突きのように他校の入試日をも変更させていくことです。

このことにより、従来の併願作戦を変更せざるをえなくなることで、さまざまな影響が起こるのですが、逆に「いつもならできない併願校が選べる」ことをチャンスと考え、前向きにとらえることが肝要でしょう。

また、すべての女子プロテスタント校が日曜日には入試をやらないわけではありません。女子聖学院のように「来年度は日曜日でも入試を行う」ことを表明する学校もでてきました。女子のキリスト教系の学校を受験することを考えている場合には、入試日程の公表に敏感になりましょう。

わが子に合った 学校を選び取るために

よりよい中学入試の基本は 「わが子のために」

前述のとおり、この本では、首都圏の私立・国立の中高一貫校275校について、教育理念などの特徴を掲載しています。ホームページなどで学校情報は容易に手に入るようになりましたが、この本は「一覧性」による「比較」の容易さを念頭に編集しています。各校の素顔をお伝えすることを趣旨としていますので、入試での結果偏差値や、併願校の動向などには触れていません。学校選びは、やはりご自身の目と耳で実際の学校を見ることから始まります。足を運び肌で感じることが第一歩です。本書は、学校にでかける前の「学校基礎情報」としてお読みいただければ幸いです。

さて、「中学入試」は、つねに変化しつづけています。

首都圏における私立中学受験状況の変化は、その動きを専門に追っている教育関係者の予想をも上まわるスピードで変貌してきました。10年、20年という単位で比較するなら、その変化は信じられないような変わりようです。

いま、受験生のご両親のなかには、ご自身が「中学受験を経験した」というかたが非常に多くなってきました。お父さま、お母さまの中学受験経験は、お子さまとの日常での会話にしろ、勉強の相談にしろ、家庭のなかでその経験が役に立ち、プラスの面が多いことは確かです。

しかし、学校選びの段階で「自分たちのころ、あの学校はこうだった」という先入観が、ときとして悪影響をおよぼすこともあります。

この10年、20年の間に大きく変容を遂げ、ランクアップした学校もあります。

親の先入観、まして祖父母に先入観があると、それが学校選びに立ちはだかる「壁」となることもありますので注意が必要です。

また、学校の変化にかぎらず、小学生全体の学力レベルの変化もあり、また、中学入試で求められる学力の変化、すなわち入試問題傾向の変化もあります。

自らの中学受験経験を背景にして子どもを導こうとすると、とまどうことにもなるでしょう。このような場合は1歩引いて、進学塾の先生がたとの連絡を密にすることに傾注した方が得策です。

受験する学校は 「通いたい学校」であること

中学受験をめざすことになったきっかけはさまざまです。初めから「行きたい学校」が決まっていて、それが契機となって中学受験をする、という場合もあります。好きなスポーツがあり、その部活動に憧れている場合や、ご父母の出身校にしぼっている場合がこれにあたります。

ただ、このほかの多くのご家庭は、受験準備をしながら同時進行で受験する学校を選んでいく、というスタイルだと思います。

学校選択は、「目標設定」でもあります。目標が定まればモチベーションも高まり、成績の向上につながります。ですから、目標校の設定は早めにするにこしたことはありません。早めの目標設定が学習意欲を喚起することになるのです。

では、実際の志望校選びですが、最も大切なことは、「受験する学校は通いたい学校」でなければならないということです。

偏差値をはじめとする学力指標が重要な要素であることは事実ですが、偏差値や知名度、大学の合格実績だけに左右されるような志望校選びは絶対に避けましょう。

お子さまの学習姿勢や志向、性格や志望、相性に合わせ、入学してからの6年間でかならず伸ばしてもらえる学校を探し、選んでいただきたいのです。

その意味でも、実際に学校を訪れることができる機会を最大限にいかし、教育理念や方針、周囲の環境、先生がたの情熱、在校生のようすに触れ、各学校のいわゆる「学校文化」を肌で感じ取ることが大切です。

かならず見つかる わが子に合った学校

この本には、275校の中高一貫校が登場しています。この多くの学校のなかにお子さまに合った学校がかならず見つかるはずです。

大学の合格実績や偏差値偏重の志望校選びに偏ることなく、お子さまに「どのような教育を受けさせるのか」という家庭の方針を大切に、家族の将来設計をも左右する大切な決断として学校選びを進めていただきたいと思います。

他人の評判や情報に惑わされることなく、受験生本人や家庭の教育方針に合う学校はどこかという目的に立ち返り、本質的な学校選びの視点を見失わないようにしましょう。

学校を選択するということは、保護者にとっては「子どもにどのような教育を受けさせるのか」という家庭の教育姿勢を試されるものです。

「わが子のために」「わが子に合った」学校を選ぶことを、まず主

眼にしてください。

では、学校を選ぶにはどうしたらよいのでしょうか。それにはまず、各学校の学校文化を知ることです。

「伸びのびとした学校生活のなかで育ってほしい」のか、「ある程度規律ある生活をとおして子どもの自我を築きあげてほしい」のか、あるいは「大学までつづく、ゆったりとした時間を過ごしてほしい」のかなど、学校選びはご家庭の方針を固めるところから始めましょう。

私立学校とその教育のよさを考えると、そこにはさまざまなタイプの学校があり、教育内容も多岐にわたりますので、よりよい教育をそれだけ自由に選択できるというプラス面に気づくことでしょう。

275校あれば、275の個性があるといってよい学校のなかから、わが子に合った学校を選び取り、青春という最も多感な時期を「高校入試」で分断されることなく、6年間一貫した学習指導と生活指導が保証されるのが、私立の中高一貫校の大きな魅力です。

私立の中高一貫校の多くは、6年間を2年単位に分けて考え、その成長段階に応じた教育を集中させます。

たとえば、基礎期（中1・中2）→発展期（中3・高1）→応用・受験期（高2・高3）など、2年ごとのステージを設けて階段をのぼるように生徒個々を心身ともに高めようとしてくれます。

教育カリキュラムも、公立校なら中学校＋高校の6年間で学ぶ内容を、重複やムダを省いて5年間で学び、高3の1年間は大学入試演習にあてるなど、さまざまな工夫を施しています。

このような、それぞれの学校教育の特徴や強み、よさを知るのは、なんといっても学校に足を運ぶことです。

これから始まる各校の「学校説明会」にでかけていくことが学校を知ることの第1歩となります。

私立中学受験は親にとっても醍醐味がある

中学受験は小学校6年生が挑んでいく受験ですが、保護者からみれば、まだまだ12歳の小さな「わが子」の奮闘です。ご心配が先に立ち、なんでも親がやってあげようとしがちですが、結局は、本人だけが立ち向かう受験なのです。保護者が代わって受験することはできません。

お子さまにとって「自覚して学習する」初めての経験が中学受験です。

しかも、相当に高い壁に挑んでいきます。大変だからこそ、この受験をとおして自立していくところに、中学受験の意義と醍醐味があるのです。

実際の受験本番、その日に本人がいかに力を発揮できるかが最大の焦点です。ですから親は、「本人が力を発揮するために」、すべての力をそそいでサポートしましょう。

親ができることはなにか、なにをしなければならないか、さまざまな壁を克服していくことの「お手伝い」が保護者ができるサポートです。

その最大のものが、ここでお話しした「学校選び」であり、そのはじまりが情報収集です。それにつづいて環境整備や健康管理、精神面のサポートなども親の役目となります。

最終的に「やるだけやった」「悔いはない」という達成感を本人が持つことができたとき、ゆったりとした目でお子さまを見てみてください。この厳しかった「中学受験」をつうじて、雄々しく成長したわが子にであうことができるでしょう。

生徒一人ひとりに光が当たる

◆学校説明会（予約制）

7月13日（日）10：00～11：10（場所：大妻講堂）

内容：在校生（中学1年生）が、中学校での勉強や
学校生活の様子について、座談会を行います。

9月20日（土）12:00～13:10（場所：大妻講堂）

9月21日（日）10:00～11:10（場所：大妻講堂）

内容：卒業生が、自身が過ごした中高6年間について
お話しします。同時に開催している文化祭も
あわせてご見学ください。

10月25日（土）　9:30～10:40

12月21日（日）10:30～11:40

◆入試説明会（予約制）

11月 8日（土）14:00～15:30

11月22日（土）14:00～15:30

◆オープンスクール（予約制）

10月25日（土）14:00～16:00

内容：参加・体験型のイベントです。
1日大妻生になるチャンスです。

◆文化祭（予約不要）

9月20日（土）13:00～16:00

9月21日（日）　9:30～15:50

※両日とも入場は15：30までです。
入試個別相談を設けております。

2013年度　現役合格者数	
国公立大学	44名
早慶上理	156名
MARCH	267名

学校説明会はすべて予約制です。学校ホームページからご予約下さい。
上記説明会以外にも、小グループでの校内案内やナイト（夜）説明会を実施しています。

  大妻中学高等学校　大妻 検索

http://www.otsuma.ed.jp/

〒102-8357 東京都千代田区三番町12番地　TEL 03-5275-6002　FAX 03-5275-6230

友と集い、共に歩む

● 学校説明会（中学校）

10月11日（土）14:00〜

12月13日（土）14:00〜

1月10日（土）14:00〜

● オープンスクール

7/26（土）9：00〜

※参加にあたり、予約が必要となります。
　詳しくはHPをご覧ください。

● 明鏡祭（文化祭）

9/13（土）9:00〜

※予約不要、上履き不要です。

八王子実践中学校・高等学校

〒193-0931 東京都八王子市台町 1-6-15　　TEL 042-622-0654　FAX 042-627-1101

http://www.hachioji-jissen.ac.jp

JR八王子駅
南口より
徒歩15分

中学受験用語解説

この本を手にしていただいた中学受験生、また、その保護者のみなさんのなかには、「中学受験」を迎えるのは初めてというかたも多いと思います。中学受験を推し進めていくうえで、それこそこのさきのページを読み進めていくなかでも、「聞いたことのない言葉」「わからない用語」がでてきます。そんなとき、ちょっとこのページに戻って調べてみてください。きっと強い味方になれることと思います。

ア

◇朝読書

1時限目の授業開始前、10分間ほどを「朝の読書」のための時間と定め、ホームルーム単位で先生も生徒も読書をする時間帯のこと。長くても20分。生徒が自分で選んだ本（漫画以外）を読み、生徒全員がいっせいに読書だけを目的にした時間を過ごすことになる。

読書の習慣化・読解力の定着、思考力や集中力を身につけることを目的とするが、心を落ちつかせることで、そのあとの授業にスムースに入っていけるプラス面も見逃せない。朝読書では、感想文などの提出を目的とせず、自主的な活動としている学校がほとんど。

◇安全校

併願校のうち、「合格有望校」のことを、こう呼ぶことがある。

「合格有望校」とは、その受験生の偏差値が合格可能性の80％以上に達している学校のことだが、受験には絶対はないので、実際には「安全」などという言葉はそぐわない。

◇1月入試

首都圏の茨城、千葉、埼玉、また、地方の寮制学校の首都圏入試は、1月のうちに入試が始まる。

東京、神奈川は2月1日からの入試なので、東京、神奈川からも試験慣れや腕試しのために、これらの入試を受ける受験生が多い。このため千葉、埼玉の学校では受験者数がふくらむことになり、合格者数も多くだす傾向がある。ただし、最近では1月校の入試難度もあがっており、安易に受験すると「試し受験」どころか、自信を失ってしまい逆効果になるマイナス面がクローズアップされている。

◇インターネット出願・発表

インターネットを使い、願書の受付や合否発表を行う方法。

出願はまだ少ないが取り入れた学校もある。24時間受付なので、他校の合否を見てから出願することも容易。ただし、インターネットでの出願だけで手続きが完了するわけではなく、仮出願のあつかいで、別途、手続きが必要。

インターネットでの合否発表は、多くの学校が行っているが、これも学校での掲示発表が正式なものとされる。

◇SSH
（スーパー サイエンス ハイスクール）

文部科学省が理科分野の先進研究事例として指定する高校。学習指導要領を越えた教育課程を編成できる。SSHは科学技術・理科、数学教育に重点がおかれている。指定期間は5年だが更新されることも多い。

◇SGH（スーパー グローバル ハイスクール）

文部科学省が、高校でグローバル・リーダー育成に資する教育をとおして、生徒の社会課題に対する関心と深い教養、コミュニケーション能力、問題解決力等の国際的素養を身につけ、将来、国際的に活躍できるグローバル・リーダーの育成をはかるため2014年度から開始した事業。2014年度は56校（指定期間5年：2014〜2018年度）が指定されたが、多くの中高一貫校が含まれている。

◇延納・延納手続き金

公立の中高一貫校が増加し、私立中学校の一部で公立中高一貫校の合格発表日まで入学手続きを延期できる制度を持つ学校がでてきた。このように、他校の発表を待つために、入学手続き締切日を延ばす制度を「延納」という。

このとき、入学金の一部を延納手続き時に納める制度を持つ学校があり、これを「延納手続き金」と呼ぶ。入学すれば、入学金に充当されるが、入学辞退の際には返金されないことがある。

◇オープンスクール

学校を見学できる機会。施設の見学だけでなく、クラブ活動や授業の実際を体験できるのでこう呼ぶ。学校の雰囲気を自分の目で確かめることができる。学校説明会と同時に開催することが多い。

◇オリジナル教材

学校が指定している自校の教科書の内容を補完する目的で、先生がた自らが作成したプリント教材のこと。

私立の中高一貫校は、検定教科書もあつかうものの、その内容に飽きたらず、学校で選定したテキストや参考書などを指定教科書としている。英語の『プログレス』や数学の『A級数学問題集』がそれにあたる。

それを補って、授業中に数多く使用されているのがオリジナル教材。すぐれた内容のものが多く、やがて見出され出版社からテキストとして刊行されることもある。

カ

◇過去問題（過去入試問題）

その学校が過去に行った入試問題。各校それぞれに出題傾向や配点傾向があるので研究は欠かせない。第1志望校については5年はさかのぼって解いてみたい。学校で頒布・配付している場合もあるし、書店でも手に入る。解いたあと、その年度の合格最低点や設問ごとの得点分布などを参考にする。時間配分も身につける。

◇学校説明会

その学校の教育理念や教育方針、授業の実際やカリキュラム、系列大学への進学、大学入試に関する取り組み、大学進学実績、そして、入試日や入試方式などについて、各校が受験生とその保護者を対象に行う説明会のこと。施設や校内の見学もできる。学校へのアクセス方法なども含めて入試に関する下見をすることができる。

◇完全中高一貫校

中高一貫校のなかでも、高校からの募集を行わない私立学校のこと。東京・神奈川の女子校では高校での外部募集を行う学校の方が少ない。

以下は2015年度、首都圏で高校募集を行わないと思われる学校。
●東京都
〈男子校〉麻布、海城、暁星、攻玉社、駒場東邦、芝、高輪、東京都市大付属、獨協、武蔵、早稲田
〈女子校〉跡見学園、桜蔭、鷗友学園女子、大妻、大妻多摩、大妻

中野、学習院女子、吉祥女子、共立女子、恵泉女学園、光塩女子学院、晃華学園、麴町学園女子、香蘭女学校、実践女子学園、品川女子学院、頌栄女子学院、昭和女子大学附属昭和、女子学院、女子聖学院、白百合学園、聖心女子学院、聖ドミニコ学園、田園調布学園、田園調布雙葉、東京女学館、東洋英和女学院、中村、富士見、雙葉、普連土学園、三輪田学園、目黒星美学園、山脇学園、立教女学院、和洋九段女子
〈共学校〉穎明館、渋谷教育学園渋谷
●神奈川県
〈男子校〉浅野、栄光学園、サレジオ学院、逗子開成、聖光学院
〈女子校〉神奈川学園、鎌倉女学院、カリタス女子、湘南白百合学園、聖セシリア女子、清泉女学院、聖ヨゼフ学園、洗足学園、捜真女学校、フェリス女学院、聖園女学院、横浜英和女学院、横浜共立学園、横浜女学院、横浜雙葉
〈共学校〉神奈川大学附属、関東学院六浦、公文国際学園、シュタイナー学園、湘南学園、森村学園
●埼玉県
〈女子校〉浦和明の星女子

◇帰国生入試

　一般の志願者とは別枠で定員を設定し、一定期間海外に居住していた、あるいは現在も海外に住んでいる小学生を対象にした入試。

　受験資格がある「帰国生」に該当するには、海外での滞在期間、滞在理由、海外で通学していた学校の種類、また帰国してから現在までの期間などの基準が設けられているが、その条件は学校によって異なる。

　一般的には、海外での滞在期間が2年以上、本人の意思（留学）ではなく、保護者の転勤などの都合で海外に滞在した生徒を対象としていることが多い。

◇キャリアガイダンス

　積極的な進路指導。とくに私立中高一貫校の進路指導（キャリアガイダンス）では、たんなる進学指導にとどまらず、生徒一人ひとりが自己を深く知り、未来像を描き、自己実現をめざすという、広い意味での進路学習となっている。卒業生による講演や職場体験など幅広い企画が組まれる。進路への強い関心が進学へのモチベーションとなることがねらい。

◇競争率（倍率）

　入試でいう競争率には、志願倍率（応募倍率）と実質倍率の2種がある。志願倍率とは、志願者数を募集人員（定員）で割ったもの。入試前に、競争率の参考にできるのが、この志願倍率。しかし、志願しても実際は受験しなかったり、募集人員より多くの合格者を発表したりする学校があるので、実際の競争率（＝実質倍率）と志願倍率は数値が異なってくる。これに対して実質倍率は、実際の受験者数を合格者数で割ったもので、入試後に確定する。

◇公立中高一貫校

　公立校で中学3年と高校3年の6年間の一貫教育を行う学校。1998年の学校教育法改正により、99年に3校がつくられたのが最初。すでに全国で170校を超えている。

　その形態は3種類あり（中等教育学校、併設型、連携型）、特色ある教育を行う学校が増えている。私立の中高一貫校と異なる点はまず学費。義務教育である中学部分の学費はかからず、高校部分も無償となっている。学力検査は課せられないのが建前で、合否は適性検査、作文、面接などで判断する。

◇合格最低点

　その学校の入試結果で、合格者のなかで最も低かった得点。各校の過去の合格最低点を調べると、最低何点取れば合格できるかの参考となる。

　ただし、問題の難易度や競争率など、さまざまな要素により毎年変動するので、過去問題を演習するときには、過去問題に該当するその年度の合格最低点を参考にして行う。

◇国立大学附属中学校

　国立大学附属中学校は教員養成系の学部を持つ国立大学に附属する場合がほとんど。中高一貫体制が多いが、東京学芸大の附属校のように中学校数に比べて高校数が少ない学校もあり、この場合は系列高校に進学できない生徒も多い（成績順で進学）。お茶の水女子大附属は、中学では男子の募集もあるが高校は女子のみのため、男子は他の高校を受験する必要がある。募集時には通学地域を指定する学校も多い。

　また、国立大学附属高校の生徒はその系列の大学へ進学（受験）するからといって有利な要素は与えられず、外部からの受験生と同じ資格で受験する。

◇午後入試

　2005年度入試以降、急速に広まった入試制度。

　午後2〜3時に始まる入試のことで、他校の午前入試を受験したあとに受験することが可能。難度の高い学校を受けている受験生を少しでも呼びこもうとする学校側の募集対策から生まれた。受験生の負担軽減のため、科目数を減らしたり、入試の時間を短くする配慮をする学校が多い。

◇先取り学習

　学習指導要領で決まっている学

年の単元をさらにさきに進んで学習すること。

私立の中高一貫校では、高校2年までに高校3年までの単元を終え、高校3年次は大学入試の演習授業主体という学校が多い。中高一貫校では、高校から入った外進生と授業進度が合わず、内進生と外進生が一定期間別クラスで学習するのもこのため。

◇さみだれ試験

入試開始時間を固定せず、30分ごとに3回開始するなどの入試。これは午後入試の出現で学校到着に余裕を持たせて受験生の負担を軽くしようとする試み。

◇サンデーショック

日曜礼拝を奨励するプロテスタント校に多く、入試日が日曜日にあたった場合に入試日を移動させる。そのことによって他校も入試日を移動させたりするため、併願校の選び方などに例年とはちがう動きが生じること。受験生にとって例年とはちがう併願機会ができ、好機となることもある。

◇週5日制・週6日制

土曜日・日曜日には登校しないのが週5日制。

1996年の中央教育審議会答申で、子どもたちに「ゆとり」を確保することが提言され、文部科学省は学習指導要領の改訂に合わせ、2002年度から完全学校週5日制を実施、公立中学校・高等学校は例外を除いてこれに従っていた。ここでいう例外とは、都立の進学指導重点校などで後援会主導の演習授業や、予備校から講師を招いて土曜日にも講習を行う学校のこと。

これに対し、首都圏の私立中高一貫校は学力維持の面からほとんどが週6日制。

土曜日には授業は行わないが行事や補習を行う「授業5日制・学校6日制」という学校もある。

なお、2011年度から学習指導要領が再び改訂され、公立でも土曜日に授業を行う学校が増えている。

◇習熟度別授業

生徒をその教科の習熟度に応じて、複数の学級から、いくつかのクラスに編成しなおしたり、ひとつの学級内で別々のコースで学習するなどして、学習の効率をあげようとする授業法。英語や数学など学力の差がつきやすい教科で行われる。

私立校・公立校とも「学力別」や「能力別」という表現はされず、「習熟度別」と呼ばれる。クラス名をあえて優劣がわからないように名づける配慮をする学校もある。多くの場合、1クラスを2分割や2クラスを3分割するなど、クラスサイズは少人数制となる。

◇シラバス（Syllabus）

それぞれの学校で、具体的に「いつ、なにを、どのように」学習を進めるかを明記した冊子で、文部科学省は各教育機関にその作成を奨励している。生徒・保護者らに、講義・授業の内容、学習計画を周知させる目的で作成され、いわば「授業進行計画書」。生徒側からみると、年間の授業予定のうち、いま、なんのためにどこを学んでいるのかがわかりやすい。シラバスという言葉は、元来は羊皮紙のラベルを意味するギリシャ語といわれる。

◇スライド合格

私立の中高一貫校では、入試時から「クラス」を分けていることがあるが、難度の高い、たとえば「特進クラス」を受験した場合、不合格でも同じ学校の1ランク難度がゆるい、たとえば「進学クラス」に合格の資格が与えられること。

◇大学附属校

大学附属校には、国立大学の附属校と私立大学の附属校がある。

私立大学附属校には、その大学への推薦入学枠が大きい学校から小さい学校まであるので、よく調べることが必要。

中学受験用語で、「大学附属校」と呼ぶのは、系列の大学自体が難関大学で、その大学への推薦入学枠が大きく、多くの卒業生が進学する学校。それとは別に、系列大学への推薦入学枠が大きくとも、多くの卒業生はその系列大学をめざさず、他大学受験をめざしている学校は「半進学校」や「半附属校」と呼ばれている。

◇ダブル出願

同じ受験日・受験時間帯が同じ複数の学校に、願書を提出しておくこと。同じ日の同じ時間帯に2校を受けることはできないので、当然どちらかの1校は受験できない。それ以前に受験した学校の合否結果や受験生のメンタル面を含めた体調などを考慮し、受験直前に、出願しておいた学校のどちらを受験するかを決める。最近は出願回数を抑える傾向にともなって減少している。

◇試し受験

東京・神奈川の入試解禁日は2月1日なので、それ以前に他県（埼玉や千葉）や首都圏に入試会場を設けている寮制の学校を受験して確実に合格しておこうとすることをこう呼ぶ。入試の雰囲気に慣れ、自信をつけておこうとするもの。しかし、最近はこのような学校の難度もあがっているため、万一失敗したときには、本来の2月入試校の受験に重大な影響を及ぼすので、慎重に受験校を選んでお

く必要がある。

◇チームティーチング

1クラスの授業をふたり以上の教員がチームを組んで教えること。英語の授業で、ネイティブの先生と日本人の先生が組んで実施するタイプが多い。

◇中高一貫教育校（中高一貫校）

中高を合わせた6年間、一貫した教育方針で、人間性と学力を養うことを目的とした学校。

この中高一貫教育校を、これまでの中学校、高等学校に加えることで、生徒一人ひとりの個性をより重視した教育を実現することをめざして、1998年4月、学校教育法等が改正され、制度化された。

中高一貫教育校には、実施形態により次の3タイプがある。

1. 中等教育学校

ひとつの学校として中高一貫教育を行う。修業年限は6年で、前期課程3年と後期課程3年に区分される。

2. 併設型の中学校・高等学校

同一の設置者による中学校と高等学校を接続した学校。高校入試（高等学校入学者選抜）は行わない場合がほとんど。

3. 連携型の中学校・高等学校

既存の中学校と高等学校が教育課程の編成、教員や生徒間の交流等で連携し、中高一貫教育を実施。

◇調査書（報告書）

小学校の学業成績や生活・活動などの所感が記載されている書類。中学受験生は小学校の担任の先生に書いてもらう。ただ、現在では、担任と保護者の負担を考えて「不要」「通知表のコピーでも可」という私立学校がほとんど。公立中高一貫校は報告書が必要。

◇通学時間

学校選択の要素のひとつ。1時

間程度が目安となる。学校によっては、通学による子どもの体力の消耗や、家庭で過ごす時間を大切にしてほしいという思いから、通学時間を制限している学校があり、1時間30分までが多い。

◇適性検査

公立中高一貫校では、選抜のための「学力試験」は行えない。「報告書」と「適性検査・作文・面接・実技」、「抽選」などの総合評価で入学者を選抜する。なかでも適性検査は選考の大きなポイントとなる。

東京都立の適性検査では、「読解力と資料の分析力を見る問題」「問題解決力と計算力を見る問題」「表現力と意欲を見る問題」の3つが主。

出題は、教科の枠を越えた融合問題となる。

◇特待生制度

入学試験や日常の成績が優秀な生徒に対して、学校が学費の一部や全額を免除する制度。

基本的に、成績優秀者の学校生活が、経済的な理由で損なわれないようにすることが目的。学費の免除というかたちをとる場合が多い。返済の義務は課されないことがほとんど。

本来は在校生に適用するものだが、私立中学校では、入試得点で特待生としてあつかうことも多く、それを募集対策の一環、また、学校全体の学力成績レベルアップに役立てようとする学校もある。

◇2科目入試

国語と算数の出題で入試を行うこと。首都圏の私立中学では「4科目入試」への流れが急だが、女子校を中心に「受験生の負担軽減のため」、2科目入試を残してい

る学校も多い。このほか「2科・4科選択入試」という制度を適用している学校もある。

◇2学期制・3学期制

現在の保護者の学校時代の学期制が3学期制。

それに対し、学年期を2期に分け、9月までを1学期、10月からを2学期（前期・後期と呼ぶところもある）とする学校がある。始業式、終業式や定期試験の日数が減り、授業時間を3学期制より数日多く確保できる。学習内容の理解の確認は小テストを多くして対応。学校の週5日制が施行されていた10年間に増えた。

◇2科・4科選択入試

首都圏の中学入試では、2科目（国語・算数）、もしくは4科目（国語・算数・社会・理科）で入試が行われているが、そのどちらかを選択できるのが2科・4科選択入試。願書提出時に選択する。

合否の判定方法は学校によってちがうが、「まず、2科だけで判定し、つぎに4科で決める」という学校が多い。このケースでは4科受験生には2度のチャンスがある。このほかに、午後入試などでは国語や算数など、1科目を選択する1科目入試や、国語、算数のほかに社会・理科のどちらかを選択する3科目入試もある。

◇半進学校（半附属校）

進学校的大学附属校。大学附属校でありながら、系列の大学以外の大学への進学（他大学受験と呼ぶ）志望者が多く、そのための受験体制も整っている学校のこと。「半附属校」も同じ意。

◇プログレス

各地にキリスト教系の学校を設立したイエズス会の宣教師であったフリン牧師が編纂した英語のテキスト『PROGRESS IN ENGLISH』（エデック発刊）のこと。現在多くの私学で採用されている。

◇併願

2校以上の学校に出願すること。第2志望以降の学校を併願校と呼ぶ。現在の首都圏中学受験では、ひとり5〜6校（回）の併願が平均的。

◇偏差値

学力のレベルが、一定の集団（大手の模試機関などが行う模擬試験を受けた受験生全体など）のなかでどのくらいの位置にあるのかを割りだした数値。絶対的なものではなく、あくまでも目安のひとつ。

自分はどのくらいの学力があるのか、その学校へ合格するためにはどのくらいの学力レベルが必要なのか、を知ることができる。

ふつう25〜75の数値がしめされる。

◇募集要項

各校が発行する「生徒募集に必要な事項」を記載したもの。募集人員、出願期間や試験日、試験科目、受験料、合格発表日、入学手続きおよびその費用などの情報が記されている。

◇ミッションスクール

キリスト教の教えを教育の基盤として取り入れている学校。カトリック系とプロテスタント系に分かれる。

学校により行事などで宗教色の濃さにちがいはあるが、いずれも家庭がキリスト教を信仰しているかどうかを受験の条件とはしていない。

中学受験用語解説

◇面接試験

面接は受験生の日常や性格などのほか、当該校の校風や教育方針を理解しているか、入学への意欲などを知るために行われる。学校によっては面接をかなり重視する。面接形態は受験生のみや、保護者のみ、保護者と受験生などのパターンがある。面接の方法も、個別面接、グループ面接などがある。

ただし、傾向として面接を課す学校は減っている。

◇模擬試験

模擬試験機関が行っている「中学入試」に模した試験形態。試験を受ける人数が多いほど結果の信頼性が高い。結果は偏差値という数値でしめされる。その受験生の偏差値と学校に与えられる偏差値を見比べることで合格可能性を探ることができる。

◇融合問題

理科や社会といった教科にとらわれず、どちらの教科の学力も試される出題のこと。環境問題で理科と社会、理科の濃度の問題で算数の計算力を問う出題がされたりする。

公立中高一貫校では学力検査を課すことはできず、適性検査という名目で選抜を行うため、その出題は、ひとつの大問のなかでいくつかの教科が含まれた融合問題になることが多い。

◇4科目入試

首都圏の国立・私立中高一貫校で、国語・算数・社会・理科の4科目で入試を行うこと。現在、首都圏では4科目入試が主流となっているが、女子校を中心に2科目入試を実施している学校もある。

関西圏では、社会を除いた3科目入試の学校が主体。

◇寮のある学校

寮制学校には、生徒全員が寮生活を送る全寮制の学校と、一部の生徒が寮生活を送り、通学生といっしょに授業を受ける学校とがある。

中学受験で寮のある学校が注目されるようになったのは、地方にある寮制学校が首都圏でも入試を行うようになり、実際に進学する生徒も多くなってきたことから。大学進学実績の高い学校には関心も集まっている。また、地方の学校であることから、首都圏各都県の入試解禁日にとらわれず、早めに入試日を設定できることもあって、「試し受験」に活用しようとする層もある。

ただし、近年では寮制学校もけっしてやさしい入試とはなっていないことから、「試し受験」のつもりで入試にのぞんだにもかかわらず、うまくいかなかった場合のリスクも考えておく必要がある。

◇類題

出題意図、解法手順などが似た問題。とくに算数や理科などで不得手な問題がある場合、類題で演習することには大きな効果がある。保護者が過去問題などを精査して、類題を探しだす作業を行うことも、中学受験における特徴のひとつと言える。

◇礼法

女子校などで「礼儀・作法」を学ぶ授業。身につけておきたい作法やテーブルマナーを学ぶ。正規の授業として取り入れている学校は、桜蔭、大妻中野、共立女子、実践女子学園、聖徳大学附属、山脇学園、和洋国府台女子などがある。

国立・私立中学校プロフィール

東　京

－キリスト教に基づく人格教育－

学校説明会 ［予約不要］　※9/5のみ要予約

第2回	9月 5日（金）	19:00〜※HP確認
第3回	9月20日（土）	14:00〜16:00
第4回	10月18日（土）	14:00〜16:00
第5回	11月 8日（土）	14:00〜16:00
第6回	11月26日（水）	11:00〜12:30
第7回	1月10日（土）	14:00〜16:00

オープンキャンパス（要予約）

7月19日（土）10:00〜15:00
　　　　　　　　　　　　※HP確認

ヘボン祭（文化祭）

11月 1日（土）・3日（月・祝）10:00〜
※ミニ学校説明会あり　※予約不要

学校見学

日曜・祝日・学校休日を除き
毎日受付。

※お車でのご来校は
　ご遠慮下さい。
※詳細はホームページを
　ご覧下さい。

明治学院中学校

〒189-0024　東京都東村山市富士見町1−12−3
TEL　042−391−2142
http://www.meijigakuin-higashi.ed.jp

青山学院中等部

あおやまがくいん

キリスト教信仰に基づく教育

プロテスタント系ミッションスクールである青山学院の教育方針の特徴は、「キリスト教信仰に基づく教育をめざし、神の前に真実に生き、心理を謙虚に追求し、愛と奉仕の精神をもって、すべての人と社会とに対する責任を進んで果たす人間の形成」を目的としているところにあります。

このため、毎日の礼拝や聖書の授業のほか、クリスマス礼拝やイースター礼拝、母の日礼拝など、年間をとおしてさまざまな宗教行事が行われています。

小クラス制によるゆとりある学校生活

青山学院では、基礎学力の徹底と、自ら考える力を身につけることを重視し、1・2年生は1クラス32名、1学年8クラスの少人数制を実施しています。

外国人教師による英会話、数学の習熟度別授業、各教科での多彩な選択授業などにより、一人ひとりの個性を引きだす教育を推し進めています。

国際交流もさかんです。中等部では、オーストラリア、フィリピン、韓国の中学校との交流プログラムが用意されており、いろいろな国の人との交流をとおして、海外へ目を向けるとともに、日本についての認識も深まっていきます。また、青山学院大学に通う留学生と交流するチャットルームも自由に参加できます。

幼稚園から大学までを併設している青山学院では、高等部からは卒業生の約8割が青山学院大および青山女子短期大へ進学しています。

他大学を受験する生徒も増えており、高等部では、各自の進路に応じた多様な選択科目が準備されているので、他大学受験への対応も万全です。

伝統のキリスト教教育で人間性を養い、世界を舞台に活躍できる人材を育成する青山学院中等部です。

SCHOOL DATA

- 東京都渋谷区渋谷4-4-25
- JR線ほか「渋谷」徒歩15分、地下鉄銀座線・半蔵門線・千代田線「表参道」徒歩10分
- 男子384名、女子380名
- 03-3407-7463
- http://www.jh.aoyama.ed.jp/

麻布中学校

あざぶ

「自由闊達」の校風が自主自立を育む

かったつ

毎年多くの難関大へ進学者を輩出する、麻布中学校・高等学校。1895年（明治28年）創立という伝統校です。

創立者江原素六先生の教育姿勢のもと、創立以来、ものごとを自主的に考え、判断し、自立した行動のとれる人物の育成をめざし、自由闊達な校風を伝統としてきました。

こうした伝統を持つ麻布では、明文化された校則はなく、標準服はありますが服装も自由です。

また、文化祭や運動会、学年旅行といった学校行事もすべて生徒の自主運営に委ねられていることも特徴です。

豊かな人間形成をめざす

麻布では、幅広く深い教養を身につけ、豊かな人間形成をはかることを教育の主眼としています。

全人教育の観点から、感性・感覚・情操を涵養するため、音楽・美術・工芸・書道など

にもじっくりと時間をかけています。体育では柔道・剣道の選択もあります。

各教科ごとに、中高6年間の連続性が考慮された独自のカリキュラムを編成し、生徒の自発的な学習意欲を引きだし、思考力・創造力・感受性を育てることに努めています。中学段階では、基本的な知識を幅広く身につけるとともに、柔軟な思考力を養うことに力点をおいた教育がなされています。

授業はどの教科も質・量ともに相当な密度となっており、各教科で独自に編集したプリントや教科書以外の副読本を多用しながらきめ細かく進めていきます。

また、高1・高2では、土曜日に2時間の教養総合の授業を行っています。これは少人数ゼミ形式で、約40講座から希望するものを選択します。

自由の意味を理解し、それに応えられる自主・自立の精神を深く学び、未来をめざす青年を育む麻布中学校・高等学校です。

SCHOOL DATA

- 東京都港区元麻布2-3-29
- 地下鉄日比谷線「広尾」徒歩10分、都営大江戸線・地下鉄南北線「麻布十番」徒歩15分
- 男子のみ914名
- 03-3446-6541
- http://www.azabu-jh.ed.jp/

足立学園中学校

「自ら学び 心ゆたかに たくましく」

東京大などの超難関大学に合格者を輩出する足立学園中学校・高等学校。「質実剛健」「有為敢闘」を建学の精神に、「自ら学び　心ゆたかに　たくましく」を教育目標に掲げます。

足立学園について寺内幹雄校長先生は、「学園の主役はあくまでも生徒。生徒が『学びたい』と思ったときに学べる環境を提供し、生徒が『夢』を抱けるところ、それが足立学園です」とおっしゃいます。

学力をつける独自の一貫教育

優秀な大学合格実績をあげる教育の基盤には、6年間の独自カリキュラムが存在します。その特徴は、週6日授業の2学期制により授業時間数をがっちり確保していることです。公立中・高の6年間ぶんに相当する授業時間数を、足立学園では高2までの5年間で無理なく学ぶことができます。

そして高3では、各自の進路に必要な科目の選択が可能となり、大学受験に即した演習中心の授業で実力をつけていきます。また、教材にも工夫が凝らされているので、授業進行の速さに対する心配は無用です。

中1・中2では基礎力の充実を徹底し、中3・高1では選抜クラスを設け、学力の高い生徒・学習意欲のある生徒を伸ばします。高1から文・理別に選抜クラスを設置し、高2・高3では国立・私大選抜・一般文系・一般理系の4コースに編成され、希望の進路に向けて学力の向上をはかります。

多彩な行事・人間形成

多彩な行事も魅力です。中学では30km強歩大会が行われます。速さを競うのではなく、足腰を強くし、人と人の心のきずなを強くします。足立学園では、こうした行事をつうじて友だちができ、楽しく学校に通えることで生徒の主体的な力を引き出せるのです。

大学進学を前提とした中高一貫の全人教育が魅力の足立学園中学校・高等学校です。

SCHOOL DATA
- 東京都足立区千住旭町40-24
- JR線ほか「北千住」徒歩1分、京成線「関屋」徒歩7分
- 男子のみ412名
- 03-3888-5331
- http://www.adachigakuen-jh.ed.jp/

跡見学園中学校

跡見らしさとは「人間尊重主義」

1875年の創立以来、「生徒一人ひとりの『個性を伸ばす』」ことを目標とした教育理念は、個性や自主性を尊重する跡見学園の校風となって受け継がれています。

その伝統は、「個性尊重主義」から「人間尊重主義」へ新たな息吹を加えながら時代の先を歩み始めています。

英語教育の重視で進学指導を強化

跡見学園では、中高をとおした6年間一貫教育が実施されています。

授業では、英語の授業時間が多く取られているのが特徴で、実践的な基礎力をつけながら、自分の考えを表現することを目標にしています。

週に6時間英語の授業があり、中3からは少人数制の習熟度別授業で細やかな指導が行われています。英会話は週1回、ネイティブスピーカーと日本人教師による授業が展開されています。

進路の選択においては、高2から進学コース別カリキュラムを取り入れ、受験体制を整えています。

本物に触れる教育

国際人として自国のすぐれた文化を理解することを目的に、本物に触れる教育を実施しています。その一環として、世界の一流演奏家やオーケストラによるコンサート、能・狂言などの鑑賞授業が行われています。

社会科でも、中3で実際の裁判を傍聴するほか、高3では東京弁護士会協力のもと、模擬裁判を体験します。

さて、いまではほかの女子校にも広がっている「ごきげんよう」のあいさつ。これは、跡見学園発祥のあいさつで、学校側が強制しているものではなく、生徒の間から自然に生まれ、継承されてきたものです。

生徒の自主性が重んじられ、それが伸びやかな校風に結びついている跡見学園です。

SCHOOL DATA
- 東京都文京区大塚1-5-9
- 地下鉄丸ノ内線「茗荷谷」徒歩2分、地下鉄有楽町線「護国寺」徒歩8分
- 女子のみ845名
- 03-3941-8167
- http://atomi.ac.jp/

郁文館中学校
いく ぶん かん

東 京
文京区　共学校

「夢を持たせ、夢を追わせ、夢を叶えさせる」

1889年創立の郁文館中学校・高等学校は、今年で創立125周年を迎えます。

郁文館の教育のテーマは「夢」。「子どもたちに人生の夢をもたせ、夢を追わせ、夢をかなえさせる」ことを目的とした「夢教育」を実践し、生徒の夢を徹底的にサポートする体制が整っています。

「夢教育」で3つの力を向上

郁文館では、夢をかなえるためには、「人間力の向上」「学力の向上」「グローバル力の向上」の3つの力が必要だと考えられています。郁文館の「夢教育」は、各学年をつうじてこれら3つの力をしっかりと向上させる多彩な独自プログラムが用意されていることが特徴です。

2月に開催される「郁文夢の日」では、MVD（生徒のなかで最も郁文館生らしい生徒＝モースト・バリアブル・ドリーマー）の表彰などさまざまな催しが開催され、今年度を振り返り、新年度の目標を一人ひとりが「決意カード」に記入します。

各界で活躍している「夢」をかなえた「夢達人」を招いての講演会、「夢達人ライブ」も郁文館ならではの行事です。実際に夢をかなえた「夢達人」のお話から、生徒は多くの刺激を受けることができます。

長野県の合宿施設では、学年ごとに5泊6日〜10泊11日の「夢合宿」が行われており、規則正しい生活習慣を身につけるとともに、さまざまなプログラムでよい人格を形成します。

さらに、郁文館オリジナルの「夢手帳」の活用や、担任の先生との「夢カウンセリング」など、他校にはない特色が光ります。

進化をつづける郁文館の「夢教育」。2013年度からは「グローバル力向上」のための新たなプログラムが開始するなど、個性ある教育で生徒の「夢」の実現をめざし改革を進める注目校と言えます。

SCHOOL DATA

- 東京都文京区向丘2-19-1
- 地下鉄南北線「東大前」徒歩5分、都営三田線「白山」徒歩10分
- 男子210名、女子116名
- 03-3828-2206
- http://www.ikubunkan.ed.jp/

上野学園中学校
うえ の がく えん

東 京
台東区　共学校

グローバルな視野の育成、芸術の学びのある進学校

1904年（明治37年）に創立された上野学園中学校・高等学校は、「自覚」を建学の精神として、自己の真の価値を求め、個々の持つ才能と個性を伸張させます。自らの世界を豊かにすると同時に、グローバル化が進む社会にあって、自立し、貢献できる人材の育成をめざします。

中学では、新たに「アドヴァンスト・コース」と「プログレス・コース」を設置し、6年後の大学進学をめざし、学力の向上をはかります。主要5教科の学力を強化し、学び、考える生徒を育てるとともに、英語音声教育の充実や異文化への理解など、次世代の担い手となるグローバル教育に力をそそぎます。伝統ある音楽教育の環境のなかで、「ひとりひとつの楽器演奏」や、さまざまな演奏会をとおして、豊かな感性を育てます。

とくに、新たな教育プログラムとして、「上野公園フィールドワーク」を実施します。中学1年生では、「サイエンスプログラム」を、中学2年生では、「ソーシャルプログラム」をとおして課題発見や情報収集、レポート作成力、プレゼンテーション力を磨きます。

「アドヴァンスト・コース」では、中学3年で高等学校の授業内容にふみこみ、国公立や、難関私大をめざします。「プログレス・コース」では、基礎的学力を強化し、高等学校での学習につなげ、大学進学をめざします。少人数制の特色をいかし、個々の進路目標に沿って、生徒と教員が近い距離で、徹底指導をはかります。

音楽専門をめざす学び

高等学校で音楽科をめざす生徒には、音楽基礎科目のソルフェージュの授業や、大学の教授や演奏家として第一線で活躍している指導者による専門実技のレッスン、校内での多くの演奏会の発表など、恵まれた音楽教育の環境のなかで、豊かな音楽性を育んでいきます。

SCHOOL DATA

- 東京都台東区東上野4-24-12
- JR線・地下鉄銀座線・地下鉄日比谷線「上野」徒歩8分、京成線「上野」徒歩10分、つくばエクスプレス「浅草」徒歩12分
- 男子48名、女子80名
- 03-3847-2201
- http://www.uenogakuen.ed.jp/

穎明館中学校

東京 八王子市 共学校

生徒の可能性を支援する教育

穎明館中学校・高等学校は、東京・八王子の緑豊かな丘陵に立地しています。4万坪もの広いキャンパスは、中高6年間を過ごす理想的な環境と言えます。

中高一貫の特性をいかしたゆとりあるカリキュラムで、充実した学習指導を可能にしています。

高2で文系・理系に分かれますが、その後も安易に科目をしぼらずバランスよく学び、均整の取れた学力をつけることで、国公立大も無理なくめざすことができます。

個々の学力に応じる熱心な指導

穎明館では、日常の授業をより充実させ、生徒の学習状況をきめ細かく把握するために、小テストや提出課題などの平常点を定期テストと同程度に評価するようにしています。

再テストや再提出で積極的な取り組みをうながし、その結果をきめ細かく把握し、評価することで、学習が実力として定着することをめざしています。

生徒の学力に応じた補習も行われ、低学年では指名者補習、高1・高2では難関大受験へ向けた補習、高3では志望大学の対策演習など、さまざまな補習が用意されています。

キャリア教育も充実

大学での学問について紹介する学部学科説明会や、卒業生が自分の受験勉強について語る進学懇談会など、キャリア教育にも力が入れられています

また、進路意識の育成のために、中3の卒業論文作成など、自己の適性を見極め、社会に対する関心を広げるさまざまなプログラムが用意されています。

穎明館は人格を尊重する寛容でリベラルな校風のもと、充実した学習活動を行いながら、学校行事や部活動などでは、生徒が中心となってのびやかに活躍している学校です。

SCHOOL DATA

- 東京都八王子市館町2600
- JR線・京王線「高尾」バス
  JR線・京王線「橋本」スクールバス
- 男子390名、女子197名
- 042-664-6000
- http://www.emk.ac.jp/

江戸川女子中学校

東京 江戸川区 女子校

豊かな情操と教養を身につけた女性を育成

鐘が鳴る時計塔をいただき、パティオ(中庭)を欧風回廊がかこむ江戸川女子中学校・高等学校。中世のお城のような外観を持つ校舎には、だれもがきっと目を見張ることでしょう。自慢の校舎には、AVコーナーや談話スペースを備えた図書室、休日も利用できる自習室など、生徒の学ぶ力を養う場がふんだんにつくられています。2014年(平成26年)の秋には体育館や多目的ホールが併設された講堂新館の完成も予定され、教育施設はさらに充実します。

一生役立つ英語力を育む

江戸川女子では、創立以来、建学の精神として「教養ある堅実な女性の育成」を目標に掲げ、きめ細かな学習指導と伝統の情操教育を重視し、幅広い知識を持つ自立した女性へと導いています。

2期制・週6日制を実施し、授業時間は1時限65分です。生徒の集中力を途切れさせ

ないよう、先生がたによるさまざまな工夫が凝らされた授業が展開されています。

また、6年間をとおして英語教育に重点をおいていることも特徴です。1年次より「Progress21」を使用し、3年次までに高校で学ぶ基本的な文法事項をすべて学習します。

こうした英語学習により、2500語以上の語彙を習得、中3で70～85%の生徒が英検準2級を取得しています。

外国人教師と日本人教師のチームティーチングによる英会話授業や全員参加の海外研修など、使える英語と受験に必要な英語の両方をしっかりと身につけることができる体制が整っています。

親身な進路指導も実を結び、毎年多くの難関大合格者を輩出しています。中1から少しずつ将来についての意識を持たせ、就きたい職業や必要な資格・能力を知り、志望大学の決定へとつなげます。「生徒の夢を叶える」が合い言葉の江戸川女子です。

SCHOOL DATA

- 東京都江戸川区東小岩5-22-1
- JR線「小岩」徒歩10分、京成線「江戸川」徒歩15分
- 女子のみ496名
- 03-3659-1241
- http://www.edojo.jp/

桜蔭中学校
（おういん）

学びて人を愛す―伝統の心

文京区本郷の高台、閑静な住宅街に中高一貫の女子校、桜蔭中学校・高等学校があります。

中学校では、時代に適応した学習と道徳の指導をつうじて建学の精神である「礼と学び」の心を養い、高等学校進学にふさわしい品性と学識を備えた人間形成をめざしています。高等学校では、中学校の教育を基礎として、豊かな愛情と自主の精神を持って広く学び、正義の念に基づいて行動する女性の育成を目標とします。

校訓となっている「勤勉・温雅・聡明であれ」「責任を重んじ、礼儀を厚くし、よき社会人であれ」の言葉どおり優秀な生徒が多く、卒業後はさまざまな分野で活躍する有能な女性を送りだしています。

また、「学びて人を愛す」という桜蔭の伝統の心を学ぶため、中学校では礼法の時間が設けられています。礼法は、高2の「総合学習」のなかでも指導しています。

独自カリキュラムとていねいな指導

桜蔭では、中高一貫のメリットと女子校の特性をいかした独自のカリキュラムを編成しています。中学では、主要教科の授業進度を早くし、親身な指導により基礎学力を育むとともに、高い学習能力を身につけます。

授業では独自教材などを使用しながら、教科書の範囲を越えた高度な内容を展開しています。数学では中3から高校内容に入り、国語では中2から古典文法を学びます。

中学校の総仕上げとして、中学3年生全員に「自由研究」の課題が与えられます。各自が自分の興味や関心のあるテーマを選び、4月から1学期間を費やして資料・文献を集めて分析・研究し、論文のかたちにまとめて提出します。研究テーマは幅広い分野におよび、充実した内容となっています。

女子教育への熱い情熱が現在も受け継がれている桜蔭中学校・高等学校です。

SCHOOL DATA

- 東京都文京区本郷1-5-25
- 都営三田線「水道橋」徒歩3分、JR線「水道橋」徒歩5分、地下鉄丸の内線・都営大江戸線「本郷三丁目」徒歩7分
- 女子のみ716名
- 03-3811-0147
- http://www.oin.ed.jp/

桜美林中学校
（おうびりん）

キリスト教に基づく国際人の育成

「英語の桜美林」の伝統を発揮

1946年（昭和21年）、国際教育・国際ボランティアのパイオニア、清水安三・郁子夫妻により創立された桜美林学園。「自分を愛するように隣人を愛する」というキリスト教の精神を大切にし、他者の心の痛みに共感でき、国際社会に目を向け、国際社会に貢献・奉仕する人材の育成をめざしています。

桜美林では、文化のちがいを認めて理解しあうためのコミュニケーションツールとして英語は欠かせないものと考えています。「Express Yourself in English（英語で自分を表現しよう）」を合言葉に、『New Treasure』を使用して、独自の英語プログラムを展開します。週6時間の英語の授業のうち2時間を外国人専任教員が担当し、生徒による発言・発表の機会がふんだんに盛りこまれ、英語が身体にしみこむような工夫がなされています。

英語学習の成果を発表する「English Presentation」や、国内での英会話合宿「English Camp」、中3のオーストラリア研修旅行など、英語学習への意欲を高める機会が多いことも特徴です。中3から自由選択科目として学習できる中国語・コリア語講座、イギリス・オーストラリア・ニュージーランド・中国・韓国で展開される長・短期留学制度など国際交流システムも充実しています。

桜美林の進路指導

桜美林では、希望者は桜美林大へ進学できます。実際に桜美林大へ進学する生徒は例年約数％程度です。

進路指導では、担任以外にも進路指導専任教員による特化した指導が特徴で、生徒一人ひとりのニーズに対応しながらサポートします。こうしたきめ細かな対応の結果、大学進学実績は顕著な伸びをみせています。桜美林は、6カ年一貫教育で生徒の力を確実に伸ばしています。

SCHOOL DATA

- 東京都町田市常盤町3758
- JR線「淵野辺」徒歩20分・スクールバス5分、小田急線・京王線・多摩都市モノレール「多摩センター」スクールバス20分
- 男子203名、女子257名
- 042-797-2668
- http://www.obirin.ed.jp/

鷗友学園女子中学校

心豊かに自らの道を切り拓く意志を持った人に

「慈愛と誠実と創造」を校訓とし、キリスト教精神による全人教育を行っています。また、「女性である前にまず一人の人間であれ」「社会の中で自分の能力を最大限に発揮して活躍する女性になれ」という初代校長の教えを教育の根本に据えています。

他者の尊厳を大切にしながら、豊かな関係を築く力。さまざまな体験をとおして自らの可能性を発見し、意欲を持って学べる力。この2つの力を大切にしつつ、自分なりの価値観を持ち、自らの道を切り拓いていける人に育てたいと考えられています。

生徒同士が自然体でいられる環境づくり

生徒一人ひとりがありのままの自分でいられるような、居心地のよい集団をつくっていけるよう、さまざまな取り組みを行っています。たとえば、中1ではクラスを少人数編成にし、3日に1度席替えを行うなど、クラス全体がまとまっていくよう配慮しています。

また、HRの時間にはエンカウンターやアサーションも取り入れ、コミュニケーション力の向上にも努めています。そのなかで、互いに自由に発言しあいながらも、他者を尊重できる人間関係づくりを大切にしています。

主体的な学びを大切にしたカリキュラム

自ら学び、自ら発信する主体的な学びを大切にしたカリキュラムを組んでいます。教材にはオリジナルテキストや独自のプリントを多用し、さまざまなメディアを使った表現学習や、実験・実習を数多く取り入れています。英語は中1からすべて英語で授業を行うほか、園芸の授業や体育のリトミック、芸術教育の充実など、特定の科目に偏らないバランスのとれた授業を展開しています。

卒業生の進路は文系と理系がほぼ半々になっており、東京芸術大学にも8年連続で合格者を出すなど進路選択の幅が広いことが大きな特徴です。

SCHOOL DATA

- 東京都世田谷区宮坂1-5-30
- 小田急線「経堂」徒歩8分、東急世田谷線「宮の坂」徒歩4分
- 女子のみ741名
- 03-3420-0136
- http://www.ohyu.jp/

大妻中学校

校訓「恥を知れ」を基盤に人材を育成

社会に貢献できる自立した女性の育成

1908（明治41）年の創立以来、知性と品性を備えるよき社会人を育ててきた大妻中学高等学校では、校訓「恥を知れ」のもと、時代の要請に応える教育を実践しています。

生徒一人ひとりが確かな学力を身につけるとともに、社会に向かって視野を広げ、自分の将来を着実に考えていく環境が、大妻には整っています。充実した学校生活をつうじて、生徒たちは、次の4つの資質を身につけ、6年間で大きく成長していきます。

・自律と自立の精神（自分で考えて行動し、主体的に物事に取り組む）
・協働の心（目標に向かって、ともに助け合いながら活動する）
・確かな学力（自ら学び、高い知識や技能を着実に身につける）
・社会とつながる（現代社会とどう関わるか、自己の夢と将来像を描く）

2013年度（平成25年度）からは、中学では5教科の授業内容・時間数をいっそう充実させたほか、「中学研究論文」を導入し、さまざまなかたちで知識の活用の方法や表現の仕方を系統的に学ぶ機会を設けました。

高校では、文系・理系に類型化されたカリキュラムで、希望進路の実現に向けて実力を養っています。

優秀な大学合格実績

「進路学習」と「進学指導」の両輪が大妻の持ち味です。高1のオリエンテーションに始まる進路学習は、志望別の読書会や見学会、大学模擬講座や保護者・OGによる大妻キャリアネット講演会など多岐にわたり、生徒の進路意識を高めています。

放課後や長期休暇中の講習、小論文指導、ていねいな面談など、進学に向けての指導も充実し、国公立大や早慶をはじめとする難関大学合格に結びついています。

SCHOOL DATA

- 東京都千代田区三番町12
- 地下鉄半蔵門線「半蔵門」徒歩5分、JR線・都営新宿線・地下鉄有楽町線・南北線「市ヶ谷」徒歩10分
- 女子のみ861名
- 03-5275-6002
- http://www.otsuma.ed.jp/

大妻多摩中学校

国際化と女性の時代に活躍できる人材の育成

大妻多摩中高が所属する大妻学院の創立は、1908年（明治41年）、学祖・大妻コタカ先生が私塾を設立したことに始まります。

100年という長き歴史のなか、高い知性と豊かな情操を兼ね備え、心身ともに健やかな人材を世に送りだしてきました。そして、ひとりの社会人としてなにができるか、どれだけ輝いているかが問われているいま、大妻多摩は国際社会に貢献できる知性と品位を備えた美しい女性を育成します。

昨年度、オーストラリアの私立女子校と姉妹校提携を結び、高1生留学制度を開始。交流プログラムも進み、5つの実験室を活用した理科の授業、3つのCALL教室を使った英語の授業など、先進的な授業も魅力的です。

伝統の中高一貫女子進学校

大妻多摩では、ほとんどの生徒が系列の大妻女子大学以外の大学を受験・進学することから、進学校であるといってよいでしょう。

学校では、生徒全員を受験生ととらえ、一人ひとりに実力をつけさせ、さまざまなかたちで受験補習を行うなど、意欲のある生徒をバックアップする体制があります。毎年多くの進学実績をだし、昨年度は北海道大をはじめとする国公立大に23名、私立大は早稲田大37名、慶應義塾大9名、上智大12名、東京理科大10名など多数が現役合格しています。

小規模校ならではのていねいな指導

毎年、半数以上の生徒が国公立、早慶上智、G-MARCH、東京理科大のいずれかに合格していますが、猛スピードの先取り型つめこみ教育や上位者だけに特化したクラス編成はとらず、1学年160名の規模をいかし、全員をていねいに指導するのが教育方針です。勉強の楽しさや仕方を最初に時間をかけて指導し、高3の中盤では各自の進路探しを支え、最終的には自立した勉強ができることを目標としています。

SCHOOL DATA

- 東京都多摩市唐木田2-7-1
- 小田急多摩線「唐木田」徒歩7分
- 女子のみ480名
- 042-372-9113
- http://www.otsuma-tama.ed.jp

大妻中野中学校

ツマナカで、「わたし」をもっと、好きになる。

急ピッチで再開発が進み、アカデミックな街へと進化をとげつつある中野。ひときわ目を引く早稲田通り沿いのランドマーク、8階建てレンガ色の建物が、2013年（平成25年）に完成した大妻中野の新校舎です。建築にあたり、最もこだわったポイントは「全教室電子黒板完備」でした。パソコンと連動した電子黒板をすべての授業教室に完備し、画像や音声をフル活用した躍動感ある授業を展開しています。あふれる情報を実りある学びにつなげること。興味関心の幅を広げ、活発な学びをうながすこと。時代の流れを見据えた学びに、自己を学問的・人間的にきたえ、社会や人類のためとなる女性を育てる、大妻中野の信念があります。建学の精神「学芸を修めて人類のために」を礎とし、大妻中野の目は未来へ、そして世界へと向けられているのです。

心のエネルギーを信じ、生き方につなげる

さきへ外へと視野を広げつつ、大妻中野の

目は、自らにも向けられます。学祖大妻コタカ先生の言葉である「恥を知れ」は、自らに対して、自らを律する意味の校訓です。他者に対して、自分の良心に恥ずるような行いをしないこと、自らを高めつづけること。自分を見つめる目を育てる情操教育は、もうひとつの柱。自分と他者とを見つめる姿勢が生む明るいあいさつは、大妻中野の名物です。一人ひとりが持つ心のエネルギーを大切に、新たな可能性や夢を育み、自立した女性としての生き方につなげること。誰もが抱く夢や希望、その扉を開く鍵となる知性や人間力を大妻中野の伝統が支えているのです。

より高みをめざしたアドバンスト教育

向上心あふれる一人ひとりの高い目標を実現させるため、アドバンストコースを配置。難関大志望、海外留学など、無限に広がる夢を叶え、生徒の能力を最大限に引き出すサポート体制を大妻中野は準備しています。

SCHOOL DATA

- 東京都中野区上高田2-3-7
- 西武新宿線「新井薬師前」徒歩8分、JR線・地下鉄東西線「中野」徒歩10分
- 女子のみ761名
- 03-3389-7211
- http://www.otsumanakano.ac.jp/

小野学園女子中学校

東京
品川区
女子校

次代を担う実力と志を持った「自立した女性」を育てる

You can get identity capital at Ono-gakuen!

人はみな奇跡の存在であるとともに、生まれながらにして見えざる大いなる力によってなんらかの役割と責任を負っている存在です。そして科学技術の圧倒的な力と進歩によって、日々変化していく世界にあって、女性がどのように生き、どのように社会にかかわっていくのかというテーマは、人類的課題でもあります。

こうした状況のなかにあって、小野学園女子では80年有余の「女性教育の伝統」のうえに、次代を支え、切り拓いていく実力と志を持った女性を育てるための取り組みを進めてきました。

そして、注目されている「理数教育」とともに、自らが主体的に考え、決断し、実行する力の養成を日々の教育活動の中心に据えて「You can get identity capital at Ono-gakuen!」の旗印の下、小野学園女子は熱い挑戦をつづ

けていきます。

学習習慣＋受験指導＝難関大進学率アップ

小野学園女子では、学習習慣をつけるために中1と高1で「学習習慣強化プログラム」を実施しています。特別時間割や合宿で「学習方法」を学び、しっかりとした学習習慣を身につけます。また大学進学に向けての講習も高1からスタートします。その結果、2014年度は、横浜国立大学やG-MARCHの難関大学に卒業生の20%以上が合格しました。

また、探究心の育成をめざし、理科教育も重視しています。6年間で185の実験に取り組み、授業以外にも「サイエンス・ラボラトリー」を毎週実施し、高大連携事業により、大学教授による模擬授業などを体験できます。ほかにも、生徒が先生役となり、小学生に実験を指導する「サイエンスオープンキャンパス」や「ホタルプロジェクト」など、独自のプログラムが多数用意されています。

SCHOOL DATA

● 東京都品川区西大井1-6-13
● JR線「西大井」徒歩5分、JR線ほか「大井町」徒歩10分
● 女子のみ93名
● 03-3774-1151
● http://onogakuen-jyoshi.jp/

海城中学校

東京
新宿区
男子校

「新しい紳士（ジェントルマン）」を育成する

難関大学へ多くの合格者を送ることで知られる海城中学高等学校。創立は1891年（明治24年）、優秀な進学実績に目がいってしまう海城ですが、創立以来、しっかりとした男子教育を行うことで定評があります。

建学の精神は、「国家・社会に有為な人材を育成する」こと。いつの世にあっても自らを見失うことなく自己実現をめざし、世界の人びとと共存をはかり、平和で豊かな社会を創造するリーダーとしての役割を担う人材を育てることを使命としています。

こうした人材を、「新しい紳士」と呼び、「フェアーな精神」「思いやりの心」「民主主義を守る態度」「明確に意志を伝える能力」などの資質を身につけ、社会変化に創造的に対応していける力を育成しています。

授業では、中1〜高1までの4年間を基礎学力の伸長と充実をはかる時期と位置づけ、主要教科・科目の時間を増やし、内容の深い学習指導を行っているのが特徴です。

高2からはコース制を実施。めざす進路に適したカリキュラムを編成し、指導の充実をはかっています。コースは、希望と適性に応じて「文科コース」と「理科コース」のふたつが用意されています。

体験学習と国際理解教育

海城は、勉強だけではなく、自然や文化に触れ、自発的な学習意欲を引き出す「体験学習」も大切にしている学校です。

中1・中2での体験学習（プロジェクト・アドベンチャー＝ＰＡ）や中3修学旅行などの宿泊行事・校外行事は、生徒たちにとって自己研鑽のよい機会となっています。

また、国際理解教育にも力が入れられ、「ネイティブ・スピーカーによる授業」や「海外研修」、帰国生の積極的な受け入れなど、国際性豊かな人間の育成がめざされています。

一人ひとりの個性を磨き能力を高めることのできる海城中学高等学校です。

SCHOOL DATA

● 東京都新宿区大久保3-6-1
● JR線「新大久保」・地下鉄副都心線「西早稲田」徒歩5分、JR線「大久保」徒歩10分
● 男子のみ1001名
● 03-3209-5880
● http://www.kaijo.ed.jp/

開成中学校
（かいせい）

東京
荒川区
男子校

東大合格者第1位を誇る難関校

日本を代表する私学、「開成」。毎年、3桁におよぶ東大合格者を輩出し、その数は他校を圧倒しています。

1871年（明治4年）、幕末の進歩的知識人であった佐野鼎先生（かなえ）によってつくられ、日本で最も長い歴史を持つ名門私立学校でもあります。創立以来、社会のあらゆる分野に多くのリーダーを輩出してきました。

学校名は中国の古典「易経」にある「開物成務」に由来し、ものごとの道理と人間性の啓発培養に努めることを意味しています。また、校章は有名な格言「ペンは剣より強し」を図案化したもので、いずれも開成の校風を象徴するものになっています。

校風は自由かつ質実剛健

「進取の気象・自由の精神」という建学の精神は、初代校長高橋是清先生のもとで確立され、自由、質実剛健の気風のなかで現在にいたるまで連綿と継承されています。

開成では、そうした校風のもと、生徒の自主性を尊重した教育が行われています。勉強においても、生徒が自ら学び取っていく「自学自習」の学習態度が要求されます。生徒は、質問があれば積極的に先生のところへ出向き、自学自習の精神を発揮して勉学に励んでいます。

授業のカリキュラムには独自のものが用意され、進み方は早く、内容も濃くハイレベルなものばかりです。工夫された自主教材をもとに進められる授業も多く、教員作成のプリントが中心となっていることも特徴です。

さらに、「知・心・体」のバランスを重視する学園の理念に基づいて、音楽、美術、技術・家庭科などにもしっかりと取り組むことができ、実技を中心とした活発な授業が展開されています。

また、開成では、9割以上の生徒が部活動に参加し活躍しています。文武両道は当たり前という開成教育の表れと言えるでしょう。

SCHOOL DATA

- 東京都荒川区西日暮里4-2-4
- JR線・地下鉄千代田線「西日暮里」徒歩1分
- 男子のみ905名
- 03-3822-0741
- http://www.kaiseigakuen.jp/

開智日本橋学園中学校
（かいちにほんばしがくえん）
〈2015年度より男女共学化・日本橋女学館中学校より校名変更〉

東京
中央区
共学校

世界を視野に入れた新しい学校が誕生

「ハーバード、ケンブリッジ、東大、早・慶…。6年あるから夢じゃない!!」を合言葉に2015年4月に新しい学校が誕生。21世紀型の学校、グローバル・リーディングスクール「開智日本橋学園」は、21世紀型学力（探究力・創造力・発信力）育成のために、アクティブ・ラーニング（探究型、協働型、プロジェクト型等の学び）を推進し、急激に変化する社会に対応できるリーダーを育てます。

また、世界の大学を視野に入れた英語力増強のため、英語の授業の充実とイマージョン（他の教科を英語で実施）授業を実施します。

さらに、世界のトップレベルの学力を養成するために、バカロレアのMYP（中等教育プログラム）とDP（大学進学に向けたディプロマプログラム）を導入し、世界のリーダーとして活躍できる人材を育てます。

グローバル人材を育成する3つのクラス

グローバルな人材を育成するための、中高一貫の3つのクラスをご紹介します。

「グローバル・リーディングクラス」は、海外のトップレベルの大学をめざします。日本の学びに加え、中1〜高2まではバカロレアのMYPを、高2・高3はDPで学び、SAT（アメリカの大学進学適性検査）に対応した特別講座を行います。

「リーディングクラス」は日本のトップレベルの大学を、「アドバンスドクラス」は日本の難関大学をめざし、両クラスともアクティブ・ラーニングを主体とした探究型・協働方の授業とともに、しっかりとした知識と学力を育成するために習得型の授業、反復型の学びを行います。中2までに中学の学習内容を、中3・高1で高2までの学習内容を習得し、高2・高3は「リーディングクラス」は国立文系・国立理系・医学系の3つに、「アドバンスドクラス」は国立文系・国立理系・私大文理（文理は教科選択）の3つに分かれ、徹底した大学進学に向けた授業を行います。

SCHOOL DATA

- 東京都中央区日本橋馬喰町2-7-6
- JR線・都営浅草線「浅草橋」徒歩3分、JR線「馬喰町」・都営新宿線「馬喰横山」徒歩5分、JR線・つくばエクスプレス・地下鉄日比谷線「秋葉原」徒歩10分
- 現在は女子のみ113名（2015年度より共学）
- 03-3662-2507
- http://www.njk.ed.jp/

かえつ有明中学校

共学だけど授業は別学

2006年（平成18年）、臨海副都心への移転と同時に共学化したかえつ有明中学校。周辺には日本科学未来館をはじめとするさまざまな文化・スポーツ施設があるこの最先端の街で、21世紀の新しい教育を、校訓である「怒るな働け」をもとに、「国際社会においてリーダーとして活躍できる人材」の育成をめざしています。

2013年度（平成25年度）から始まったかえつ有明の大きな変革は、中1〜高1までの男女別学制の導入です。

目標の持ち方やそれに取り組む姿勢は男女それぞれに特徴があります。かえつ有明では、男女の成長の性差をふまえ、中入生から入学時より男女別クラスを設定し、別学教育を展開していきます。

ただし別学はホームルーム・授業のみで、その他の学校行事や部活動などは男女いっしょに行います。これにより、別学と共学のよさを併せ持ち、より個々を伸ばせる指導が可能となります。高2からは共学となり、文系理系クラスに分かれて大学進学をめざします。

オリジナル科目「サイエンス」

かえつ有明では、先取り学習や演習を含めたカリキュラムの充実をはかり、入学受験に向けて確かな学力を養います。

その特徴として、世の中のできごとを読み解き、自ら問題を見つけ、解決し、自分自身の言葉で表現するためのオリジナル教科「サイエンス」を取り入れました。

サイエンスでは、集団で意見・情報をだしあうブレーンストーミングやディスカッションを行い、大学入試に必要なスキルである思考力・判断力・表現力を養います。この3つの能力をきたえることで、各教科学習での理解度をも高まると期待されています。

新たな男女別学制の導入と、充実した校舎環境で、ますますこれから期待が高まる、かえつ有明中学校です。

SCHOOL DATA

- 東京都江東区東雲2-16-1
- りんかい線「東雲」徒歩8分、地下鉄有楽町線「豊洲」バス、地下鉄有楽町線「辰巳」徒歩18分
- 男子358名、女子211名
- 03-5564-2161
- http://www.ariake.kaetsu.ac.jp/

学習院中等科

都内随一の環境にある名門一貫校

学習院の創建は1847年、公家の学問所としての開講でした。多くの支持者を持つ、そのつねに変わらぬ教育風土は、「自由と倫理」の精神によって特徴づけられています。自由を尊ぶ気持ちは独立性、創造性へとつながり、倫理性は、その自由を放縦に走らせず、個性ある人材を育てています。

個性の芽を育む教育

教育目標は「ひろい視野、たくましい創造力、ゆたかな感受性の実現」となっています。学習院の一貫教育は、「受験指導に重点をおいて、大学入試に焦点をあてている進学校」や「大学とつながっていてエスカレーター式に大学へ進学する学校」のどちらの型にも該当しないことが大きな特徴です。

学習院では中学時代を、自分自身がどのような人間であるのかを自覚し、それぞれの個性を育むための準備をする時期であるととらえ、その後押しをする教育を心がけています。

各教科の授業内容や指導は、中高で綿密に連絡を取ることで、合理的かつ効果的なカリキュラムの編成がなされています。また、授業では独自に編纂されたテキストやプリント、資料集、問題集などを使い、より高度な内容にも触れていきます。

英語は、1クラスを2分割した習熟度別授業を実施。英会話では20名前後のクラスをふたりの教員が担当します。数学は、代数と幾何に分かれ、全学年1クラスを2分割しますが、習熟度別の授業は3年次以降からとなります。理科教育にも力を入れ、実験室、講義室を合計8教室設置し、時間数もほかの私立校の平均を大きく上回ります。

学習院大への内部進学は、成績や出席・素行を審議のうえ、推薦が決まります。この制度により毎年50％程度の生徒が学習院大へ進学を果たしています。また、豊富な選択科目を用意するなど、他大学受験もしっかりと応援する体制が整っています。

SCHOOL DATA

- 東京都豊島区目白1-5-1
- JR山手線「目白」・地下鉄副都心線「雑司が谷」徒歩5分、都電荒川線「学習院下」徒歩7分
- 男子のみ578名
- 03-3986-0221
- http://www.gakushuin.ac.jp/bjh/

学習院女子中等科
がくしゅういんじょし

東 京
新宿区
女子校

未来を切り拓く力を育てる

ダイヤモンドの原石を磨きあげる

都心にありながらも緑豊かなキャンパスを持つ学習院女子中・高等科。学習院女子というと、その前身が1885年（明治18年）に設立された「華族女学校」であることから、特別なイメージを抱くかたもいらっしゃるかもしれません。しかし、現在の学習院女子はごくふつうの私学であり、優秀な大学進学実績が表すように、女子進学校として着実にその名を高めている学校です。

ダイヤモンドの原石である生徒の能力を磨きあげるとともに、生徒一人ひとりの個性を引きだし、伸ばす教育を実践しています。

中高一貫の学習院女子は、6年間をひとつの流れとして、無理なく高い教育効果をあげていることが特徴です。

また、中1・中2は基礎過程、中3・高1は応用課程、高2・高3は発展課程と位置づけています。国語・数学・英語は基準時間数

より多く、体育や芸術などについてもバランスよく配分されています。高2・高3では、文理コースを設定し、生徒一人ひとりの進路に応じた科目を学習することが可能です。

中1・中2では教科によって少人数制授業を採用しています。英語は6年間一貫して分割授業を行い、口頭練習や口頭発表の機会も多く設けています。

異文化理解への積極的姿勢

早くから国際理解教育に取り組んできた学習院女子では、留学や海外研修旅行もさかんです。帰国生の受け入れにも熱心で、海外生活経験者の数は中等科全体の約1割にもおよびます。異文化体験豊かな生徒と一般生徒が、それぞれの考え方を認めあうプロセスをとおして、異文化理解への前向きな姿勢を養っています。

「その時代に生きる女性にふさわしい知性と品性を身につける」女子教育を行います。

SCHOOL DATA

● 東京都新宿区戸山3-20-1
● 地下鉄副都心線「西早稲田」徒歩3分、地下鉄東西線「早稲田」徒歩10分、JR線・西武新宿線「高田馬場」徒歩20分
● 女子のみ605名
● 03-3203-1901
● http://www.gakushuin.ac.jp/girl/

川村中学校
かわむら

東 京
豊島区
女子校

21世紀に輝く女性をめざして

1924年（大正13年）創立の川村学園。「感謝の心」「女性の自覚」「社会への奉仕」を教育理念として掲げ、生徒一人ひとりを大切に見守りつづけています。

川村の教育目標は「豊かな感性と品格」「自覚と責任」「優しさと思いやり」。感謝の心を基盤として、知・徳・体の調和がとれた学びを実践し、豊かな感性と品格を兼ね備えた女性の育成をめざしています。

川村スタイル①〜⑧

川村では、学ぶことの楽しさや知的好奇心を喚起し、個々の潜在能力を引きだして自分らしい生き方を発見できるさまざまな教育プログラムが用意されています。特色ある8つの川村スタイルをご紹介しましょう。
①未来を創る力の育成…「考える力」「伝える力」を徹底的に身につける学習カリキュラムが整っています。
②「感謝の心」を基盤に豊かな人間性を育て

る学習…自分自身の「生きる力」を養うため、「総合的な学習の時間」を活用し各学年でテーマを設けて段階的に学習を進めます。
③豊かな心と健康な身体を育成…さまざまな行事などをとおして情操・健康教育に取り組み、日々の給食でマナー指導も行っています。
④川村で育んだ「力」で夢を実現…6年間かけて将来と向きあうキャリア教育を実践。
⑤川村のスクールライフ。明るく、元気で、のびやかに！…安心・安全な教育環境のなか、充実した学校生活を送ることができます。
⑥豊かに、美しく、清らかに…さまざまな行事に全力で取り組み、自らの成長をめざします。
⑦かけがえのない時間…クラブ活動では、授業とはちがった充実感を味わえます。
⑧安全・安心に徹した教育環境…校舎は高い防災対策と木のぬくもりのある明るい雰囲気を兼ね備えています。

川村中高には、女性として、自分らしく豊かに生きる学びが息づいています。

SCHOOL DATA

● 東京都豊島区目白2-22-3
● JR線「目白」徒歩1分、地下鉄副都心線「雑司が谷」徒歩7分
● 女子のみ307名
● 03-3984-8321
● http://www.kawamura.ac.jp/cyu-kou/cyu-kou_index.html

北豊島中学校

伸びしろは無限大！〜確かな少人数制教育とは〜

北豊島中学・高等学校は、1926年（大正15年）に創立した女子校です。一貫して社会で活躍できる女性の育成をめざし、女子教育の推進に努めてきました。生徒の個性を重視し、「個人として考える力」、「社会で自立できる女性」を育てるため、1クラスの人数を20名前後に設定し、きめ細かな教育プログラムを実践しています。中学入学時に下位であった生徒が、東京医科歯科大学大学院博士課程を修了し、ガン細胞の研究で博士号を取得したり、英国立ウェールズ大学大学院を修了しMBAを取得するなど、まさに「伸びしろは無限大！」といえます。

笑顔あふれるアットホームな進学校

国語・数学・英語の主要科目では、個々の学習状況や学力状況をふまえた習熟度別授業が行われます。きめ細かい対応のなか、「みなさんわかりますか」ではなく、「あなたはわかりますか」といったアットホームな雰囲気の授業、つまり「生徒一人ひとりが主役」としてのぞめるような授業になっています。

英語の授業は週8時間、そのうち3時間を専任の外国人教師が担当し、5時間は日本人教師による習熟度別授業で行われます。教科書を使わず、独自教材をふんだんに取り入れ、語学研修などとリンクしたインタラクティブな授業が進められます。

少人数制教育は進路指導にもいかされ、予備校に通わずに現役で大学へ進学します。語学系の強みをいかしながら、近年では理系進学者も全体の30%強となるなど増えています。

また、2012年度（平成24年度）から校内に厨房設備が整備され、食中毒や食材への不安が叫ばれるなか、「食の安心・安全」を第一に考え、季節の食材を現場調理し、食材からカロリー計算までしっかり管理された、温かくておいしい昼食を安価（300円程度）で提供できるようになりました。

SCHOOL DATA

- 東京都荒川区東尾久6-34-24
- 日暮里・舎人ライナー・都電荒川線「熊野前」徒歩5分、京成線・地下鉄千代田線「町屋」徒歩15分
- 女子のみ122名
- 03-3895-4490
- http://www.kitatoshima.ed.jp/

吉祥女子中学校

社会に貢献する自立した女性の育成

JR線「西荻窪」駅から徒歩8分、静かな住宅街をぬけると、赤いレンガづくりの校舎が目印の、吉祥女子中学・高等学校があります。創立は1938年（昭和13年）。卓越した独自カリキュラムにより、優秀な大学進学実績をあげる学校として知られています。

吉祥女子では、「社会に貢献する自立した女性の育成」を建学の精神に掲げ、自由ななかにも規律があり、互いの価値観を尊重しあう校風のもと、一人ひとりの個性や自主性が発揮されています。

学習意欲を引きだすカリキュラム

学習意欲を引きだす独自のカリキュラムに基づき、思考力や創造性、感受性を育成しています。授業では、生徒の知的好奇心を刺激させる内容を数多く取り入れているのが特長です。主要科目は時間数を多くとり、ハイレベルな教材を使用しています。

国語では、調べ学習や小論文、レポート指導などを重視し、幅広く知識を身につけます。理科では実験を多く取り入れ、こちらもレポート指導に力を入れています。英会話では、クラスを2分割し、日本人とネイティブの先生による少人数授業を行っています。また、数学と英語では週1回の補習を実施します。

高2から文系・理系・芸術系と、進路別にクラスが分かれ、英語や理数系科目では習熟度別授業も行い、進路達成をはかります。

また、進学指導では、生徒が自分自身と向きあい、自分にふさわしい生き方を見出すことができるようなプログラムが組まれていることも特長です。

中学では、「進路・生き方に関するプログラム」を組み、人間としてどう生きるかを見つめ、将来像を掘り起こす指導をしています。

高校では、各学年ごとに綿密な進路指導を実施。目標とする職業の設定から学部・学科の選択、そして第1志望の決定まで、進路ガイダンスを中心に指導します。

SCHOOL DATA

- 東京都武蔵野市吉祥寺東町4-12-20
- JR線「西荻窪」徒歩8分
- 女子のみ804名
- 0422-22-8117
- http://www.kichijo-joshi.ed.jp/

共栄学園中学校

文武両道　〜東大現役合格など最高の進学実績〜

1947年（昭和22年）、学識の高揚と礼節・徳操の滋養をめざし、知・徳・体が調和した全人的な人間の育成を基本理念として設立された、共栄学園中学校・高等学校。

21世紀の国際社会で活躍する人材育成をめざし、自発性・創造性を大切にしながら新しい時代に即した教養と実践力で、豊かな人間性と困難な課題をやりぬく力を育成しています。

3ランクアップの進路実現

共栄学園では、特進クラスと進学クラスの2コースで募集が行われます。

中3までは、「特進クラス」では発展的な問題の研究を積極的に取り入れ、「進学クラス」では基礎学力の徹底を主眼に授業を進めます。

中2・中3・高校課程進級時には、本人の希望と学力適性により、クラスを変わることもできます。

入学時の学力から6年間で「3ランク」上の大学へ現役合格することを目標に、教科・進学指導が行われています。

高3では、入試科目を中心にした授業を展開し、受験へ備えます。

また、「特進コース」の高1・高2は夏休みに2泊3日の勉強合宿を実施し、大学入試に向けて集中学習を行っています。

多彩なプログラムで生徒をサポート

外国人教師が、学習時間だけでなく3食ともに生徒と過ごす国内滞在型のイングリッシュキャンプの「共栄スペシャルイングリッシュプログラム」、長期休暇中に行われる「特訓講習」、朝学習で行われる「新聞を読もう」、英検、漢検、数検の合格をめざし夏休みに行われる学内模擬試験「サマーチャレンジ」、希望者対象の「カナダへの海外研修」など授業以外にも生徒をサポートする共栄独自のプログラムが多数用意されています。

SCHOOL DATA

- 東京都葛飾区お花茶屋2-6-1
- 京成本線「お花茶屋」徒歩3分
- 男子92名、女子176名
- 03-3601-7136
- http://www.kyoei-g.ed.jp/

暁星中学校

教育理念は「キリスト教の愛の理念」

1888年（明治21年）、カトリックの男子修道会マリア会によって創立された暁星中学校。その教育理念は「キリスト教の愛の理念」そのものです。

暁星では、生活指導をとおして、①厳しさに耐えられる人間、②けじめのある生活のできる人間、③他人を愛することのできる人間、④つねに感謝の気持ちを持つことのできる人間づくりをめざしています。

英語とフランス語が必修

中高6カ年一貫教育を行う暁星では、一貫したカリキュラムに則って授業を展開しています。中学では基礎学力の充実をめざし、習熟度別授業や先取り授業も実施しています。

高2からは文系・理系に分かれ、さらに高3では志望コース別に分かれます。

教育効果をあげる習熟度別授業や、それぞれの進路に応じたクラス編成を実施しているだけでなく、中・高一貫教育の利点を最大限にいかすため、学校独自の教材を数多く用意し、カリキュラムに基づいた授業が行われています。

少人数による授業や、課外指導、添削指導は確実に効果をあげています。また、定期試験のみならず、中1から高3までの学力の推移を相対的にはかるため実力試験を実施し、中だるみや苦手科目の発見、克服に役立てています。

暁星は、語学教育にも特色があり、中1から英語とフランス語の2カ国語を履修します。もちろん、外国人教師による生きた言葉を直接学ぶことが可能です。また、英語とフランス語ともに、ホームステイを含む海外での語学研修の機会が高1で設けられ、語学力を大きく伸ばす体制が整っています。

きめ細かな進学指導にも定評があり、毎年東京大をはじめとした国公立大学や、早稲田大、慶應義塾大などの難関私立大学へ多くの卒業生を送りだしています。

SCHOOL DATA

- 東京都千代田区富士見1-2-5
- 地下鉄東西線ほか「九段下」徒歩5分、JR線・地下鉄有楽町線ほか「飯田橋」徒歩8分
- 男子のみ523名
- 03-3262-3291
- http://www.gyosei-h.ed.jp/

東京　神奈川　千葉　埼玉　茨城　寮制

あ行　か行　さ行　た行　な行　は行　ま行　や行　ら行　わ行

共立女子中学校

時代を超えて "輝き、翔く女性" を育成

共立女子は、創立以来、社会の第一線で活躍できる女性の育成をめざし、時代の歩みとともに進化をつづけてきました。「誠実・勤勉・友愛」を校訓とした教育は、長年培った伝統をしっかりと継承しながら、高貴なリベラリズムへと昇華されてきたのです。

4＋2体制によるカリキュラム

共立女子の中高一貫カリキュラムでは、どの教科にも相当の時間数を割き、学習の幅を広げることにより、発展性のある確かな基礎学力をつくりあげます。

英語では中1から少人数授業を、さらに数学が中2、古典が中3から習熟度別授業を実施するなど、きめ細かな対応が行われています。そして美術や音楽も含めたすべての授業を大切にすることで、深みのある知性を身につけていきます。

また、机上の勉強だけでなく、学校生活全般に一生懸命さを求めているのが共立女子の教育の特徴です。たとえば新入生歓迎会、中1・中2の校外オリエンテーション、3回の旅行、企画から運営まで生徒たちで行う共立祭など、多彩な行事に取り組むなかから得られることは、大きな財産となっています。こうして中1～高1の4年間で培った力を活かし、大学受験に向けた実践力養成の2年間へと移行します。

気品ある女性をつくる

きちんとしたマナーのかたちを知り、自然で美しい振る舞いを身につけることを大切にする共立女子。隔週で3年間、礼法の指導者から正式な小笠原流礼法を学びます。

中1では基本動作、中2では日常生活での作法、中3では伝統的なしきたりとしての作法というように、日本女性として身につけておきたい作法をひととおり学習し、礼を学ぶことをつうじて思いやりのある豊かな心を育んでいきます。

SCHOOL DATA

- 東京都千代田区一ツ橋2-2-1
- 都営三田線・新宿線・地下鉄半蔵門線「神保町」徒歩3分、地下鉄東西線「竹橋」徒歩5分
- 女子のみ991名
- 03-3237-2744
- http://www.kyoritsu-wu.ac.jp/chukou/

共立女子第二中学校

「進化」へ向けた新たなスタート

八王子の丘陵「月夜峰」に立地する共立女子第二中学校・高等学校。共立女子学園の建学の精神は「女性の自立」校訓は「誠実・勤勉・友愛」です。共立女子第二では、さらに独自の教育理念として「のびのびとした教育」と「バランスのとれた人間育成」を掲げています。大学付属校の利点である進学システムを土台に、充実した施設・設備と豊かな自然環境をいかし、自立した女性をめざしています。

変わるもの　変わらないもの

共立女子第二では、こうした創立以来の建学精神を変わることなく継承しつづけています。一方で、時代に合わせて柔軟に対応し、変わるべきものもあると考え、さらなる「進化」へ向けた改革をスタートしています。

2011年度（平成23年度）からは教育制度を改革。中高一貫教育の実施による先取り学習導入と進学指導の強化、中学での主要教科単位と中高での年間授業日数の増加など、基礎学力の習得ときめ細かい受験指導が可能となりました。

なお、中3と高1では、外部難関大受験をめざすAPクラスと、多様な進路をめざすSクラスに分かれ、高2以降のコース制に効果的につなげていける体制を整えました。

同じく2011年には、新校舎に移転。少人数授業に対応する小教室の多数設置、オープンスペースの積極的導入、食育の場となる食堂の設置など、学校の現状に即して設計され、伸びのびと学べる環境が整備されました。

2012年度（平成24年度）からは制服も一新。デザイナーズブランド「ELLE」とのコラボレートによるおしゃれでかわいらしい制服となりました。

社会のニーズに応えさまざまな改革を行い、豊かな感性と情操を育む共立女子第二。恵まれた自然環境のもとで送る中高6年間の伸びやかな学園生活は、明るく優しい生徒を育てています。

SCHOOL DATA

- 東京都八王子市元八王子町1-710
- JR線・京王線「高尾」スクールバス15分、JR線「八王子」スクールバス20分
- 女子のみ251名
- 042-661-9952
- http://www.kyoritsu-wu.ac.jp/nichukou/

国本女子中学校

東 京
世田谷区　女子校

６年間の一貫教育で　志の高い女性を育てる

少人数・週６日制の女子中高一貫校です。やがて社会の一員として力を発揮する日に向けて、英語使用の能力、自分の意見を発信する力の育成を重視し、社会貢献の意欲をもった志の高い女性を育てます。

国本女子中学はActiveに変身中！

「使う　考える　学ぶ」これが国本女子の英語教育です。入学後まず、英語独特のリズムや言い回しをチャンツや歌をとおして体感しながら自然に英語と仲よくなることを大事にします。週６時間の英語の授業では、多読・多聴をとおして本物の英語に触れたり、自分自身の考えを英語で発信する機会を設けたり、それを作文し、英語表現における論理構成を学びます。１・２年次の国内でのイングリッシュ・キャンプ、３年次の２週間の海外語学研修は、中学英語学習の実践の場です。10月の記念祭では、中学校全学年で歌と語りでつづるショートプレイを発表し、英語で

のコミュニケーションの楽しさを体験します。

放課後の学習システムも充実

After school講座での復習や発展学習、女子東大生チューターによる学習支援、自習室の活用など、主体的に学ぶ姿勢や意欲につなげます。

また、情操教育の充実を指導の重点におき、創造的な思考や主体的な生活態度の基礎を培い「豊かな人間性」を育てます。笑顔とともに立ち止まってのあいさつ、一所懸命に磨く素直さと真面目さ、などは校訓に基づく「内面を磨く指導」の成果であり伝統です。

高校生といっしょの楽しい部活動

中学生だけの部活動もありますが、ラクロス・吹奏楽・美術・料理・茶道などは高校生といっしょに活動します。高校生との活動は、将来をかいま見ることにつながり、多くのことを学べる機会です。

SCHOOL DATA

- 東京都世田谷区喜多見8-15-33
- 小田急線「喜多見」徒歩２分
- 女子のみ35名
- 03-3416-4722
- http://www.kunimoto.ed.jp/

慶應義塾中等部

東 京
港 区　共学校

「独立自尊」の思想を重視

慶應義塾大学三田キャンパスの西隣に、慶應義塾中等部はあります。1947年（昭和22年）に設立、福澤諭吉が提唱した「独立自尊」「気品の泉源」「智徳の模範」の建学の精神に則って、誇り高き校風を形成してきました。とくに重視されるのが独立自尊の思想です。「自ら考え、自ら判断し、自ら行動する」と現代風に言いかえられ、教育理念の要ともなっています。

それを端的に表すのが、禁止事項の少なさです。服装は、基準服は定められていますが、制服はありません。中学生にふさわしい服装とはどんなものかを自ら判断する自発性と主体性が求められます。

校則で縛らず、生徒の自主的な判断にまかせるという教育により、伸びやかでしなやかな自立の精神を学んでいきます。

私学の雄へのパスポート

慶應義塾大学を頂点とする進学コースのな

かで、中等部を卒業すればほぼ全員が慶應義塾内の高等学校に推薦により進学し、さらに大学へと道が開かれています。慶應義塾内でのきずなは強く、六大学野球の慶早戦の応援など、多彩な行事が用意されています。

創立以来の伝統ある共学教育により、数多くの人材の輩出をもたらしています。幼稚舎（小学校）からの進学者を合わせ、１学年は約250名。男女比は２対１となっていますが、人数の少ない女子の元気さもめだちます。

オールラウンドに学ぶ姿勢が強調され、学科や科目に偏りをなくし、さまざまな学問の基礎を身につけることが求められます。そこには、自らの可能性を発見するために、多くの経験を積ませたいという学校の想いもうかがえるのです。

学校行事やクラブ活動もさかんで、生徒たちも熱心に取り組んでいます。慶應義塾中等部での体験は、きっと人生の財産となっていくことでしょう。

SCHOOL DATA

- 東京都港区三田2-17-10
- JR線「田町」、都営浅草線・三田線「三田」、地下鉄南北線「麻布十番」徒歩10分、都営大江戸線「赤羽橋」徒歩15分
- 男子467名、女子285名
- 03-5427-1677
- http://www.kgc.keio.ac.jp/

京華中学校

東京 文京区 男子校

ネバーダイの精神で未来をたくましく

110年を超す歴史と伝統をいしずえに、「今を超える」教育を展開し、建学の精神「英才教育」と校訓「ネバーダイ」「ヤングジェントルマン」の精神に基づく教育を実践する京華中学校・高等学校。教育のテーマにつぎの3つを掲げています。

ひとつ目は「自立と自律の心を持ち、自らを見つめる力を持つ豊かな人間性を形成する」こと。ふたつ目は「将来の夢や進路希望の実現に向け、勉学の意欲を高める徹底した進路教育を実践する」こと。3つ目は「多様化する社会に対応する、自己表現力とコミュニケーション能力を育成する」ことです。

無限大の未来を実現する教育

京華では、進学校として、生徒一人ひとりの志望に応じた指導を行っています。生徒の可能性を引きだし、育てるさまざまな教育システムが整っています。

中学では主要教科を徹底指導。標準単位よりも多くの授業時間を設定し、じっくりと学習できる環境を整えています。

効率のよい学習を支援するコース制プログラムでは、入学時より「特別選抜クラス」と「中高一貫クラス」の2つのコースに分かれ、高1からは「S特進コース」「特進コース」「進学コース」へ分かれます。

学力・志望に応じたきめ細かい指導は、1クラスを2分割した数学と英語の授業でもみられます。

数学では、実践的な問題演習に取り組む「アドバンスゼミ」と、基礎的な問題をトレーニングする「マスターゼミ」を実施。英語では、「イングリッシュ・コミュニケーション」として、2名の外国人講師と英語教員による少人数の英会話・リスニング・ライティングの演習を行います。

そのほかにも、「放課後キャッチアップ講座」や「検定試験対策講座」「ティーチングサポート」など、京華独自の教育が光ります。

SCHOOL DATA

- 東京都文京区白山5-6-6
- 都営三田線「白山」徒歩3分、地下鉄南北線「本駒込」徒歩8分
- 男子のみ322名
- 03-3946-4451
- http://www.keika.ed.jp/

京華女子中学校

東京 文京区 女子校

Women of Wisdom ～深い知識と豊かな心を育む～

東京の文教地区・白山に位置する京華女子中学校・高等学校は、1909年（明治42年）に現在の地に誕生しました。

京華女子では、「自ら考える力の基礎となる学習の充実、コミュニケーション能力を高める積極的なクラブ活動、人間尊重の規律ある生活態度」を教育理念とし、生徒一人ひとりの無限の可能性を引きだす教育を推進しています。創立当時の理念は、1世紀を経た現在も継承されつづけています。

きめ細やかな手づくりの教育

京華女子では、つぎの3つを教育方針として掲げています。

「EHD（Education for Human Development）」は、体験学習を中心とした独自の教育プログラムです。毎朝10分間の朝読書をはじめ、中学では土曜日を「EHDの日」と定め、ボランティア体験学習、箏曲、茶道・華道・礼法などを学ぶ伝統文化学習、国際・情報・環境を考える総合学習などを行っています。

ふたつ目は「英語と国際理解教育」で、英語を重視したカリキュラムが組まれています。英語の授業は週6日行い、英会話はネイティブスピーカーが担当します。中1の「八ヶ岳英会話基礎教室」、中3の「カナダ海外修学旅行」、高1の「語学研修議事留学体験」など、異文化体験プログラムも豊富に用意されています。

3つ目は「ICT」です。マルチメディアラボには最新のパソコンを設置し、自由に使うことができます。情報の授業ではパソコンの使い方と活用方法を学び、自ら発表・発信できるツールとしてのスキルを養います。

京華女子でのこうした学びは、国際感覚や人間愛を身につけた、自ら考える力を持つ21世紀を支える真に賢い女性を育てています。

小規模校であるからこそできるきめ細やかな授業と、一人ひとりに目を向けた進路指導・教育相談などを実践している注目校です。

SCHOOL DATA

- 東京都文京区白山5-13-5
- 都営三田線「千石」「白山」徒歩5分、地下鉄南北線「本駒込」徒歩8分
- 女子のみ111名
- 03-3946-4434
- http://www.keika-g.ed.jp/

恵泉女学園中学校

東京
世田谷区　女子校

自ら考え、発信する力を養う

恵泉女学園は、キリスト教信仰に基づき、自立した女性、自然を慈しむ女性、広く世界に心を開き、平和をつくりだすために力を尽くす女性を育てるという創立者河井道の願いのもとにつくられた学校です。

かつてない変化のなかにある現代にこそ求められるのは、個を確立し、はるかな理想に向けてくじけず歩みつづける姿勢です。そのための基礎として、恵泉女学園では、思考力と発信力の育成に力をそそいでいます。

中高一貫のカリキュラムを編成し、中学では一部先取り学習を行っています。週5日制で、中学生は7時間授業の日が週3日あります。土曜日はクラブ活動、特別講座、補習などが行われています。高2から豊富な選択科目があり、生徒一人ひとりが自分の進路に合ったカリキュラムを組むことができます。

「考える恵泉」を支える施設設備と「英語の恵泉」

メディアセンターは生徒の自立的学習を支える情報センターです。図書館の機能のほかに、コンピュータ教室、学習室などを含み、蔵書数は9万冊を超えます。理科では6つの理科教室を使い、実験を重視した授業を行っています。中1・高1で必修の「園芸」は、「畑を耕すことは自分の心を耕すこと」として、創立以来受け継がれてきた科目です。校内と近隣にある畑で、草花や野菜を栽培し、綿紡ぎやジャムづくりなどにも取り組みます。

英語の指導は中身が濃く、少人数授業、小テスト、直しノート、指名補習など、きめ細かい指導を行っています。検定教科書に自主教材を組み合わせ、基礎を着実に積みあげます。さらに、ネイティブによる英会話の授業、高校での習熟度別授業や入試問題演習（選択）で応用力をつけます。「英語スピーチコンテスト」は今年で39回目。夏には高1・高2対象の有志参加の海外短期留学プログラム（アメリカ・カリフォルニア州ユリーカ、オーストラリア・ブリスベン）があります。

SCHOOL DATA

- 東京都世田谷区船橋5-8-1
- 小田急線「経堂」・「千歳船橋」徒歩12分
- 女子のみ611名
- 03-3303-2115
- http://www.keisen.jp/

啓明学園中学校

東京
昭島市　共学校

真のグローバル人材育成のために

啓明学園は、世界で活躍していた商社社員・外交官が帰国した際に、その子弟が海外での経験を活かしつつ成長できる学校として1940年（昭和15年）に設立されました。以来70年以上、地域の子弟と帰国生がともに生活することをとおして世界を心に入れた人を育てることを教育の理念としてきました。その基本的精神は、キリストの教えである「正直・純潔・無私・敬愛」です。他者を愛し育成し、その個性を認め合いながら、一人ひとりを大切にすることのできる人を育成しています。

グローバルな環境と教育カリキュラム

啓明学園は、現在でも3分の1以上の生徒が帰国生・外国籍生です。生活してきた地域や文化を認め合うことにより、高い国際感覚と自立した生活力を身につけることを目標としています。また、世界に目を向けることになるさまざまな行事（海外体験学習、国際理解の日、グローバル講演など）や自らの学習

内容や考えを発表する機会（英語・日本語スピーチコンテストなど）が多くあり、いまの時代に必要な思考力・プレゼンテーション力・コミュニケーション力を伸ばします。

今年度より、週6日制スタート

グローバル化する社会のなかで必要な、基礎学力・進学力をじゅうぶんに伸ばすために、2014年度（平成26年度）より「土曜講座」として土曜日にも授業が始められました。

中1は通常授業に加え、英語で英語を学ぶ時間や音楽・体育・演劇などの多彩な内容を英語で楽しむ時間が土曜講座に用意されています。このように啓明学園では英語を生きた言葉として使う経験が充実しています。

また、2014年度（平成26年度）より、中3以上については、ホームルームクラスとは別に、自分の学ぶ力をより積極的に伸ばしたい生徒を対象にした学力上位クラスを設け、主要教科の学力伸長をサポートしています。

SCHOOL DATA

- 東京都昭島市拝島町5-11-15
- JR線・西武拝島線「拝島」徒歩20分・スクールバス6分、JR線・京王線「八王子」スクールバス20分
- 男子85名、女子90名
- 042-541-1003
- http://www.keimei.ac.jp/

光塩女子学院中等科

「キリスト教の人間観・世界観」を基盤に

光塩女子学院中等科・高等科の「光塩」とは、聖書の「あなたがたは世の光…あなたがたは地の塩」という、「人は誰でも、ありのままで神さまから愛されており、一人ひとりはそのままで世を照らす光であり、地に味をつける塩である」ことを表す言葉から生まれました。光塩では、この精神のもと、日々の教育が行われています。

一人ひとりを温かく見守る

生徒は、学校生活をとおしてさまざまな人とのかかわりを経験し、自分自身も他者ともにかけがえのない存在であること、多様な人との共存が相互の豊かさとなることを体験的に学んでいます。

一人ひとりを大切にする光塩では、1学年4クラス全体を6人ほどの先生で受け持つ、独自の「共同担任制」を取り入れています。多角的な視点で生徒一人ひとりを指導し、個性を伸ばすなかで、生徒も多くの教師とかか

わる豊かさを体験します。

生徒や保護者との個人面談が学期ごとに行われるなど、生徒と教師のかかわりを大切にしているのも光塩の大きな魅力です。

理解度に応じた教科指導

例年多くの生徒が難関大へ進学している光塩では、教師がそれぞれの生徒の現状に合わせてきめ細かく学習指導を行っています。

また、中等科では英・数、高校では英・数・理・選択国語などで習熟度別授業を取り入れ、手づくりの教材を活用し、生徒の理解度に合わせた指導が効果をあげています。

全学年で週1時間の「倫理」の授業があるのも特色です。中等科では、「人間、そしてあらゆる生命」をテーマに、他者も自分も同様にかけがえのない存在であることを認め、共生していくことの大切さを学んでいきます。人間として成長することを重視し、生徒を温かく見守る光塩女子学院中等科・高等科です。

SCHOOL DATA

- 東京都杉並区高円寺南2-33-28
- 地下鉄丸ノ内線「東高円寺」徒歩7分、「新高円寺」徒歩10分、JR線「高円寺」徒歩12分
- 女子のみ458名
- 03-3315-1911
- http://www.koen-ejh.ed.jp/

晃華学園中学校

カトリック精神に基づく全人教育

1949年(昭和24年)、カトリックの汚れなきマリア修道会を母体として設立された晃華学園。カトリック精神に基づく全人格教育、ならびに、語学教育重視の教育方針のもと、学力、品格、および豊かな国際性を備え、世界に貢献できる女性の育成をめざした教育を実践しています。

学校生活では多くの学年行事を設け、リーダーシップと協調性を育み、コミュニケーション能力を高める工夫を行っています。

世界に通用する英語力を育成

晃華学園では、使える英語の習得をめざした語学教育をとくに重視しています。

授業は週6時間、高い教育力の外国人専任教師3名による実践的な英会話の場を数多く設置しています。

とくに中3から始まる外国人による英英授業は、週2時間を使ってさまざまな文章をあつかうレベルの高いもの。高2・3はクラス

を分割した少人数制で外国人によるハイレベルライティングが週2時間行われています。

進路別選択で進路対策も万全

晃華学園では、中1〜高1までは、高1の芸術を除いてすべて必修科目です。内容は、将来の受験に備えてかなり難度の高いものになっています。

高2では主要5教科で進路に応じた授業選択が可能となり、高3では全授業時間数の半分以上が受験選択となります。一人ひとりにていねいに対応する進路対策指導が特徴で、毎年多くの生徒が、国公立大学や難関私立大学へ進学しています。

とくに近年めだつのが理系の進路をめざす生徒の増加で、学年の文理の比率は5：5、理系が半数を超える年もあります。晃華学園の理科教育は6年間で140以上の実験を行う実践的なもので、文理を問わず理科好きな生徒が多くなっています。

SCHOOL DATA

- 東京都調布市佐須町5-28-1
- 京王線「つつじヶ丘」・JR線「三鷹」バス・京王線「国領」スクールバス
- 女子のみ454名
- 042-482-8952
- http://www.kokagakuen.ac.jp/

工学院大学附属中学校

東京
八王子市　共学校

「挑戦・創造・貢献」

教育指針に「創造的な生き方のできる生徒を育てる」ことを掲げる工学院大学附属中学校・高等学校の校舎2階のテラスには、「挑戦（Challenge）・創造（Creation）・貢献（Contribution）」という、すべて「C」で始まる3つの言葉が刻まれています。これは、工学院大学附属の「3つのスローガン」です。このなかの「創造」とは、ものをつくるだけでなく、授業や行事をとおして友人との人間関係を築く力や、自分自身の主体的な生き方をつくる力を表し、「挑戦し、創造し、社会に貢献する人材」の育成をめざす工学院大学附属の特徴がよく表れています。

2015年より新たな教育がスタート

21世紀の国際社会に羽ばたく人材を育成。海外研修や短期留学などで英語力を強化、ICTの充実、工学院大との連携により、次世代に活躍できる力を高めます。2015年（平成27年）4月より、一貫コースでは特色を持った3つのコース（クラス）を開設します。
＊ハイブリッドインタークラス
（英語・数学・理科を英語イマージョン）
＊ハイブリッド特進クラス（文理融合型リベラルアーツ）
＊ハイブリッド特進理数クラス（実験とICTを強化）

英語運用力の強化として中3ではオーストラリア異文化研修、高1・高2はオーストラリア・アメリカなどへの留学制度を実施しています。「ハイブリッドインタークラス」は中1よりイマージョン教育を導入します。ICTの活用として電子黒板、タブレット端末を導入、大学と連携し、大学研究室の見学・実習への参加、第一線で活躍する研究者によるキャリア教育なども実施します。

また、国公立大や難関私立大などへの進学をめざして行われる、ていねいな進学指導も特徴。充実した教育の展開により、さらなる進化が期待されている工学院大学附属です。

SCHOOL DATA
- 東京都八王子市中野町2647-2
- JR線「八王子」、JR線・西武拝島線「拝島」、京王線「北野」、スクールバス
- 男子216名、女子82名
- 042-628-4914
- http://www.js.kogakuin.ac.jp/junior/

攻玉社中学校

東　京
品川区　男子校

創立151年を迎えた男子名門進学校

難関大へ毎年多くの合格者を輩出し、創立151年の歴史と伝統を持つ名門進学校、攻玉社中学校・高等学校。校名「攻玉」は、詩経の「他山の石以って玉を攻（みが）くべし」から取られ、攻玉社の建学の精神となっています。大きな志を持ち、明日の日本や世界に飛躍する人材を育成しています。

6年一貫の英才教育

攻玉社では、つぎの4点の教育目標を掲げて教育を実践しています。
①［6年間一貫英才開発教育を推進］
6年間を2年ごとにステージ1、ステージ2、ステージ3に分けています。ステージ1では学習の習慣づけに努めて基礎学力を養い、ステージ2では自主的学習態度の確立と基礎学力の充実強化をはかり、ステージ3では進学目標の確立と学力の向上教科によって進学目標を達成させることをめざしています。
②［道徳教育を教育の基礎と考え、その充実のために努力する］
あらゆる教育活動をとおして「誠意・礼譲・質実剛健」の校訓の具体的実践をはかり、徳性を養います。
③［生徒の自主性を尊重し、自由な創造活動を重視して、これを促進する］
学習活動や部活動等で生徒の自主性と創造的活動を重んじています。
④［強健の体力、旺盛な気力を養う］
体育的諸行事、授業、保健活動を中心にあらゆる活動をとおしてこれを養います。

また、国際教育にも力が入れられています。中1から外国人教師による英会話の授業を展開、中3では希望者によるオーストラリアでのホームステイも実施しています。

さらに、ふだんの授業のほかに、特別授業や補習授業を実施。学習意欲を持たせ、より高いレベルの大学をめざせる学力と気力を育むことで、合格への道を築く攻玉社中学校・高等学校です。

SCHOOL DATA
- 東京都品川区西五反田5-14-2
- 東急目黒線「不動前」徒歩2分
- 男子のみ768名
- 03-3493-0331
- http://www.kogyokusha.ed.jp/

麹町学園女子中学校

国際社会に貢献する自立した女性を育成

皇居に近い千代田区麹町。都心でありながら緑が多く落ちついた環境に、麹町学園女子中学校高等学校はあります。女性の自立をめざし、1905年（明治38年）に創立。今年で創立109周年を迎えます。麹町学園女子では、「聡明・端正」の校訓のもと、豊かな人生を自らデザインでき、かつ国際社会に貢献する自立した女性の育成をめざしています。

2012年度（平成24年度）より高校募集を停止し、完全中高一貫校となった麹町学園女子では、中1・中2で「2人担任制」（男女ペア）を導入しました。1学年につき1～2名の副担任をおく学校は多いのですが、1クラスにふたりの正担任がいるのはきわめて画期的なことです。ふたりの学級担任により、生徒一人ひとりのようすを多角的にとらえて共有することで、きめ細かなフォローにあたっています。

また、中高6年間を2年間ごとに区切り、それぞれの成長段階で最適な教育を行うことで、学習効果を高めていく取り組みを進めています。基礎期（ふたりの担任に見守られ、基本的な生活習慣や学習習慣を身につける最も大切な時期）、充実期（自立につながる問題解決能力を身につける時期）、発展期（自信をもって社会にはばたく準備をする時期）とし、それぞれに目標を設けることで、メリハリのある充実した6年間を過ごすことができます。

「みらい科」プログラム

麹町学園女子ならではの授業として、「みらい科」があります。これは、独自のキャリア教育で、6年間かけてじっくりと自分の「みらい」と向きあい、豊かな人生を自らデザインできる力を養うプログラムです。

職業調べや「みらい論文」の作成・発表、校内で行う「4年制大学進学フェア」、進路ガイダンス、卒業生ガイダンスなど多彩な取り組みによって自立をサポートしています。

SCHOOL DATA

- 東京都千代田区麹町3-8
- 地下鉄有楽町線「麹町」徒歩1分、地下鉄半蔵門線「半蔵門」徒歩2分、JR線ほか「市ヶ谷」、JR線ほか「四ッ谷」徒歩10分
- 女子のみ308名
- 03-3263-3011
- http://www.kojimachi.ed.jp/

佼成学園中学校

平和な社会繁栄に役立つ若者を育成

1954年（昭和29年）の創立以来、佼成学園では、身につける知識・技術を世のため、人のために活用しようという思いやりの心を持った生徒の育成を行っています。

校訓の「行学二道」は、「行い」と「学び」両方そろってこそ真価が発揮できるというもので、勉強はもちろん、毎日正しい行いによって人間を磨いてほしいという願いがこめられた言葉です。

学校生活で最も大切にしていることは、生徒と教師のコミュニケーションです。親しい関係だからこそ、「言わなくてもわかる」ではなく、「話すべきことがある」のです。

目的意識に沿った知を育む

中学校では、英語の1クラス2分割授業や、数学のチーム・ティーチングによる演習の授業、理科の2時間続きで行われる実験・観察中心の授業など、「面倒見がよい」と評判のていねいな教科指導を行います。

高校では、朝7時から夜8時まで、ほぼ年中無休で自習室が開室しているなど、学校内に充実した学習環境が整っています。放課後や長期休業中の講習も充実、3年生になると放課後の講習が2時間、夏期講習は30日以上開講されるなど、まさに予備校いらずの進学指導を実現しています。

希望者には、中2・中3でオーストラリアへのホームステイ、高1・高2でイギリスへの語学研修を実施しています。

活発なクラブ活動と勉強の両立

佼成学園では、クラブ活動は充実した学校生活のために不可欠なものと考えられており、15の運動部と12の文化部が活発に活動しています。

週1日は、全クラブの活動休止日を設けて英語を中心とした補習を開講し、勉強もクラブもがんばりたいという生徒が両立できるような環境を用意しています。

SCHOOL DATA

- 東京都杉並区和田2-6-29
- 地下鉄丸ノ内線「方南町」徒歩5分
- 男子のみ292名
- 03-3381-7227
- http://www.kosei.ac.jp/kosei_danshi/

佼成学園女子中学校

東京
世田谷区
女子校

多様なコース設定で進学実績伸長

佼成学園女子中学校・高等学校は、中高一貫の女子校として、国際化・情報化に対応できる21世紀の教育をめざして、時代に先駆けた先進的な教育内容を取り入れていることでも知られています。その成果として2014年度（平成26年度）より文科省からスーパーグローバルハイスクールに指定されました。

豊かな英語学習環境

佼成学園女子は英語教育に力を入れている学校です。「KALIP」という、一歩進んだイマージョンプログラムを実施し、英語の授業のほかに、音楽や美術の指導などが、外国人教員により行われることが特徴です。ハロウィンやクリスマスなど、季節のイベントを体験する機会も設けるなど、中学校の3年間、たっぷり英語につかることのできる豊かな英語学習環境が用意されています。

授業では習熟度別クラスを展開し、一人ひとりの実力に合わせた親身な指導が行われています。また、年2回、英検受験に向けてクラス全員で取り組む「英検まつり」では、楽しく学ぶ環境をつくることで、英検合格者を飛躍的に伸ばしています。

さらに、KALIPの集大成として、中3でニュージーランド修学旅行を体験します。

そして、中学で培われた英語力をさらに伸長させるのが、高校に設置されている「特進留学コース」です。このコースでは、高1～高2の1年間、ニュージーランドで留学生活を送ることができます。

高校にはこのほかに、難関大学進学をめざす文理クラスと、そのなかでも医歯薬看護を中心に理系全般の学部をめざすメディカルクラスを持つ「特進文理コース」、クラブ活動や特技と学習を両立して大学進学をめざす「進学コース」があります。

英語に強い佼成学園女子。こうした取り組みの成果は進学実績にも表れ、毎年難関大学へ合格者を輩出しています。

SCHOOL DATA

- 東京都世田谷区給田2-1-1
- 京王線「千歳烏山」徒歩6分
- 女子のみ142名
- 03-3300-2351
- http://www.girls.kosei.ac.jp/

香蘭女学校中等科

東京
品川区
女子校

ミッションスクールとしての「心の教育」

1888年（明治21年）、英国国教会の伝道団が、弱い者小さい者に寄り添おうとするさまざまな活動のひとつとして、香蘭女学校を創立しました。日本の婦人が持っている固有の道徳と「日本文化」のすばらしさをさらにキリスト教の信仰によって高めようと考え、「キリスト教による全人教育」を目標に教育にあたってきました。

このように、東西文化の粋に着眼し、独特の校風を培ってきたのが香蘭女学校の特徴です。現在も礼法が必修科目であり、茶道・華道・箏曲なども中等科のSE学習という自己啓発学習の授業に取り入れられています。

香蘭女学校には、キリスト教の他者に対する「愛」の教えと、礼法の「もてなしの心」に共通する謙虚な心で他者のために働こうとする精神が流れているのです。

一人ひとりを大切にする教育

香蘭女学校では、「生徒一人ひとりを大切にする教育」を重んじています。生徒の人格を尊重し、それぞれの資質を学業と人格の両面で伸ばすことをめざしています。知識教育に偏ることなく、生徒の主体性と自主性を重んじる生活指導、宗教教育、情操教育を6年間一貫して行うことで、人を愛する優しい思いやりの心を育て、人生を真実に生き他者と協働することのできる女性を育成します。

創立以来最も重視してきた英語教育は、現在も香蘭女学校のカリキュラムの柱です。ハーフクラスの少人数授業が効果的に取り入れられ、ネイティブによる英会話は中1から高3まで行われています。

また、イギリス伝統のパブリックスクールでの語学研修や、アメリカのキリスト教学校との交換留学、カナダのプリンス・エドワード島での語学研修などに参加することもできます。さらに、韓国の女子校との交流や立教英国学院への長期留学など、国際理解教育が活発に行われています。

SCHOOL DATA

- 東京都品川区旗の台6-22-21
- 東急池上線・大井町線「旗の台」徒歩5分
- 女子のみ518名
- 03-3786-1136
- http://www.koran.ed.jp/

国学院大学久我山中学校

明日の日本を担う青少年の育成

国学院大学久我山中学校・高等学校では、毎年東大、一橋大をはじめとする国公立大や、早稲田大、慶應義塾大、上智大などの難関私立大へ多数の合格者を出しています。

教育理念の根幹をなすのは、「忠君孝親」「明朗剛健」「研学練能」の3つです。それらを基に、「規律を守り誇りと勇気を持って責任を果たそう」、「たがいに感謝の心をいだき明るいきずなを作ろう」、「たゆまざる努力に自らを鍛えたくましく生きよう」を実践目標に据え、教育を発展させています。

男女別学教育の魅力

国学院久我山は成長期の中高時代だからこそ、男女それぞれの特性をいかした学校生活を営むべきという方針から、男女別学制を採用しています。校舎と授業は男女別々ですが、そのほかの行事、部活動、校外学習などはいっしょに行います。

特徴的な取り組みとして、男子部では中学の3年間をとおして柔道や剣道などの武道に親しみ、精神をきたえます。女子部では華道・茶道や能楽講座・日本舞踊などをとおして日本人としての教養と精神を身につけます。

また、男子と女子では将来の職業観にもそれぞれ特性があることから、女子は中2から、男子は中3からキャリア教育を行います。

それぞれの個性と男女の特性をいかした、互いが尊重しあう環境が整っています。

カリキュラムは国公立大に対応して組まれており、6年間を3つの時期に分けています。

前期過程の中1・中2では、先取り学習により基礎を固めます。中期過程となる中3からは少人数制授業も実施され、個に応じた指導が光ります。個々の特性を発見し、具体的な職業意識を持ち、後期課程の高2から文理にコース分けが行われます。

また高2からは、正規の授業に加え「選択演習」の講座を多く設け、大学入試センター試験に万全の態勢でのぞむことができます。

SCHOOL DATA

- 東京都杉並区久我山1-9-1
- 京王井の頭線「久我山」徒歩12分
- 男子663名、女子398名
- 03-3334-1151
- http://www.kugayama-h.ed.jp/

国士舘中学校

「これからの力」を養う6年間

国士舘中学校は、東急世田谷線「松陰神社前」駅から歩いてすぐのところに、系列の国士舘大に寄り添うように位置しています。

国士舘中が最も重視しているのは「考える力」の養成です。考える力―それは、すべての基本となるものです。知識の吸収に偏ることなく、総合的にものごとを判断・思考できる「考える力」を養うことを目標に、中高6年間の学校生活における多彩な経験と学習機会をつうじて自らの適性を見出し、その可能性に磨きをかけながら将来を切りひらくための実力を身につけさせる、それが国士舘中学校の教育です。

指導面では、生徒一人ひとりの個性と可能性を第一に考え、多様な方向性に対応し、希望する道を実現できるよう取り組んでいます。

さらに、ゆとりある教育環境を整えることで、生徒が個性と学力、可能性、そして「生きる力」を伸ばし、育めるよう万全の態勢で教育に取り組んでいます。

生徒の個性や可能性をサポート

中学校の3年間では、基礎学力の向上と情操教育を視野に入れたカリキュラムを編成しています。

道徳の時間や特別活動の時間を有効に活用するとともに、国語の授業とは別に習字（書道）を取り入れ、週1回ずつ3年間学びます。また、武道（柔道・剣道）も1年次より導入しています。

さらに、国際化に対応するための英語力の養成として、ネイティブスピーカーの講師による英会話の授業を設け、実践で役立つ会話力を身につけるとともに、卒業までに英検準2級の取得を目標としています。

2年・3年次には数・英・国の少数分割習熟度別授業を導入。生徒一人ひとりの能力と進度に応じて理解を深められるような工夫がなされています。

SCHOOL DATA

- 東京都世田谷区若林4-32-1
- 東急世田谷線「松陰神社前」徒歩6分、小田急線「梅ヶ丘」徒歩13分
- 男子84名、女子38名
- 03-5481-3114
- http://jhs.kokushikan.ed.jp/

駒込中学校

東京 文京区 共学校

子どもたちの未来を支える教育理念「一隅を照らす」

社会構造の大きな変化により、大卒の肩書きや終身雇用による安心、安定がなくなってしまった現代社会で、生徒たちが希望をもって力強く生きていけることはだれもが願うところです。

したがって、中学校・高等学校は、たんに将来の大学進学に備えるためではなく、その先にある真の目的に向かう、きわめて重要な一歩をふみだすために選ばれるべきだと駒込では考えられています。

時間を正確に知る目的では1万円の時計も50万円の時計も変わらないはずなのに、後者を手にする人がいるのは、そのなかにある付加価値を見抜くからにほかなりません。

「一隅を照らす」人材の輩出を建学の精神に掲げて330年あまり、つねに時代を見つめながら、人間教育を行っています。

考える力、行動力がともなう高度な学力、他者のために活動できる心力、そして多彩なプログラムによる国際感覚力のそれぞれを高いレベルで身につけることをとおして、付加価値の高い独自性のある教育を行います。

国際化教育を環太平洋地域におく

駒込では、自国の風土をよく知り、その文化思想をしっかり学んだうえで世界貢献すべきだと考えています。

駒込の中高一貫の国際理解教育が、日本を含む環太平洋地域に展開している点もここにあります。語学研修、留学制度、修学旅行などもこの地域内に収まり、共通語である英語の習得がたんなる語学を超えた意味を持ちます。

学習面では、スーパーアドバンスコースを筆頭にして、6年というじゅうぶんな時間を利用して、シラバスに則った先取り教育を実践しています。生徒にとっては、学習の適度な負荷は歓迎すべきチャレンジになります。主体的に生きる力を獲得する原動力のひとつがこのチャレンジ精神にほかなりません。

SCHOOL DATA

- 東京都文京区千駄木5-6-25
- 地下鉄南北線「本駒込」徒歩5分、地下鉄千代田線「千駄木」・都営三田線「白山」徒歩7分
- 男子173名、女子87名
- 03-3828-4141
- http://www.komagome.ed.jp/

駒沢学園女子中学校

東京 稲城市 女子校

自考自活

駒沢学園女子中学校・高等学校では、道元禅師の教え「正念・行学一如」を建学の精神に仰いでいます。自立に向けて、「自考自活」をモットーにすべての教育活動を実践しています。自分で考え、決定し、自分をいかして、よりよい生き方を追求できる自立した女性の育成をめざしています。

"想い"をゆっくり創る場所

スクールアイデンティティは「想いをゆっくり創る場所」。

生徒の想い、親の想い、教師の想い。自分らしさを大切に、学園生活を楽しみながら、将来の夢へとつなげていきます。

成長を育むカリキュラム

学ぶ意欲や自己開拓力を備えた「人間としての成長＝生きる力」をバランスよく育むためのカリキュラムが編成されています。

すべての授業で「感じる」「習う」「じっくり考える」「試す・やってみる」の4つの学びのスタイルをバランスよく行い、生徒たちの興味・関心を高めます。

21世紀WSでは中1〜中3の縦割りで7つの講座から選択し教養を磨きます。

「読むこと」をとおして「考えて書くこと」を身につけ、読書に親しみ、中学3年間で100冊以上の本を読むことを目標にする「国語購読」などが行われています。

将来への夢をかなえる

中1からホームルームやガイダンスをとおして自分の将来と向き合い、大学での生活・入試の形態・社会状況・求められる学力・学問と職業などについて、学びながら、生徒それぞれの進路が決定できるようにプログラムされています。

生徒一人ひとりに合わせたきめ細かな学習指導と進路指導の相乗効果により、大学進学率は向上しています。

SCHOOL DATA

- 東京都稲城市坂浜238
- 京王相模原線「稲城」・小田急線「新百合ヶ丘」バス、東急田園都市線ほか「あざみ野」・JR線「南多摩」スクールバス
- 女子のみ65名
- 042-350-7123
- http://www.komajo.ac.jp/jsh/

駒場東邦中学校

東京 世田谷区 男子校

自主独立の気概と科学的精神で次代のリーダーを育てる

都内屈指の大学進学実績を誇る駒場東邦中学校・高等学校。例年、東京大をはじめとする超難関大学へ多くの卒業生を送る学校として知られています。

創立は1957年（昭和32年）、東邦大学によって設立されました。中高6年間を一体化した中等教育の必要性を唱え、「資源のない日本では、頭脳の資源化こそが急務である」という理念から、「科学的精神に支えられた合理的な考え方を培うこと」そして「自主独立の精神を養うこと」を重視しています。

「自分で考え、答えを出す」

駒場東邦の学習方針として、すべての教科において「自分で考え、答えを出す」習慣をつけること、そして早い時期に「文・理」に偏ることなく各教科間でバランスの取れた能力を身につけることを第一に掲げています。

中学時では、自分でつくるレポート提出が多いのが特徴となっています。中1は霧ヶ峰林間学校、中2は志賀高原林間学校、中3は奈良・京都研究旅行でも、事前・事後にレポートを作成します。

英語・数学・理科実験などには分割授業を取り入れ、少数教育による理解と実習の充実がはかられています。また、英・数・国は高2までで高校課程を修了しますが、「文・理」分けは高3からです。

自分の行動に責任を持つ

駒場東邦では、生活指導の基本を生徒による自主的な判断に委ねていることが特色です。それは、「自らの行動に自らが責任を持つことを基本とする」と駒場東邦では考えられているからです。自分の判断に基づき、責任をしっかりと持って行動することが求められています。

生徒会やクラブ活動、文化祭、体育祭なども生徒が主体となり、上級生が下級生を導くよき伝統が受け継がれています。

SCHOOL DATA
- 東京都世田谷区池尻4-5-1
- 京王井の頭線「駒場東大前」・東急田園都市線「池尻大橋」徒歩10分
- 男子のみ713名
- 00 0400 0221
- http://www.komabajh.toho-u.ac.jp/

桜丘中学校

東京 北区 共学校

未来にはばたくための「翼」と「コンパス」

創立から90周年を迎えた桜丘中学・高等学校は、大学進学のための学力に加え、生涯学習につながる深い教養と知識、論理的な思考や繊細で豊かな表現力を身につけた真の「自立した個人」の育成をめざしています。

そして、校訓である「勤労」と「創造」をもとに、「たゆまぬ努力と創意・工夫が新しい自分を作る」と考え、さまざまな特色ある取り組みを行っています。

教育の3つの柱

桜丘では、進学教育・英語教育・情報教育を柱として教育を行っています。

独自に考案された「家庭学習帳」と「SSノート（Self-study notes）」は生徒自身が自分に必要な学習を判断し与えられた課題にしっかりと取り組む姿勢を身につけるために、重要な役割を果たします。定期考査前には指名補講が実施され、学校全体で見守ってくれているという安心感を感じることができます。

ふたつ目の柱である英語教育では、ネイティブ教員による授業や放課後に行われるアフタースクール・レッスンなどが充実し、3年次にはオーストラリア異文化体験旅行が実施されます。このような取り組みをとおして「本当に使える英語」の習得をめざしています。

そして、最後の柱である情報教育をつうじて、生徒は、情報の収集・取捨選択、論理的な思考力、効果的なプレゼンテーション能力を身につけていきます。書籍・マルチメディア資料・インターネットからの情報収集が可能なSLC（Sakuragaoka Learning Commons）やプレゼンに必要な機器が完備されているSMART Lab.などの施設も充実しています。さらに2014年度（平成26年度）入学生からipadを学校生活で活用しています。

創意工夫を積み重ねることによって養われる判断力を「コンパス」に、単なる知識ではない教養を「翼」として、生徒は未来へとはばたいていきます。

SCHOOL DATA
- 東京都北区滝野川1-51-12
- 都電荒川線「滝野川一丁目」徒歩1分、JR線・地下鉄南北線「王子」・都営三田線「西巣鴨」徒歩8分
- 男子78名、女子62名
- 03-3910-6161
- http://www.sakuragaoka.ac.jp/

東京
神奈川
千葉
埼玉
茨城
寮制

あ行
か行
さ行
た行
な行
は行
ま行
や行
ら行
わ行

実践学園中学校

さらなる飛躍をめざし、大きな一歩をふみだす

実践学園の教育理念は「豊かな人間味のある人材の育成」であり、「人間性に富み、志が高く倫理観の強い、国際社会でリーダーとして活躍できる人材を育成する」ことです。この理念のもと、「難関大学をめざす指導の徹底」をはかりながら「学習と部活動の支援」・「倫理観・道徳心を養う」ことを教育目標としています。

実践学園独自の教育プログラム

実践学園では、理科（生物分野）のカリキュラムを、学習効果を優先したかたちに編成しています。単元別ではなく一連の流れに沿った学習と、阿部宏喜東大名誉教授による特別授業や実習を組みあわせることにより、理科・環境教育において興味・関心を高める工夫をしています。

さらに英語力向上にも力を入れ、週7～8時間の英語の授業時間を設け、中3からは習熟度別授業を実施しています。授業をとおして身につけた英語力に加え、日本文化・歴史学習やブリティッシュヒルズ（中3春）での国内研修を行い、ニュージーランド語学研修（中3夏）につなげます。高校でもハワイへの修学研修旅行や希望者によるオーストラリア語学研修、アメリカ・ニュージーランドへの留学制度があり、生徒の多様な意欲に応えています。

また、明るく開放的な学習空間である自由学習館を『自学自習室』とし、図書室を『読書調べ学習室』、生徒ホールを『予習復習室』として細分化。生徒の学習スタイルに対応する機能的な学びの環境を創造しました。放課後と長期休業中には、授業と連動した進学講習「Ｊ・スクール」を実施し、大学現役合格に必要な力を身につけることができます。

このような取り組みとコミュニケーションデザイン科によるコミュニケーション力の育成を有機的に結合することにより、グローバル社会で活躍できる人材を育成しています。

SCHOOL DATA

- 東京都中野区中央2-34-2
- 地下鉄丸ノ内線・都営大江戸線「中野坂上」徒歩5分、JR線「東中野」徒歩10分
- 男子113名、女子92名
- 03-3371-5268
- http://www.jissengakuen-h.ed.jp/

実践女子学園中学校

堅実にして質素、しかも品格ある女性の育成

実践女子学園は、下田歌子先生によって1899年（明治32年）に創立され、「品格　高雅　自立　自営」を建学の精神に、「堅実にして質素、しかも品格ある女性の育成」を教育方針とする中高一貫校です。

伝統の教育理念はそのままに、時代性をふまえて再構築した「3プラス1」の教育体制を推進。教育の3本柱である「キャリア教育」「感性表現教育」「国際交流教育」が「学力改革」の取り組みをしっかりと支える構造により、真の人間力を養成します。

「キャリア教育」は、生徒一人ひとりが自らを見つめ、社会の養成や職業の実際を知り、それらを基に自分のライフデザインを描き、その実現に立ち向かう過程を支援するプログラムです。「感性表現教育」は、日本文化の実習をはじめ、学校行事や部活動など日々の活動をとおして、的確な状況把握力、高いコミュニケーション力、すぐれた判断力を育成する取り組みです。「国際交流教育」は、「日本を学び世界を知る」「学校自体が国際交流の舞台」「海外に行き世界を肌で感じる」というコンセプトのもと、活発な交流プログラムによって真の国際人を育成します。

日本女性としての礼節と品格を重んじつつ、社会の変化や時代の要請に対して明確なビジョンを持って革新をつづけています。

きめ細かな学習指導

国語・数学・英語に多くの授業時間をあて、きめ細かな指導と先取り学習を行っています。この3教科については、補習制度や夏季休暇中の講習も充実しています。

また、正統的な一般学級「SJC（スタンダード実践クラス）」と、国際人としての資質と能力育成を強化した国際学級「GSC（グローバルスタディーズクラス）」のふたつの異なる教育プログラムを設けています。いずれも、きめ細かく手厚い指導により、生徒の自己実現を全面的に支援しています。

SCHOOL DATA

- 東京都渋谷区東1-1-11
- JR線ほか「渋谷」徒歩10分、地下鉄銀座線・千代田線・半蔵門線「表参道」徒歩12分
- 女子のみ838名
- 03-3409-1771
- http://hs.jissen.ac.jp/

品川女子学院中等部

東京 品川区 女子校

社会で活躍する女性を育てる「28project」

女子中高一貫教育において「社会で活躍する女性の育成」を実践していることで知られ、文部科学省からスーパーグローバルハイスクールに指定されています。

「世界をこころに、能動的に人生を創る日本女性として教養を高め、才能を伸ばし、夢を育てる」ことを目標に、積極的な学校改革を推し進め、進学実績を伸ばしています。

品川女子学院では、中高一貫教育のメリットをいかし、精選したカリキュラムのなか、効果的な学習過程を実現しています。

きめ細かな学習指導

学習内容については、各学年ごとに詳細なシラバスを発行し、いつでも勉強について的確に把握できるようになっています。

これからの国際化時代に対応できる人材の育成をめざし、英語教育にも力が入れられています。中学では週7時間の英語授業を実施。中3の3月にはニュージーランドへの修学旅行も実施しており、さまざまな経験をとおして英語力を育むことができます。

将来を見据えた「28project」

大学進学という18歳のゴールはもちろん大切ですが、品川女子学院では、卒業後の人生を視野に入れた進路指導が展開されています。それが、28歳をイメージし、社会で活躍できる女性を育てる「28project」です。

たとえば、中3の総合学習の時間には、企業や大学の協力を得た長期間のプログラムが組まれ、大人といっしょに、企画・デザイン・営業・広告などの課題に学年全員が取り組みます。

また、高等部では起業体験プログラムや大学教授の出張講義などが実施され、多様な人とのかかわりから視野を広げます。

品川女子学院では、こうした取り組みをとおして将来の夢を明確にし、卒業後の進路選択に役立てることができるのです。

SCHOOL DATA

- 東京都品川区北品川3-3-12
- 京浜急行「北品川」徒歩2分、JR線・都営浅草線・京浜急行「品川」徒歩12分
- 女子のみ656名
- 03 3171 1018
- http://www.shinagawajoshigakuin.jp/

芝中学校

東京 港区 男子校

伸びやかな校風のもと人間力を培う

芝中学校・高等学校は都心の芝公園を望み、校庭からは東京タワーが間近に見える交通至便の地にあります。そのため、東京、神奈川、千葉、埼玉など広い地域から生徒が通学してきています。

芝中高は、2006年に創立100周年を迎えた伝統ある学校です。学校の基本理念に仏教の教えを有し、「遵法自治」を教訓として生徒の自主性を重んじた教育を行っています。

校舎は地上8階、地下1階の総合校舎と、地上2階、地下1階の芸術棟からなり、都心の学校らしい洗練された学習環境となっています。

ゆとりある独自のカリキュラム

男子の中高一貫校として高い進学実績を誇る芝中高は、伸びやかな校風のもと、しっかりとした学力をつけてくれる学校として定評があります。

進学校ではありますが、勉強一色といった雰囲気はありません。授業だけが学びの場ではないと考えられ、校外学習や学校行事なども大切にされています。また、全校生徒の約8割がいずれかのクラブに参加していることからもわかるように、クラブ活動もさかんに行われ、男子校らしい活発なようすが校内のいたるところで見られます。

こうした校風を生みだす芝中高独自のゆとりあるカリキュラムは、無理、ムダを省いた精選されたものを完全中高一貫教育のなかで効果的に学習できるように工夫されています。

注目される高い大学合格実績を支えているのは、すぐれたカリキュラムとともに、全校生徒約1700名に対して専任教員を94名もそろえているという充実した教諭陣の、熱心な指導です。各クラスともに正・副の担任ふたり体制をとり、きめ細かな指導を行っています。伸びやかな校風と親身な学習指導により、生徒の人間力を培う学校です。

SCHOOL DATA

- 東京都港区芝公園3-5-37
- 地下鉄日比谷線「神谷町」徒歩5分、都営三田線「御成門」徒歩7分
- 男子のみ879名
- 03-3431-2629
- http://www.shiba.ac.jp/

芝浦工業大学中学校

東京 板橋区 男子校

世界で活躍するエンジニアへの夢

芝浦工業大学を併設大学とする、芝浦工業大学中学校・高等学校。

理系志望の生徒が多いことに配慮した、特色あるカリキュラムで生徒の志望に対応しています。

校訓は「敬愛の誠心を深めよう」「正義につく勇気を養おう」「自律の精神で貫こう」です。この校訓に基づき、世界と社会に貢献できる、心身ともに強くたくましい人材の育成をめざしています。

高大連携をいかした教育

学習では、6年間を2年ずつ前期・中期・後期の3段階に分けているのが特徴です。

前期では、男子の特性を考慮し基礎学力の育成に力をそそぎます。

中期からは徹底した学習・進路指導を実施。とりわけ3年生では独自のプログラムであるサイエンス・テクノロジーアワーとランゲージアワーの時間を設け、科学とコミュニケーションの力を培います。

後期からは、一般理系コース（芝浦工大推薦希望を含む）、特別理系コース（他大進学希望）、文系コースに分かれ、大学進学に備えます。

高大連携教育が充実しているのも特徴のひとつ。芝浦工大の併設校である利点をいかした「理系講座」を開講しています。

この理系講座は5年生の理系選択者を対象に開講しており、芝浦工大の各学科の教授陣をはじめとする講師のかたがたによる最先端の研究内容を聞くことができます。

また、6年生の希望者は、午前中の授業の終了後、芝浦工大に移動して大学生といっしょに大学の講義を受けることも可能です。中高から芝浦工大へは、例年、推薦出願者の約90％が進学しています。

芝浦工大推薦進学者の最優秀者には、無償で3カ月間のアメリカ留学のチャンスも与えられます。

SCHOOL DATA

- 東京都板橋区坂下2-2-1
- 都営三田線「志村三丁目」徒歩8分、JR線「浮間舟渡」徒歩15分
- 男子のみ521名
- 03-5994-0721
- http://www.ijh.shibaura-it.ac.jp/

渋谷教育学園渋谷中学校

東京 渋谷区 共学校

またたく間に進学名門校の座を獲得

渋谷教育学園渋谷中学校は開校19年目の学校ですが、短期間のうちに進学校としての評価を高め、いまや受験生たちから憧憬を集める対象となっています。

教育理念としては「自調自考」の精神、自分で課題を調べ、自分で解答をだしていく自主性と、自ら学ぶ姿勢が重視されます。

シラバスは渋谷教育学園渋谷で使用されている独自の学習設計図で、学年始めに1年間で学ぶ内容と計画を細かく記した冊子を生徒全員に配ります。特長は、「それぞれの教科の基礎からの学習をなんのために学び、覚えるのか、いま全体のどのあたりを勉強しているのか」をはっきり理解したうえで勉強を進めることができるという点にあります。

これは自分で目標を理解し、自分で取り組み方を決め、自分で自分の力を判断するというもので、渋谷教育学園渋谷の自調自考を授業のなかで実践していくための取り組みです。

効率のよい6年間

進学校として急速に評価を高めた要因には、渋谷教育学園渋谷のすぐれた授業システムがあります。

授業は6年間をA、B、Cの3つのブロックに分け、中1と中2をAブロックの「基礎基本」、中3と高1をBブロックの「自己理解」、そして高2と高3をCブロックの「自己実現」の各期とします。

これは6年間の長いレンジで起きやすい中だるみを防ぐ意味もありますが、3つに分割することで期間ごとのテーマが鮮明になり、生徒の自主性が喚起され、前向きに取り組む姿勢が明確になる利点を持っています。

さらに、効率的な教程を組み、教科内容を錬成工夫することで戦略的な先取り学習を推し進めています。カリキュラムや年間の教育目標も将来の難関大学をめざした主要教科重視型となっています。

SCHOOL DATA

- 東京都渋谷区渋谷1-21-18
- JR線・東急東横線ほか「渋谷」徒歩7分、地下鉄千代田線・副都心線「明治神宮前」徒歩8分
- 男子284名、女子360名
- 03-3400-6363
- http://www.shibuya-shibuya-jh.ed.jp/

修徳中学校

東京 葛飾区 共学校

笑顔であいさつ　さわやか修徳生

100年を超える歴史と伝統を持つ修徳学園。生徒の可能性や潜在能力を信じ、得意分野や個性的能力を最大限に発揮し、理想の実現に向かって努力できる教育を行います。2014年（平成26年）夏には第2校舎、大学受験専用学習棟「プログレス学習センター」が完成します。

三位一体教育

徳育、知育、体育の3つのバランスがとれた三位一体教育が特徴です。将来を築くにふさわしい体力と知性、それに個性豊かな人間形成「文武一体」を目標に、学校生活をとおして自律心を養う徳育指導を行い人間性を高め、勉学と部活動の一体化を果たしています。

学習プログラムも充実しています。授業は週6日制で、土曜日も正規授業を実施。さらに、「学力定着のためのプログレス学習センター」や「講習・補習制度」を設けています。

また、修徳では「特進クラス」と「普通クラス」を設けています。「特進クラス」は、発展的な学習を取り入れ、大学受験への土台をつくるクラスです。「普通クラス」は、「文武一体」をモットーに、勉強とクラブ活動の一体化を果たし、総合的人間力を高める教育を実践しています。

プログレス学習

修徳では、「授業での集中力」「家庭での学習」を習慣づける独自のシステムとして「プログレス」を実施しています。毎週土曜に1週間の授業のまとめテスト（土曜アウトプット）を配布し、翌週月～土の朝プログレスには集中ミニテストを実施して放課後は毎日30分以上プログレス学習センターで自律学習を行い学習習慣の定着をはかります。そのほか、基礎学力のフォロー講習（学力向上期待者講習）も設けられ、親身な指導がなされています。生徒の目標達成をめざすきめ細かな指導が注目される、修徳中学校です。

SCHOOL DATA
- 東京都葛飾区青戸8-10-1
- JR線・地下鉄千代田線「亀有」徒歩12分、京成線「青砥」徒歩17分
- 男子100名、女子44名
- 03-3601-0116
- http://www.shutoku.ac.jp/

十文字中学校

東京 豊島区 女子校

「新館完成」　グローバル人材を育む新たなステージ

2012年（平成24年）に創立90年を迎えた十文字中学校・高等学校は、創立者・十文字こと先生の「これからの女性は、社会にでて、世の中の役に立つ人にならねばならない」という理念を、現在も受け継いでいます。十文字の1日は、心と身体をリフレッシュする「自彊術体操」から始まります。創立以来つづけられている伝統であり、「自彊」とは「自らを強くきたえる」という意味です。

2014年（平成26年）3月に新館が完成しました。カフェテリア・プールだけではなく、多目的教室や多目的ホールなども充実し、どんな課題にも柔軟に対応できるグローバルな人材を育むステージが整いました。

人生を展望した進路指導

中学では基礎学力の養成に力を入れ、少人数による授業も取り入れています。高校では、習熟度に合わせて総合的な学力を養成し、大学進学に向けた指導を行っています。

最難関国立・私立大、医歯薬学部現役合格をめざす「スーパー選抜クラス」、個に応じた大学進学をめざす「選抜・進学クラス」に分かれ、放課後講習などを活用し、一人ひとりに最もふさわしい大学・学部の選択をサポートする態勢も万全です。

また、ディスカッション・ディベート・プレゼンテーションなどをとおして、自分で考えて自分で発信できる力、相手の意見にも耳を傾けられる力を養い、グローバル世界でも通用する人間力を育成します。

多彩な行事とクラブ活動

十文字では、さまざまな行事があります。演劇やコンサートなど、プロの芸術家の演奏や演技を鑑賞し、芸術に対する感性と教養を深めていきます。クラブ活動もさかんで、多くが大会で優秀な成績を収めています。生徒たちは、日々充実した学校生活を送り、豊かな感性と知性に磨きをかけていきます。

SCHOOL DATA
- 東京都豊島区北大塚1-10-33
- JR線「巣鴨」・「大塚」徒歩5分、都営三田線「巣鴨」徒歩5分
- 女子のみ631名
- 03-3918-0511
- http://js.jumonji-u.ac.jp/

淑徳中学校

東京 板橋区 共学校

淑徳フィロソフィ始まる〜新校舎と東大選抜コース〜

淑徳中学高等学校は、1892年（明治25年）に創立された120年の歴史を誇る伝統校です。

「進み行く世におくれるな、有為な人間になれ」という創立者である尼僧・輪島聞声先生の掲げた理念は「淑徳フィロソフィ」として、現在においてもなお学校に息づいています。高い知性と豊かな人間性をあわせ持つ「カインドリーダー」の育成をめざし、淑徳フィロソフィに基づく教育を展開します。

スーパー特進東大選抜コース始動

2012年（平成24年）始動のスーパー特進東大選抜コーは、東京大や国立大医学部などの最難関大学の合格をめざします。高い知性と自立心、国際感覚に加え、他者とのきずなを大切にするコミュニケーション力を養うことがねらいです。そのため、調べ学習やプレゼンテーション、インタビューなどを授業のなかへ積極的に取り入れています。

これからの日本の未来に貢献する、心豊かなリーダーを育成するためのカインドリーダープログラムは、東大選抜コースで先鞭をつけ、全コースに展開していきます。放課後学習や週末課題、家庭学習計画ノートなどを活用し、自学自習の習慣づけまで指導します。

スーパー特進コースでも、きめ細かな手厚い指導で学力をしっかりと伸ばし、難関大学への合格をめざします。

2010年（平成22年）からつぎつぎとリニューアルされた校舎も、2013年（平成25年）に地下アリーナが登場してすべて完成。映像設備の充実やガラス黒板、3つの実験室に自習スペースや図書館など、多様な学習スタイルに応える設計です。また、生徒の学習意欲を刺激するとともに、ラウンジや屋上庭園などのリフレッシュ空間もあり、最先端で快適な総合学習ステーションとなっています。

面倒見のよい学習指導と、最適な学習環境が整い、さらに教育の充実度が増した淑徳中学校です。

SCHOOL DATA

- 東京都板橋区前野町5-14-1
- 東武東上線「ときわ台」・都営三田線「志村三丁目」徒歩13分
- 男子267名、女子287名
- 03-3969-7411
- http://www.shukutoku.ed.jp/

淑徳ＳＣ中等部

東京 文京区 女子校

進行形の伝統の女子教育

淑徳ＳＣの歴史は、1892年（明治25年）東京小石川の傳通院に創設された「淑徳女学校」に始まります。

校祖輪島聞声先生が説いた「進みゆく世におくれてはならない。おおいに勉強して有為な人間になってほしい」という考えは、女性も時代を先取る精神を備えた自立した存在であるべきという、当時としては大変進歩的なものでした。

「淑徳」を備えた女性の育成という創設以来の理念と伝統を受け継ぎながら社会の変容に対応し、2008年（平成20年）に新校舎が完成するとともに、校名を淑徳ＳＣとして新しい女子校として生まれ変わりました。校名にある「ＳＣ」とは、「サクセスフルキャリア」のことで「よりよく生きる」ことを意味します。

学力、向上心、自立心、礼節などを養い、「よりよく生きる」ための地力を身につける教育を実践しています。

よく学び、よく考え、よく生きる

淑徳ＳＣでは、一人ひとりの個性に合ったていねいな教育が必要であると考えています。そのため、熱意あふれる教師陣が思いやりのある教育を行うことで、生徒が持つ人間性や特質を伸ばし、能力を引き出します。

また、基礎学力を高めることはもちろんですが、自ら考え、思考する能力を養うことも重要だと考えています。「疑問を持ち」、それを「解決する」ことも学習であり、論理的な思考力を育てるために課題研究や段階的な小論文の指導を行っています。

学業のほかにも多彩なプログラムが用意されています。日本の伝統文化や食育、芸術鑑賞など、教養や情操を高め、人として生きることへの理解を深めていきます。

淑徳ＳＣでは、発展段階に応じた継続的・段階的な進路学習により、「理想の自分」を見つけ、その実現をめざしていけるのです。

SCHOOL DATA

- 東京都文京区小石川3-14-3
- 地下鉄丸ノ内線・南北線「後楽園」、都営三田線・大江戸線「春日」徒歩8分
- 女子のみ38名
- 03-3811-0237
- http://ssc.ed.jp/

淑徳巣鴨中学校

高い目標へ一人ひとりをしっかりと引き上げる

淑徳巣鴨は、1919年（大正8年）に社会事業家で浄土宗僧侶の長谷川良信により創立されたのが始まりです。1992年（平成4年）に男女共学化、1996年（平成8年）には中高一貫校となりました。2012年（平成24年）には新制服、新コース制となり、新たなステージが始まっています。

教育方針として「感恩奉仕」を掲げています。すべてのことに感謝することができ、その感謝の気持ちをすべてのことに奉仕していくことのできる人間を育てています。

特色ある教育内容も魅力です。淑徳巣鴨では、学習や生活にメリハリをつけ、より計画的な学校生活を送るため「5学期制」を導入しています。

2012年より新コース制スタート

2012年度（平成24年度）より始まった新コース制は、同学力の生徒が同じクラスで学習し、互いの進路希望や学力を高め合う環境のなかで教育を行うため、東京大をはじめとした難関国立大や最難関私立大への進学をめざす「特進コース」と、難関私立大や有名私立大への進学をめざす「進学コース」に分けられています。さらに、特進コースには2013年度（平成25年度）よりアドバンスクラスとスタンダードクラスを設置し、よりきめ細かい学習指導が可能となりました。

どちらのコースでも、通常授業で身につけた知識を、1日の学習予定・時間・達成した目標を書くチャレンジノートや、朝読書、朝テストなどによって定着させます。こうして無理なく基礎学力を身につけることによって、中3でのコースの再編成で「選抜コース」と「特進コース」へとステップアップし、高校での学習につながっていきます。

これにより、生徒は無理なく自分の夢への実現に近づくことができるようになっただけではなく、さらなる高い目標を設定することを可能としています。

SCHOOL DATA

- 東京都豊島区西巣鴨2-22-16
- 都営三田線「西巣鴨」徒歩3分、都電荒川線「庚申塚」徒歩4分、JR線「板橋」徒歩10分、東武東上線「北池袋」徒歩15分、JR線ほか「池袋」よりバス
- 男子136名、女子138名
- 03-3918-6451
- http://www.shukusu.ed.jp/

順天中学校

理想の未来へと導く一貫教育

順天中学校は、「順天求合」という建学の精神のもと1834年（天保5年）に創立された順天堂塾に始まり、今年で180年の歴史を刻んできました。そんな伝統ある順天中学校の教育理念は「英知を持って国際社会で活躍できる人間を育成する」ことです。知識だけではない、思考力や表現力をそなえた創造的学力を養い、グローバルスタンダードな人間観や世界観を持った国際的な人間性を育てています。

独自の「系統」「探究」「総合」学習

そうした目標を実現するため、6年間を基礎期・養成期・完成期という3つの段階に分け、進路目標を掲げています。

教科学習においては、主要3教科（英・数・国）の授業時間が公立中学校よりも700時間以上も多く設定された独自のプログラムが行われています。

これまで以上に十分な時間をかけた「系統学習」として、体系的な学習を重視し、基礎から応用までらせん状に繰り返し、完全習得をめざします。中1では3学級4講座の習熟度別授業が行われ、中2以降は選抜クラスと特進クラスに分かれます。

社会・理科は、体系的な教科学習に加えて、問題を発見し解決していこうという「探究学習」が行われています。

そのほかの、芸術・技術家庭・保健体育・道徳の実践的な4教科は、合科（クロスカリキュラム）を展開する「総合学習」と位置づけています。

すべての教科に体験的な課外活動を組み入れ、豊かな表現力やコミュニケーション力を育て、フィールドワークやワークショップをとおして、自分の進路選択を考えていきます。

こうした取り組みにより、生徒たちは、「より高みの自分」へと意識をシフトしていき、それが進学校として確かな実績を残すことにつながっています。

SCHOOL DATA

- 東京都北区王子本町1-17-13
- JR線・地下鉄南北線「王子」徒歩3分、都電荒川線「王子駅前」徒歩3分
- 男子148名、女子130名
- 03-3908-2966
- http://www.junten.ed.jp/

頌栄女子学院中学校

東京 港区 女子校

キリスト教に基づき理想の女子教育を行う

頌栄女子学院は、キリスト教の学校で、聖書の教えを徳育の基礎においています。校名「頌栄」は神の栄光をほめたたえるという意味で、学院の特色を表します。

また、キリスト教の観点から、土曜日を休日にして日曜日には教会の礼拝に参加することを奨励しているほか、入学式・卒業式などの学校行事は礼拝で始まり、週日にも毎朝礼拝があります。

頌栄女子学院の特徴は、聖書の時間があることと、英語・数学の授業時数が標準よりも多いことです。英語と数学（一部学年）の授業は、中・高とも少人数習熟度別の特別クラス編成で行います。

また、コース制を採用し、高2からは文科コースと理科コースに、さらに高3では理科コースがふたつに分けられます。高3では、コース別の授業のほかに主要科目を中心とした受験講習があり、進路に合わせて自由に選択することが可能です。

多彩な英語教育と高い進学実績

英語の授業は中1〜高1では週6時間を配当し、各学級を2分割して少人数制による授業を行っています。高2・高3では、学年を習熟度別に7クラスに分け、個々の到達度に応じた効果的な学習指導を実施しています。また、高校卒業までに英検2級以上を取得することを目標としています。

そのほか、語学修養の機会として中学では軽井沢での英会話研修およびカナダ語学研修、高校ではニュージーランド、イギリス語学研修を希望者のために設けています。

大学進学実績では、長期の計画に基づいて中3より進路指導を行っています。このほか説明会や卒業生の体験談を聞く会などを設けています。こうした取り組みの結果、難関大学進学者が着実に増加し、卒業生の半数程度が現役で国公立大や早稲田大・慶應義塾大・上智大など難関私立大へ進学しています。

SCHOOL DATA

- 東京都港区白金台2-26-5
- 都営浅草線「高輪台」徒歩1分、JR線・東急池上線「五反田」地下鉄南北線・都営三田線「白金台」徒歩10分、JR線・京浜急行線「品川」徒歩12分
- 女子のみ699名
- 03-3441-2005
- http://www.shoei.ed.jp/

城西大学附属城西中学校

東京 豊島区 共学校

自由な校風のもと大切にする「報恩感謝」の心

さまざまな個性が共生する城西教育

城西大学附属城西中学・高等学校が所属する城西学園は、1918年（大正7年）、大正デモクラシーを背景とした自由主義教育の私学として誕生しました。そのため、創立当初から続く自由な校風のもと「報恩感謝」を校訓とし、教育の本来の目的である子どもたちの「豊かな人間性」「自主・自立の精神」の育成に努めてきました。

中学校においては、学校生活の基本となるホームルームを学力で分けることはしません。さまざまな個性が共生しあう環境が形成されるなかからすぐれた人間性を育むために、城西学園がもっともこだわっているところです。生徒たちは互いに学びあい、助け合うことができる環境で、ちがいを認め、自然と「共生」の感覚を身につけていきます。

学力の基本となるカリキュラムは、中学では基礎基本の徹底と、先取り教育をあわせな

がら、学力差がでやすい英語と数学について習熟度別授業を実施し、個人の実力を養成していきます。高校では希望進路により、2年次より文理のクラス分けがされ、3年次より志望学部に合わせた学部系統別のクラス分けとなります。

グローバルアーツクラスを新設

2013年度より、中学1年に1クラス「グローバルアーツクラス」が誕生しました。城西中学校はこれまでもアメリカ・オレゴン州スイートホーム高校と姉妹校交流をつづけており、多彩な留学制度などで、積極的な国際交流を行ってきました。これまでに蓄積された国際理解教育のノウハウや経験を体系化したのがグローバルアーツクラスであり、交換留学制度発足30周年を記念して設立されました。国際人のひとりとして隔てのない交流・交渉ができる素養を備え、リーダーシップを発揮できる人材の育成をめざします。

SCHOOL DATA

- 東京都豊島区千早1-10-26
- 西武池袋線「椎名町」徒歩7分、地下鉄有楽町線・副都心線「要町」徒歩6分
- 男子156名、女子107名
- 03-3973-6331
- http://josaigakuen.ac.jp/

東京 神奈川 千葉 埼玉 茨城 寮制

あ行 か行 さ行 た行 な行 は行 ま行 や行 ら行 わ行

聖徳学園中学校

「自分の知らない自分」ときっとであえる

■学校の特色

聖徳太子の「和」の教えをもとに、生徒の「個性」「創造性」「国際性」の育成を教育方針とします。教師と生徒の距離が近いアットホームな校風のもと、中1・中2では2名クラス担任制、また英・数の習熟度別分割授業など、一人ひとりを大切にするきめ細かな教育を行い、6年間で生徒の学力を伸ばします。

■グローバル教育

英語教育に力を入れるのみならず、思考力の育成にも取り組んでいます。多角的に脳を刺激して問題解決能力を養う中1・中2の「知能開発」から、高2のクリティカル・シンキングまで一貫して「考える力」を伸ばす授業を行っています。また、新潟県での農家民泊（中1）・関西文化研修（中2）などをとおして日本を知ることから始まり、希望制でアメリカやイギリスへの語学研修へと段階を追って世界を広げる機会が用意されています。また、杏林大の協力により課題研究を行うグローバ

ルセミナーも開始されます。

■ICT教育

すでに中学の各教科で電子黒板を用いた授業が行われ、今年度からは新たにタブレットを用いた授業が試行的に開始されています。また、さまざまな機会をつうじて生徒のプレゼンテーション能力を高めています。

■進学セミナー

各学年に選抜クラスを設置し、学習意欲の高い生徒に進度・深度に負荷をかけた授業を行い、さらに中学で教養セミナー、高校では進学セミナーという課外授業に参加し学力向上をめざすプログラムも用意されています。

難関大学にチャレンジ

2014年度は、168名の卒業生に対し、国公立に15名（現役13名）、早慶上理に21名（現役19名）、MARCHに69名（現役59名）の合格者をだし、「入学時に比べて卒業時に学力が伸びる学校」としての評価を受けています。

SCHOOL DATA

- 東京都武蔵野市境南町2-11-8
- JR中央線「武蔵境」徒歩3分
- 男子168名、女子68名
- 0422-31-5121
- http://www.shotoku.ed.jp/

城北中学校

教育目標は「人間形成と大学進学」

城北中学校・高等学校の教育目標は「青年期の人間形成と上級学校への進学」です。創立者・深井鑑一郎先生は、儒学に裏づけされた規律正しい生活習慣や礼儀、厳しい態度で公正を守る「質実厳正」の教えを教育の根底にすえており、その精神はいまに受け継がれ、生きつづけています。

発達段階に合わせた理想の「三期体制」

1978年（昭和53年）から中高一貫教育に取り組んでいる城北中学校では、6年間を「基礎期」「錬成期」「習熟期」と2年ずつ3期に分け、生徒の発達・変化に応じて最も効果のある指導を行っています。

中1・中2の「基礎期」は基本的な生活習慣を身につけ、各教科の基礎をしっかり理解し、身につけます。主要教科の時間数が多く、原則的に中学校の内容はこの基礎期で修了します。

中3・高1の「鍛錬期」からは高校の学習

内容に入り、自立的・自主的な学習生活態度の確立をめざします。自分の可能性、職業や大学を考える総合学習により、将来に向けた適性の発見に努めていきます。

そして、「習熟期」の高2・高3で、より高い学力と豊かな教養を身につけ、自分の適性に合わせた志望進路を選び、進学への意識を高めていきます。高2から文系・理系のゆるやかなコース制をとり、高3では各自の志望に沿ったコースを4コースから選び志望大学への進学をめざします。

こうした指導が実を結び、毎年多くの卒業生を難関大に送り出しています。2014年度（平成26年度）も難関4大学（東京大・京都大・東京工大・一橋大）に43名（現役27名）をはじめ、国立大学早慶394名（現役287名）、早稲田大・慶應義塾大・上智大は319名（現役242名）という実績をあげました。

城北中では、確かな学力と豊かな人間性を身につけ、建学の精神を具現化しています。

SCHOOL DATA

- 東京都板橋区東新町2-28-1
- 東武東上線「上板橋」徒歩10分、地下鉄有楽町線・副都心線「小竹向原」徒歩20分
- 男子のみ895名
- 03-3956-3157
- http://www.johoku.ac.jp/

昭和女子大学附属昭和中学校

「世の光となろう」を目標として

豊かな人間性としっかりとした学力を

　創立者・人見圓吉、緑夫妻は、偉大な教育者でもあったロシアの文豪トルストイのヒューマニズムに満ちた教育観に共鳴し、1920年（大正9年）、学校を創立しました。その誠実で自立心に富み、自己実現をめざしながら社会に貢献できる人間を育成する姿勢は、学校の目標「世の光となろう」という言葉にしめされています。

　知識だけでなく、知育・徳育・体育の面でバランスのとれた人間を育む全人教育を実践するため、多くのユニークな制度やカリキュラムが用意されています。

　6年間を縦割りにした年齢の異なる集団活動「朋友班」もそのひとつで、レクリエーションや環境美化などに取り組みます。上級生が責任を持ってグループをまとめ、下級生は上級生を見習うなど、校内にはたくさんの「姉妹」が誕生しています。まるで家族のような雰囲気のなか、協調性や自主性を身につけ、生徒の個性や人間性を豊かに育みます。

　昭和女子大学附属昭和では、6年間の学習過程を5年間で無理なく修了し、高3から科目等履修生として、昭和女子大で学ぶことができる「五修生制度」があります。この制度により、興味のある分野を専門的に学ぶことができ、学識をいっそう深めることを可能にしています。さらに大学院に内部進学する場合は1年早く進学することもできます。

　昭和女子大へは成績や人物などを総合的に判断し、学校長の推薦により進学しますが、この推薦を得ながら、他大学を受験することもできます。こうした制度で生徒の可能性への挑戦を応援しています。

　また、2014年（平成26年）からスーパーグローバルハイスクール校（SGH）に指定され、従来までのグローバル教育をさらに深化させ、実社会でグローバルに活躍できる女性リーダーを育成することをめざしています。

SCHOOL DATA

- 東京都世田谷区太子堂1-7-57
- 東急田園都市線・世田谷線「三軒茶屋」徒歩7分
- 女子のみ671名
- 03-3411-5115
- http://jhs.swu.ac.jp/

女子学院中学校

自主性を尊重した明るく自由な校風

　創立は1870年（明治3年）。140年以上という長い歴史に育まれた女子学院は、キリスト教主義を教育理念として、独特の校風を培ってきました。学校の規則はほとんどなく、制服もありません。

　こうした自由な雰囲気のなかで、生徒たちは自主性を持った生活をしています。ほんとうの意味で自立した女性の育成をめざす女子学院の教育は、多くの保護者や生徒たちから高い支持を集めています。

完全中高一貫教育で洗練された授業

　多くの生徒が難関大学への入学をめざしていますが、学校の授業はとくに大学入試だけを目的にしたものではありません。じっくり考え、ものごとへの興味と関心を養う授業が基本となっています。

　前後期の2期制で、授業は週5日・30時間で行われます。中高6年間の一貫教育の利点をいかし、教科間の重なりを整理した効率のよいものになっています。科目によってはクラスを分割した授業も行われています。

　また、実験・観察と考察、レポート、作文、作品制作なども多く、学習の仕方を体得していきます。

　女子学院独自の科目として、各学年に「聖書」の授業がおかれています。高校では「近現代史」、「キリスト教音楽」の授業があります。

　また、高2までは基本的な学力の育成と心身のバランスのとれた成長をめざし、全科目を共通に学んでいます。高3では、一人ひとりの個性や可能性に応じた選択科目を用意しています。

　総合的な学習の時間も6年間を見通した目標を立て、学校行事を中心にその準備活動やまとめを組み合わせて行うことで生徒の成長へとつなげています。

　女子学院では、こうした教育体制により、自主的に勉強に向かう姿勢が養われ、高い大学合格実績につながっています。

SCHOOL DATA

- 東京都千代田区一番町22-10
- 地下鉄有楽町線「麹町」徒歩3分、地下鉄半蔵門線「半蔵門」徒歩6分、JR線・都営新宿線「市ヶ谷」徒歩8分
- 女子のみ695名
- 03-3263-1711
- http://www.joshigakuin.ed.jp/

女子聖学院中学校

「人間教育」と「教科・進路と教育」

女子聖学院は1905年（明治38年）に創立されたミッションスクールです。初代院長バーサ・クローソンは米国のプロテスタント教会から派遣された宣教師でした。

教育の基盤はキリスト教に基づく人間教育です。毎朝行う15分の礼拝は、チャペルで心静かに祈る大切な時間です。そのほか「人間教育プログラム」として中1で「いのち・賜物」を主題とする「翠の学校」、中2で「自己啓発」を目標に遠足や講習会を実施。中3では北海道修学旅行、ライフプランニングなどをとおし「社会の中の自分」を見つめます。

英語教育・進路教育

中1の英会話は1クラスを3分割して週2時間実施。中1〜中3の全学年で週1時間実施されるプログレッシヴ・クラスでは1クラスを3分割し、上級クラスでは外国人教師がオールイングリッシュで進めます。読解、作文、スピーチなどいつもの授業より英語の密

度が濃くなります。標準的なクラスでは、通常の授業とはちがう多読速読の要素を取り入れた演習を行います。高校の英語授業では少人数習熟度クラス編成を多くの授業で取り入れています。さまざまな選択科目が用意されており、高3では週に最大11時間の英語授業を確保できます。高2・3ではクリエイティヴ・ライティングを選択できます。これはジャーナリズムを専門とする外国人教師が担当する授業で、実践的英文作成術を学びます。

授業のほか、ホームステイ（アメリカ高1）、ターム留学（オーストラリア高1・2）、英語キャンプ（都内2泊3日）など学習意欲を高めるプログラムが整備されています。また、海外大学指定校推薦入学制度があり、2014年春卒業生のひとりがこの制度を使ってグリフィス大（オーストラリア）へ進学しました。

難関入試やセンター試験の対策から授業の補習までさまざまな学習支援プログラムがあり、有名大へ多数の合格者を出しています。

SCHOOL DATA
- 東京都北区中里3-12-2
- JR線「駒込」徒歩7分、地下鉄南北線「駒込」徒歩8分、JR線「上中里」徒歩10分
- 女子のみ408名
- 03-3917-5377（広報室直通）
- http://www.joshisei.netty.ne.jp/

女子美術大学付属中学校

美を柱とする教育で夢にあふれた人間を育成

杉並区の閑静な住宅街にある女子美術大学付属中学校、同高等学校。所属する女子美術大学は、1900年（明治33年）に設立許可を受けた、古い歴史を有する大学です。100年を超すその歴史のなかからは、片岡珠子、三岸節子、堀文子など多くの優秀な美術家を世に送りだしてきました。

女子美では、「我が国の文化に貢献する有能な女性の育成」という建学の精神のもと、「智の美、芸（わざ）の美、心の美」を目標に、知性と感性の両面に力を入れた教育を実践しており、将来美術のみならず幅広い分野で活躍できる人材を育成しています。

美術に重点をおいたカリキュラム

中学校のカリキュラムの最大の特徴は、義務教育期間としての学習をきちんとやりながら美術の時間を週4時間確保している点です。そのぶん、学習では日常の朝学習と補習の機会を多く設け、週6日を充実して過ご

します。美術は高校・大学への一貫性をふまえ、絵画・デザインのほかに彫刻・陶芸・版画・染織・美術鑑賞も行い、生徒が美術の世界に触れる楽しさを理解することに重点が置かれています。

高校は普通科としての学習を重視しながら美術の時間を週7〜10時間学びます。専門家への道を拓くとともに、人間性豊かで高度な感受性を備えた、調和のとれた人間の育成をめざしています。2年次からは絵画コース、デザインコースのいずれかを選択し、それぞれの分野で専門的に学ぶとともに、デッサンを中心とした基礎実技を3年間行い、確かな実技力を養成します。

「美術が好き」を入口として自己実現の場を模索し、進路は多岐にわたります。毎年約90％が美術系、10％が文系、理系に第一希望で進学します。美術系その他あらゆる希望に応える仕組みがカリキュラムに組みこまれています。

SCHOOL DATA
- 東京都杉並区和田1-49-8
- 地下鉄丸ノ内線「東高円寺」徒歩8分
- 女子のみ430名
- 03-5340-4541
- http://www.joshibi.ac.jp/fuzoku/

白梅学園清修中高一貫部

気品とフロンティア精神を備えた女性を育成

2006年に開校した白梅学園清修中高一貫部。同じ学園には、伝統ある白梅学園高等学校がありますが、席を異にする新たな女子の中高一貫教育を行う学校です。

校名「清修」は、「厳冬にあっても凛と咲く白梅のような清々しい姿で学び修め、気品とフロンティア精神を兼ね備えた女性に育てる」という熱き思いがこめられています。

特長的な学習プログラム

白梅学園清修の教育は、大学進学をめざした、日々の授業を最も重視する教育が基本です。全教室に電子ボードを導入し、視覚により訴えかける授業を展開しています。建物中央に吹き抜けがある校舎は、開放的で明るい空間です。きっと、学校のなかに好きな場所を見つけることができます。

そして、論理的思考力・表現力を育成するために、毎日1限の始業前には、全校で要約文作成を含む読解問題に取り組んでいます。

また、従来の部活動にかわるものとして「エリアコラボレーション」があります。これは、近隣の専門家を招き、指導してもらう取り組みです。バスケットボール、テニスなどの運動系はもちろん、弦楽器、茶道、ミュージカルなどの文芸系もあります。曜日ごとに活動が異なり、複数の活動への参加も可能です。

国際感覚を持ち、社会の一線で活躍できる人材の育成をめざしている白梅学園清修では、6年間でふたつの「海外研修」を体験します。

まずは、中学課程でイギリスへ行き、英語の授業を各国の生徒といっしょに学び、寮生活も体験します。また、中学では英語授業の大半をネイティブ教員が担当するため、研修前の準備だけではなく、研修後にもより英語力を伸ばすことができます。そして、高校課程では、フランスを拠点にヨーロッパを巡り、文化的・歴史的な遺産に触れながら視野を広げる経験をします。

SCHOOL DATA

- 東京都小平市小川町1-830
- 西武国分寺線「鷹の台」徒歩13分
- 女子のみ58名
- 042-346-5129
- http://seishu.shiraume.ac.jp/

白百合学園中学校

キリストの愛の教えに基づく全人教育

白百合学園の設立母体は、17世紀に誕生したシャルトル聖パウロ修道女会です。1878年（明治11年）、函館に上陸した3人のフランス人修道女により日本での活動が始まりました。1881年（明治14年）に東京に学校が設立されて以来130年にわたって、誠実さと愛をもって社会に貢献できる子女の育成をめざし、「キリストの愛の教え」に基づく全人教育を行っています。

白百合学園では、週5日制のゆとりあるカリキュラムのもと、家庭との連絡を密にしながら、一人ひとりに与えられた能力を豊かに開花させるためのきめ細やかな指導を行っています。宗教教育を基盤とする学園生活のあらゆる場面で、生徒たちは「愛と奉仕」の心を学び成長していきます。

中学1～2年は基礎的な学力・体力を養成し、ものごとへの意欲と豊かな感性を身につけることが目標です。中学3年～高校1年では基礎・基本の定着に重点をおき、自己の確立と個性の発見に努めます。

高校2～3年は確立した基礎力の上に、自己実現に向けた発展的な学力開発をめざす2年間です。高校2年から進路（文・理・芸術）に合わせた科目を選択し、高校3年で具体的な「進路」を見つけ、その実現のため大学への現役進学をめざします。つねに「授業を大切に」という指導を行い、生徒もそれに応えています。

中学からフランス語の学習

白百合学園の教育の大きな特色のひとつとして、外国語教育があげられます。中学3年間は英語とフランス語を平行して学びます。少人数クラスでコミュニケーション能力を養い、2カ国語を学ぶことで豊かな国際感覚の育成を目標としています。高校では一方を第1外国語として集中的に学び、応用力と実践力を養います。スピーチや劇の発表など外国語で自己表現する機会も多く設けています。

SCHOOL DATA

- 東京都千代田区九段北2-4-1
- JR線・地下鉄東西線・有楽町線・南北線・都営大江戸線「飯田橋」、地下鉄東西線・半蔵門線・都営新宿線「九段下」徒歩10分
- 女子のみ573名
- 03-3234-6661
- http://www.shirayuri.ed.jp/

巣鴨中学校

少年を伸ばす「硬教育」を実践

独自の硬教育で真のエリートを育成

巣鴨中学校・高等学校は、1910年（明治43年）、遠藤隆吉博士により「硬教育」による男子英才教育と人間研究の実践をめざして創立されました。以来、創立者の「建学の趣旨」と「教育の根本理念」を核として教育にあたり、今日にいたっています。

この「硬教育」とは、よく「硬派・軟派」の「硬派」に勘違いされがちですが、これは、創立者・遠藤隆吉博士の造語です。明治時代にアメリカで唱えられていた「軟教育」に対する概念として、成長期の青少年に必要な人間としてのトレーニングにより、「万人に通ずる真にやさしい心」を育成するというものです。

巣鴨では、長年かかって構築された綿密かつ計画的なカリキュラムで学んでいきます。これは、生徒たちの学力が、広く、深く、ダイナミックに育まれ、心理学的に分析してつくりあげられたものです。このカリキュラムは全教科を総合的に体系化し、「らせん状階段方式」と呼ばれる反復学習によって完全理解を可能とする独自のシステムとなっています。

学業面はもちろんのこと、心身ともに成長をはかるため、「全校有段者主義」を掲げ、中学では剣道が必修、高校では柔道・剣道が選択必修となっています。

卒業時までに、なんと半数以上の生徒が有段者となっています。こうして培われた力は生徒たちの自信となり、学業面にも大きく寄与しています。

そのほか、大菩薩峠越え強歩大会や巣園流水泳学校、森林公園マラソン大会、早朝寒稽古など、さまざまなスポーツ行事が用意されているのも巣鴨ならではです。

新校舎の完成も日前となり、高校は昨年9月より、中学は今年2014年（平成26年）9月より新校舎での授業となります。

SCHOOL DATA

- 東京都豊島区上池袋1-21-1（新校舎建設にともない2012年2学期より2年間浮間舟渡仮校舎に移転。浮間舟渡校舎所在地：東京都北区浮間4-29-30）
- JR線「浮間舟渡」徒歩1分（仮校舎）
- 男子のみ654名
- 00-3910-5011 池袋本校
  03-5914-1152 浮間舟渡校
- http://www.sugamo.ed.jp/

杉並学院中学校

「夢があなたの未来をつくる」

「自立・成楽」を建学の精神として、自立した責任感のある人間を育成する杉並学院は、物質的な欲求だけでなく、精神的な成長を人生の目標と考えることのできる若者の育成をめざしています。高等学校と合わせた6年間をとおして、「心と身体」をきたえる、特色ある取り組みがたくさんあります。

杉学個別学習支援システム（SILSS）

SILSS（Sugigaku Individual Learning Support System）は、毎日の授業と連携して学習効果を高めるとともに、自らの進む道を考えて挑戦する生徒の学習を支援する仕組みです。中学の全生徒が個人用IDを持ち、いつでもインターネットで国語、社会、数学、理科、英語の単元別映像講座（演習プリント付き）による学習ができます。

エテニホ・タイム

総合的な学習の時間で「得手に帆を上げ」という言葉から命名した「エテニホ・タイム」。得意とすることをどんどん伸ばすという意味で、内容は「ゴルフ」、「硬式テニス」、「強いからだをつくる」、「絵本・童話・児童文学を楽しむ」、「イングリッシュ・パフォーマンス」、「音楽を楽しむ」、「アートに親しむ」、「囲碁」などさまざまです。プロの講師による指導も充実しており、楽しみながら自分の能力を育むことができます。

親世紀プロジェクト

明治大学文学部教授の斎藤孝先生が命名されたものです。各学期末考査後の3日間、斎藤ゼミ生による特別授業が行われています。

人間関係の希薄さが心配される現代において、大学生のお兄さん、お姉さんとの交流は、豊かな人間性を育みます。また、教科を横断した特別授業は、地球的なできごとに関心を引きつけ、諸問題に主体的に取り組もうとする態度を育てています。

SCHOOL DATA

- 東京都杉並区阿佐谷南2-30-17
- JR線・地下鉄東西線「高円寺」「阿佐ヶ谷」徒歩8分
- 男子28名、女子27名
- 03-3316-3311
- http://www.suginami.ac.jp/

聖学院中学校

知識の土台となる基礎学習

聖学院では、生徒に真のゆとりをもたらす教育という観点から、週6日制を維持しています。英語や数学では従来以上の授業時間数を設けていますが、聖学院がとくに力を入れているのは「基礎力の養成」です。とくに暗記が必要とされる科目は、そうした能力が豊かな低学年のうちから時間数を厚く充当します。

英語は中1から、数学は中3から、習熟度別のクラス編成を実施。それぞれの理解度に応じた学習ができるように配慮しています。

基本的には中2までで中学の基礎力を養成し、中3からは高校課程を意識した学習へ入ります。さらに、聖学院の人間教育のいしずえとなる「礼拝の時間」、「聖書の時間」もカリキュラムに組みこみ、キリスト教精神から、自らの行動に責任を持つ意識を芽生えさせ、自学自習できる環境を育んでいきます。

英語の聖学院　一人ひとりが主人公

これからの若者にとっては、世界が活躍のフィールドです。英語はそのために当然必要なツールとなります。「英語の聖学院」と言われる聖学院では、とくに英語教育に力を入れてきました。キーワードは"使える英語"です。

教員と生徒のコミュニケーションを重視して、中1から少人数制の授業を行い、中2からは5グレードの習熟度別のクラス編成を実施しています。教科書は『New Crown』を使用し、授業では電子黒板を利用しています。さらに、英語力の高い生徒たちのために「SSクラス（英検2級以上のレヴェル）」を編成して指導しています。

聖学院のモットーは、生徒一人ひとりの将来を見つめたきめ細かな指導。少人数教育を基本に、6年間で実力を伸ばし、将来につなげる教育を実践します。

自分だけの夢をドラマに描き、その主人公として生きていく力と自信を身につけること。それが「聖学院のOnly One教育」です。

SCHOOL DATA
- 東京都北区中里3-12-1
- JR線「駒込」徒歩5分、地下鉄南北線「駒込」徒歩7分
- 男子のみ432名
- 03-3917-1121
- http://www.seig-boys.org/

成蹊中学校

バランスのとれた人格形成、多彩な進路

多彩な生徒たちがともに学ぶ意味

「個性の尊重」「品性の陶冶」「勤労の実践」という建学の理念に基づき、グローバル社会のなかでも知性や品性をバランスよく備え、社会人としての責任を果たすことのできる主体性と社会性に富んだ人格育成をめざしている成蹊中学校。成蹊小学校、海外からの帰国生など多数の入り口より生徒が入学し、多様な背景を持つ個性的な生徒たちがともに学び、偏らないものの見方や、他者を理解し尊重する姿勢を身につけていきます。

多彩な進路を支える教育システム

文化、科学の根底から学ぶ授業カリキュラムのもと、偏りのない学習をするなかから自らの適性を発見するプロセスが、回り道のようですが最善です。この考え方のもと、高1までは全員が同じ内容を学び、高2で文・理コース選択、高3では進学先に応じた18種類のコースからひとつを選択します。このように、成蹊大へ進学する3〜4割の生徒と全国の国公私立大へ進む6〜7割の生徒の両方に対応するよう念入りに計画されたカリキュラムに加え、卒業生の協力を得た色々な進路ガイダンスなどの行事が組み合わされ、医歯薬、芸術分野を含む多彩な進路が実現しています。

多彩な国際理解教育活動

1949年開始の交換留学をはじめ、長期・短期のさまざまな留学機会が用意されています。留学中（1年間）の単位認定や授業料などを半額にする制度を整え、留学を後押ししています。短期留学には、50年余の歴史を持つカウラ高校との交流のほか、ケンブリッジ大学、UC-Davisとの提携プログラムなど、将来の進路選択を見据えた成蹊ならではの特色あるプログラムを実施しています。また、高校では留学生受け入れを常時していますので、日常的に国際交流の機会があります。

SCHOOL DATA
- 東京都武蔵野市吉祥寺北町3-10-13
- JR線・地下鉄東西線・京王井の頭線「吉祥寺」徒歩20分
- 男子431名、女子362名
- 0422-37-3818
- http://www.seikei.ac.jp/jsh/

成城中学校

グローバル時代のリーダー育成

成城中学校・高等学校は、林間学校・臨海学校を全国に先駆けて開設した教育界のパイオニアであり、2015年（平成27年）に創立130周年を迎える伝統校です。校章は「知・仁・勇」を表す三光星。賢明で、チームワークを得意とする、チャレンジ精神旺盛なグローバル・リーダーの育成が成城のめざす教育です。

2015年、竣工の新校舎

都営大江戸線「牛込柳町」駅西口から徒歩1分、繁華街や大通りがなく安全に通学できます。近県からのアクセスもよく、教育・研究機関に囲まれています。

こうした最高の校地に、2015年（平成27年）1月、新校舎が竣工します。現存の体育館（バレーコート4面）、温水プール、図書館（蔵書3万4千冊）に加え、人工芝のグラウンド・地下体育室・自習室（チューター常駐）・実験室（物理・化学・生物）など、さまざまな施設が拡充します。

生徒と教師の距離がとても近い学校

自ら課題を発見し、解決策が見つかるまで考え抜く。志が高く、好奇心の強い生徒が成城生の姿です。

昨年度から「エンパワーメント・プログラム」（中3・高1・高2希望者対象）を開始しました。カリフォルニア大学の学生をはじめとする世界のトップ校の学生を招き、議論・企画・発表をすべて英語で行います。初日には消極的だった生徒も、最終日には自分の意見を物怖じせず発表できるようになります。こうした積極性こそがグローバル・リーダーに求められる姿勢です。

成城は、先生と生徒の距離がとても近い学校です。生徒・教師・家庭の3者が協力し、多少の失敗でもへこたれずに挑戦し続ける青年を育てます。勉強も部活もがんばって、最高の6年間を過ごしたいという欲張りな男の子にうってつけの学校です。

SCHOOL DATA

- 東京都新宿区原町3-87
- 都営大江戸線「牛込柳町」徒歩1分
- 男子のみ750名
- 03-3341-6141
- http://www.seijogakko.ed.jp/

成城学園中学校

100年の歴史に引き継がれる理念

閑静な成城の住宅街が広がる「成城学園前」駅のすぐ近くに、成城学園中学校・高等学校はあります。

所属する成城学園は、幼稚園から大学・大学院までを擁する総合学園です。教育理念として掲げている「個性尊重の教育」「自然と親しむ教育」「心情の教育」「科学的研究を基とする教育」の4項目は、全学園に一貫して受け継がれています。

中高のキャンパスは大学や短期大学と同じ敷地内にあります。大学生と中高生が混じり合い、歩いている姿はとても自然であり、キャンパスで学園生活を送る中高生は、身近に大学生の存在を感じることで、将来像を具体的に描くことができるようになります。

「自学自習」の姿勢が身につく6年間

中学校での学習は、基礎基本の充実をはかるため、体育や技術家庭だけにとどまらず、社・数・英までほとんどの教科で少人数の分割授業が行われます。その分け方は、習熟度別であったり、男女別、出席番号別など、より効果的な分け方が考えられています。また、中1では1クラス30人編制のきめ細かい指導により、学習習慣・生活習慣を身につけていきます。

中3から英語と数学で習熟度別授業が行われ、高2で生徒それぞれの進路に合わせたコース別のクラス編制となります。

成城大への内部推薦生の他大学併願が全学部で自由化されており、浪人への不安を抱えることなく希望する進路に向けて果敢にチャレンジすることが可能になっています。毎年、他大学併願の制度を利用したうえで大学受験に挑戦する生徒が複数います。

高2からのコース設定により、生徒の希望進路に対応した授業環境と指導体制が整えられており、しっかりとしたサポートを受けることができます。現在、成城大へは50～60％の生徒が推薦で進学しています。

SCHOOL DATA

- 東京都世田谷区成城6-1-20
- 小田急線「成城学園前」徒歩5分
- 男子333名、女子393名
- 03-3482-2105
- http://www.seijogakuen.ed.jp/chukou/

聖心女子学院中等科（せいしんじょしがくいん）〈帰国生入試のみ〉

東京 港区 女子校

学業をとおしての人間形成

聖心女子学院は、すべての教育活動をとおして、ものごとを深く味わい、他者と共感できる豊かな心を養う学校です。創造性に富む堅実な思考力と正しい判断力を育く、愛を持って、義務を果たす習慣と、責任ある行動力を培います。

社会に役立つ人間の育成をめざしたカリキュラムの重点は、思考力と判断力の養成におかれています。中・高6年間の一貫教育の流れのなかで、発達段階に応じて学習効果を高める工夫をしています。

英語教育では、世界に貢献することをめざして、実践的な英語力を身につけることに主眼をおいています。中1から高3まで、少人数制のクラス編成で、生きた英語に触れ、自分の考えを的確に表現できる力を養うことをめざします。外国人教員による授業やイングリッシュデー（中等科）などの行事も実施しています。

また、ニュージーランド姉妹校交流プログラム、オーストラリア語学研修（隔年実施・高等科）では、語学力の向上や異文化体験、姉妹校生徒との交流が経験できます。さらに、スピーチ・英作文コンテストなどのコンクールにも積極的に参加し、多くの成果をあげています。

「心の教育」としての情報教育

聖心女子学院では、インターネットに接続可能な44台のコンピュータを備えたマルチメディア教室を完備。また、機器の整備だけではなく、「情報教育」についても実践・研究を重ねています。

「情報」は現代の子どもたちに不可欠です。しかし、それはたんなる技術の修得にとどまらず、情報社会を生きるための「心の教育」であるべきだと考えています。

社会に役立つ女性となるために、変容する時代の生き方を学び、流行に流されない判断力を身につけます。

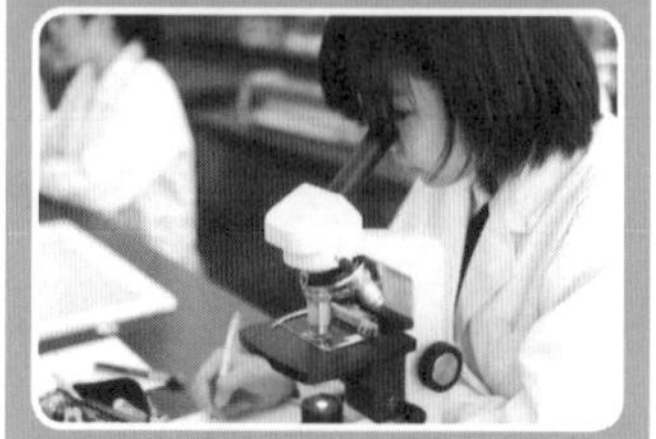

SCHOOL DATA

- 東京都港区白金4-11-1
- 地下鉄南北線・都営三田線「白金台」徒歩11分
- 女子のみ370名
- 03-3444-7671
- http://www.tky-sacred-heart.ed.jp/

星美学園中学校（せいびがくえん）

東京 北区 女子校

国際社会で貢献できる女性を育む

ミッションスクール、星美学園は一人ひとりの個性を大切にします。個々の生徒の長所に目を向け、自信を持って自分の可能性を広げられる教育が進められています。

星美スタディサポートプログラム

2012年度、星美学園では国際社会で貢献できる女性の育成をめざして「星美スタディサポートプログラム」が始まりました。調和のとれた女性を育む「身心プログラム」、確かな学力を育む「学習プログラム」、世界とつながる力を育む「国際プログラム」が三位一体となって6年間をかけて深く広がっていくプログラムです。

「身心プログラム」では礼儀作法教育、掃除プログラム、着こなし講座などで心・技・体を高めます。「学習プログラム」では星美ノートや学習進路ノートを駆使、職場体験やチューター制の利用で学ぶ意欲が高まります。「国際プログラム」では、カナダ語学研修、英語特別講座、海外研修旅行などで世界とつながる素地をつくります。

授業は少人数校の特性をさらにいかし、一人ひとりに目の届く構成です。数学と英語は中1から3グレードの習熟度別授業、高校からは本人の希望と成績により国公立大・難関私立大対応クラスと有名私立大対応クラスに分かれます。

高2からは多彩な選択教科があり、文系にも理系にも、また、途中からの進路変更にも柔軟に対応できるシステムになっています。

進路選択は自己を見つめることから始め、人のため、社会のためになにができるかという観点から、自分の将来を自らが決められるように、中1から発達段階に応じて保護者や卒業生などから世の中や職業について話を聞く機会を設けています。そのため、進路指導は担任、進路指導部や生徒指導部と密接な連携のもと、一人ひとりの個性と適性、そして成長を見守りながら進められます。

SCHOOL DATA

- 東京都北区赤羽台4-2-14
- JR線「赤羽」徒歩10分、地下鉄南北線「赤羽岩淵」徒歩8分
- 女子のみ219 名
- 03-3906-0054
- http://www.jsh.seibi.ac.jp/

成立学園中学校
せい りつ がく えん

Let's! Challenge⁺

　創立以来89年、成立学園高等学校は、社会の中核を担う人材の育成を掲げ、これまでに2万人を超える卒業生を世の中に送りだしてきました。

　中学校は2010年（平成22年）に開校し、昨年春、1期生が高校へ進学。中学生から高校生までを含めて、念願の6年一貫体制を確立しました。

　「礼節・勤倹・建設」を校訓に、国際社会および地域社会が希求する「グローカル」な人材の育成に向けて、学習面・人間育成面における個性を創造し、伸長をはかる教育を展開しています。

　成立学園は、東京都のターミナル駅である赤羽駅からも、東十条駅（JR京浜東北線）からもともに徒歩8分という好アクセスの学園です。

　クラブ活動もさかんで、全国大会に4度出場し複数のJリーガーを輩出しているサッカー部や、甲子園出場を果たした硬式野球部を

代表とする成立学園は、つねにチャレンジ精神を持ち、話題を発信している学園です。文武両立をめざしていて、その結果として、大学合格実績も続伸中です。

「自分をこえる」ための「見えない学力」育成

　成立学園では、自らの意志で学び成長するために、「生涯学びつづけるための基礎力」「問題を見つける力と解決する力」「何事にも挑戦できる柔軟な心」、そして「幅広い教養」が必要だと考え、多彩な授業をつうじて知識と国際感覚を身につけ、多種多様な人間とふれあいながら過ごすことを大切にしています。

　主要教科との連携を行い、教養プログラムと食育プログラムがコラボレーションした「アースプロジェクト」や「調べ学習」をバックアップし、「興味をチカラ」へ変えるためのメディアセンターを備え、「自分を超える」環境を準備しています。

SCHOOL DATA

- 東京都北区東十条6-9-13
- JR線「赤羽」・「東十条」徒歩8分、地下鉄南北線・埼玉高速鉄道「赤羽岩淵」徒歩14分
- 男子76名、女子27名
- 03-3902-5494
- http://www.seiritsu.ac.jp/

青稜中学校
せい りょう

週6日制を堅持したていねいな指導

　週6日制を堅持し、ていねいな指導を追求しつづける青稜中学校・高等学校。校舎は「下神明」「大井町」「西大井」のいずれの駅からも徒歩10分圏内という、交通至便の地にあります。

　教育の根底にあるものは「人間教育」です。どのような社会でも自ら幸せを築いていける人づくりを志し、心の教育を重視しています。教育目標に「意志の教育」「情操の教育」「自己啓発の教育」を掲げています。困難にくじけない強い意志、他人の痛みを思いやる心や感謝する気持ち、美しいものに素直に感動する豊かな心、そして個性と能力を磨きつづけようという前向きな姿勢、このような心の力を育てることを教育の根幹に据えています。

英語学習への取り組み

　こうした人間教育のもと、進学校として学力形成に全力をそそぎ、中高6年一貫体制を整えています。通常の授業だけではなく、生

徒がじっくり向き合うことのできるさまざまな取り組みが目を引きます。

　講習は「放課後講習」や「長期休暇講習」があり、中学では国語・英語・数学のみですが、高校では受験に向けて、もうひとつの学校と呼べるほど多彩な講座を設けています。

　また、夏休み中には八ヶ岳にある「青蘭寮」で3泊4日の英会話中心の「語学セミナー」が外部の外国人講師を招いて実施されています。このセミナーへの参加をきっかけに、高校でのイギリス英語研修へとつなげていく生徒もいます。そのほか中学では、朝7時半から8時10分までの英語早朝学習もあり、さまざまな角度からの英語学習への取り組みを実施しています。

　高校では、国公立・理系大学への進学の対応を強化し、選択科目で少人数制授業を導入し、最も効率的に学べるように受験指導体制を整えています。この結果、進学実績が着実に向上し、さらなる伸びが期待されています。

SCHOOL DATA

- 東京都品川区二葉1-6-6
- 東急大井町線「下神明」徒歩1分、JR線・りんかい線「大井町」徒歩7分、JR線「西大井」徒歩10分
- 男子309名、女子126名
- 03-3782-1502
- http://www.seiryo-js.ed.jp/

世田谷学園中学校
(せたがやがくえん)

Think & Share の精神で教育を実践

「Think & Share」の教育理念を掲げ、優秀な人材を輩出する世田谷学園中学校・高等学校。仏教の禅の教えを基にした人間教育を行うとともに、進学校として独自の教育を展開しています。

世田谷学園の「Think & Share」とは、釈尊の言葉「天上天下唯我独尊」を英訳したものです。「この世界で、私には、私だけが持っているかけがえのない価値がある。それと同じように、私だけではなくすべての人びとにその人だけが持っているかけがえのない価値がある」ことを表します。

この言葉の「Think」とは考える力を極限まで高め、自己の確立をはかるとともに進むべき道を見つけることで、「Share」とはまわりの人々の意見に耳を傾け、お互いに助け尊重しあう大きな心を育てることです。こうして、生徒の学力向上だけではなく、人間的な魅力と社会性を磨いていくことに力をそそいでいます。

志望大学合格のための体系的授業

世田谷学園の6年間は、前・中・後期と3つの期に分け、志望大学合格のための進路別・学力別のカリキュラムが組まれています。また、「コンパス（各教科の学習指針を示したもの）」が学年別に配布されるので、生徒は自主的・計画的に学習することができます。

中1より、東京大をめざす特進クラス1クラスと、学力均等の4クラスの計5クラスを編成しています。特進クラスは固定的ではなく、1年間の成績により、必要に応じて編成替えが行われます。こうして、高2までで高等学校の全課程をほぼ修了し、高3では大学合格に向けた演習中心の授業となります。

綿密な教育システムにより、2014年度（平成26年度）は東京大7名、東京工大14名、一橋大4名、早稲田大110名、慶應義塾大79名、上智大103名と難関大学に多くの合格者を輩出しています。

SCHOOL DATA

- 東京都世田谷区三宿1-16-31
- 東急田園都市線・世田谷線「三軒茶屋」徒歩10分、京王井の頭線「池の上」徒歩20分、小田急線・京王井の頭線「下北沢」徒歩25分
- 男子のみ669名
- 03-3411-8661
- http://www.setagayagakuen.ac.jp/

高輪中学校
(たかなわ)

高く　大きく　豊かに　深く

「見えるものの奥にある　見えないものを見つめよう」を教育理念とする高輪中学校・高等学校。「なにごとも表面を見るだけでなく、その奥にある本質を探究することが大切」という精神を6年間に学び、さらに本質から得たものを、表現・伝達する方法・手段を身につけていきます。

高輪では、ふたつの教育目標を掲げています。「大学へ進学させるための指導」と「人を育てる指導」です。ほとんどの生徒が大学へ進学するため、生徒が希望した大学に合格するための実力をつけていくということです。そして、社会で活躍し、だれからも信頼される次代を担うリーダーを育てることを目標としています。

本物の実力を養成するカリキュラム

高輪では、全員が大学に進学することを前提にした中高6年間一貫カリキュラムを編成しています。とくに中学の時期には、国・数・英の主要3教科にじゅうぶんな時間をあて、早い時期から基礎力を培っていきます。理・社でも中高での重複学習をさけ、特性に応じて、無理なく学習内容を再編成し、関連した事項について必要なときに必要な内容を重点的に学習することで学習効果の向上をはかっています。

多くの科目で高2までに高校の全カリキュラムを修了し、高3では余裕を持って受験の準備に取り組めるよう配慮しています。

また、中学では中1で国語の作文、英会話の授業を2分割して行うことで、生徒の理解力を高めています。高校では数学で習熟度別授業を実施し、高2からは進路に沿ったコースを選択することで、受験に直結した勉強を行うことができます。

こうした独自のカリキュラムにより、多くの生徒が自分の夢を実現しており、大学合格率は年々上昇し、大学合格実績も高いレベルを維持しています。

SCHOOL DATA

- 東京都港区高輪2-1-32
- 都営浅草線・京浜急行線「泉岳寺」徒歩3分、地下鉄南北線・都営三田線「白金高輪」徒歩5分
- 男子のみ700名
- 03-3441-7201
- http://www.takanawa.ed.jp/

玉川学園中学部

東京
町田市
共学校

世界標準の教育で、夢を実現する力を育てます

玉川学園は、61万㎡の広大な敷地に幼稚園児から大学院生までが学ぶ総合学園です。「全人教育」を教育理念の中心として、「人生の最も苦しいいやな 辛い 損な場面を 真っ先きに 微笑を以って担当せよ」というモットーを掲げ、自ら困難に立ち向かい、それを担う気概のある人材こそ、次世代のリーダーにふさわしい人間像であるととらえています。

世界からも認められる質の高い教育

①スーパーグローバルハイスクール指定校（平成26年度新規）
②スーパーサイエンスハイスクール指定校
③IBワールドスクール（MYP・DP）認定校
④国際規模の私立学校連盟ラウンドスクエア国内唯一の加盟校

これらの認証評価を得て、教育のクオリティ向上に努めており、高い学力の獲得だけでなく、創造性や探究心、人としての教養や品格を育み、夢の実現をサポートしています。

高度で特色ある学習活動

授業では教科教室制を採用し、各教室に専任教員が常駐しているため、いつでも質問に対応できる環境が整っています。また、国・数・英では習熟度別、社会では少人数制のクラスを編成し、学習効果を高めています。

夢を実現させる充実した施設・設備

生徒の「学びたい」「調べたい」「創りたい」「表現したい」という要求に応えるべく、専門性の高い理科と芸術分野の校舎を別に設置しています。理科専門校舎の「サイテックセンター」では化学・生物・物理など、分野別に教育フロアを用意、デジタルプラネタリウムも併設し、理科への興味を喚起する工夫がされています。また、美術専門校舎の「アートセンター」では、木工・金工・染色・陶芸などの設備を有し、生徒たちの多彩なイメージを表現できる場の提供をしています。

SCHOOL DATA

- 東京都町田市玉川学園6-1-1
- 小田急線「玉川学園前」徒歩3分（正門まで）、東急田園都市線「青葉台」バス17分
- 男子259名、女子369名
- 042-739-8931
- http://www.tamagawa.jp/academy/

玉川聖学院中等部

東京
世田谷区
女子校

キリスト教主義人格教育

キリスト教による心の教育

玉川聖学院中等部・高等部は1950年（昭和25年）、「戦後の新しい時代の青年を教育するにはキリスト教を土台に」と決意した谷口茂寿先生により設立されました。

ミッションスクールである玉川聖学院の教育は、キリスト教の世界観、人間観に基づく人格教育です。人間が最も人間らしく、そして自分が最も自分らしく生きるために、神という存在と向かいあい、そこから学ぶことを大事にしています。

「神に対しては信仰、事に対しては希望、人に対しては愛」をスクールモットーとし、思春期の6年間を発達段階とふまえて、礼拝や聖書の授業、そのほかさまざまな宗教行事などで生徒の心の教育を行っていきます。そして、一人ひとりに生きる意味があるという「かけがえのない私」に気づき、人との関係性のなかで他者とのちがいを受け入れ、「ち

がっているからすばらしということ」を発見し、ほんとうの「自分の可能性、使命」を知ることを教育方針としています。

チームで養う知の教育

玉川聖学院では、教職員だけでなく、保護者、卒業生がチームとなって一人ひとりの生徒の成長を支援するところが特徴です。中等部生がしっかりとした基礎学力をつけられるよう、卒業生によるティーチング・アシスタント制度があるほか、発達段階に応じた補習・補講が開かれています。

英語と数学では、中1から少人数での習熟度別授業が行われます。また、学習状況報告用紙により家庭学習の定着をはかり、自学自習の姿勢を身につけていきます。高校からは古典・理科系科目でも少人数での授業が行われます。平日や土曜日、長期休暇には受験対策講座が開かれるなど、大学受験へのバックアップもしっかりしています。

SCHOOL DATA

- 東京都世田谷区奥沢7-11-22
- 東急大井町線「九品仏」徒歩3分、東急東横線「自由が丘」徒歩7分
- 女子のみ347名
- 03-3702-4141
- http://www.tamasei.ed.jp/

多摩大学附属聖ヶ丘中学校

東京
多摩市　共学校

丘の上の学舎で、基礎学力に裏打ちされた「考える力」を育てる

校訓は「質実清楚・明朗進取・感謝奉仕」。進学教育を重視しつつも、得意分野を伸ばすだけでなく、アクティブラーニングに力を入れて、豊かな思考力や確固たる自主性、高い教養と基礎学力を身につけることを目標にしています。朝の読書に関連して、全教室の学級文庫に「聖の100冊」を整備しています。また、天体望遠鏡を備えた天文台、温水プール、トレーニングルームなど、充実した学園生活の助けとなる設備も整っています。

3段階で、着実に学力をつける中高一貫教育

中1～中2を基礎・基本を習得する段階、中3～高1を個性と進路適性発見の段階、高2～高3を応用力をつけ、伸ばす段階と、3段階のブロック分けをしています。予習・復習を前提に授業を進め、英検・漢検・数検にも取り組んでいます。英語はデジタル・テキストを用いながら基本構文の理解・定着をはかると同時に、外国人講師による英会話も実施し、中3でのニュージーランド修学旅行に備えています。数学は6年間、授業→家庭学習→小テスト→直し（→再テスト）の流れで基礎学力の徹底をはかります。国語は、中1から古典にも挑戦。暗唱を中心に、古語の美しいリズムを身体で覚えます。詩歌句の創作もさかんで、各種コンクールでは入選を果たしています。理科は3年間で100を超えるテーマを設け、自然環境をいかした自然観察も含め、実験・実習を行います。社会科では、年6回の社会科見学の実施、調べ学習や自由研究なども多く取り入れ、自主的な学習の方法を身につけることの指導も行っています。

そのほか、体育祭、文化祭（聖祭）、合唱コンクールといった校内行事に加え、入学後すぐのオリエンテーション合宿を含めた各学年で実施される宿泊行事、「伝統芸能」「演劇」「クラシック音楽」を中心とした年1回の芸術鑑賞会など、「本物に触れる」教育を行っています。

SCHOOL DATA

- 東京都多摩市聖ヶ丘4-1-1
- 小田急線・京王線「永山」バス12分・スクールバス10分、京王線「聖蹟桜ヶ丘」バス16分・スクールバス15分
- 男子181名、女子140名
- 042-372-9393
- http://www.hijirigaoka.ed.jp/

多摩大学目黒中学校

東京
目黒区　共学校

夢の実現に向けて妥協のない学校生活

夢への実現のために進化しつづける

多摩大学目黒中学校では、生徒一人ひとりが自分の特性に気づき、個性にあった進路希望を可能なかぎり高いレベルで実現できるように、学力増進のための独自のカリキュラムを編成しています。

中学校では独自教材を使用し、反復練習によって基礎基本を徹底して身につけます。また週4日の朝テストや毎日2時間ぶんの宿題がでるので、自然と家庭学習の習慣を身につけることができます。そして高校では中学時代に養った基礎を土台に、大学受験に即した授業を展開することで、大学合格に結びついた学力を身につけていきます。高2からは理系・文系に分かれ、希望進路に沿った柔軟な選択科目が用意されています。

目黒キャンパスからバスで約50分の場所に、あざみ野セミナーハウスがあります。ここは緑豊かな住宅地にあり、広大な人工芝のグラウンド、冷暖房完備の教室、多目的体育館、テニスコート、宿泊設備などが整っています。部活動での使用はもちろんですが、中学の間は、毎週1日あざみ野セミナーハウスで授業が行われます。いつもとはちがう自然豊かな環境で、心身ともにリフレッシュしながら学ぶことができるのです。

クラブ活動もさかんです。全国に名をとどろかせているサッカー部ははもちろん、ダンス部や囲碁部など運動系・文化系にかかわらず、一流の指導者による指導と最高の環境が揃っています。

勉強も、クラブ活動も、大学進学も妥協しないのが多摩大学目黒です。中学生のうちからしっかりとした進学指導が行われることで、多くの生徒が自分の進路目標をさだめ、希望の大学に合格していきます。近年では難関大学への合格者数も上昇し、MARCH現役合格は110名を達成しました。今後への期待も高まっています。

SCHOOL DATA

- 東京都目黒区下目黒4-10-24
- JR線・東急目黒線・地下鉄南北線・都営三田線「目黒」徒歩12分
- 男子256名、女子78名
- 03-3714-2661
- http://www.tmh.ac.jp/

中央大学附属中学校

中央大の学風をそのまま受け継ぐ附属中学校

受験にとらわれない学校生活

　2010年春、中央大との高大一貫教育を進める中央大学附属高等学校のもとに中学校が開校され、1期生は今年附属高校2年になります。

　武蔵野の面影が残る武蔵小金井に位置する中大附属は、中央大の学風「質実剛健」を基盤に、「明るく、強く、正しく」の校訓を掲げ、知育・徳育・体育の調和ある教育活動を展開し、高い知性と豊かな感性を持つ、心身ともに健康な社会有為な人材の育成をめざしています。

　高校、大学と連続する一貫教育の特性をいかし、受験勉強にとらわれない、生徒の知的好奇心を喚起する授業が行われていることが最大の特徴です。また、生徒会活動やクラブ活動へも積極的に参加でき、伸びのびとした6年間を送ることができます。

　そうした伸びやかさのなかで、中学校では

きめ細かな指導ができるよう少人数でクラスが構成され、一人ひとりの生徒に対し、「face to face」の指導により基礎学力の定着をはかっています。

　また、英語では、ネイティブスピーカーの指導のもと、身の回りのさまざまなテーマをグループで調査し英語で発表する「プロジェクト・イン・イングリッシュ」が実施されています。

中大との強い連携

　中大附属高校から9割以上の生徒が中央大へ進学します。このため、中央大の附属である利点をいかした進路指導が行われています。

　高2の「ステップ講座」では、大学教授の専門分野に触れることができます。そして、高3の「特別授業」は大学進学後に実際に受ける授業を一足早く体験でき、スムーズに大学の授業に入ることができます。

SCHOOL DATA

- 東京都小金井市貫井北町3-22-1
- JR線「武蔵小金井」・西武新宿線「花小金井」・「小平」バス
- 男子251名、女子280名
- 042-381-7651
- http://www.hs.chuo-u.ac.jp/

千代田女学園中学校

品位ある自立した女性を育む

各自の能力に合わせた独自プログラム

　千代田女学園は1888年（明治21年）の創立以来、学園の心として「叡知・温情・真実・健康・謙虚」を掲げています。宗門校としての特性をいかし、命の支えあいを根本に据えた「仏教主義の人間教育」に力を入れ、品位ある自立した女性の育成をめざします。

　中学では、中高一貫教育の特性をいかすために、6年間を見据えた教育過程を組み、国公立・最難関私立大学をめざす「特進クラス」と、難関大学や、系列の武蔵野大への進学をめざす「進学クラス」という各自の能力に合わせた授業を展開しています。また、毎朝10分間の朝読書や、HRでのミニテスト、土曜プログラムなど、生徒の興味関心を高める活動が行われています。

夢へとつながる高校での学習

　高校では、中学での学習システムを受けて、

生徒個々の進路に合わせて「特進コース」「進学コース」「国際コース」の3つのコースから選択し学んでいきます。とくに「特進コース」では、生徒の意欲を高め、一人ひとりに合ったアドバイスをするため、年5回の面談が行われています。そのほか週3回の7時限授業、4泊5日の夏期合宿、長期休暇の講習などで、着実にステップアップし、受験に必要な学力を養っていきます。

　こうした指導の結果、多くの難関大学への進学も実現し、大学への現役合格率は85％を超えています。

　また、首都圏を中心に500名を超える指定校推薦枠があり、学校での学習の成果が大学進学に直結します。

　系列校の武蔵野大へは、薬学部・看護学部・人間関係学部（心理・福祉）、教育学部、政治経済学部など多数の推薦枠があり、推薦を確保したままほかの大学を受験できる優遇制度も用意されています。

SCHOOL DATA

- 東京都千代田区四番町11
- 地下鉄有楽町線「麹町」・半蔵門線「半蔵門」徒歩5分、JR線「市ヶ谷」・「四ッ谷」徒歩8分
- 女子のみ69名
- 03-3263-6551
- http://www.chiyoda-j.ac.jp/

筑波大学附属中学校

東京 文京区 共学校

智育、徳育、体育のバランスのとれた生徒をめざす

伝統が生んだ独自のカリキュラム

筑波大学附属中学校・高等学校の歴史は古く、首都圏の大学附属校のなかで最も伝統ある学校のひとつです。筑波大附属では、中等普通教育を行うとともに、筑波大における生徒の教育に関する研究に協力し、学生の教育実習の実施にあたる使命を持っています。

「強く、正しく、朗らかに」の校訓のもと、魅力的な授業と、多種多彩な活動をとおして、確かな知性と自主自律の精神の育成をめざしています。

日本の教育の中枢を担ってきた東京高等師範、東京教育大学の歴史と伝統を引き継ぎながら、全人教育をめざし、どの授業も基礎・基本をふまえつつ、より高度で魅力的な学習内容となっており、自分の頭で考え、心で感じ、全身で表現する学習が繰り広げられています。

生徒の自主性と独創性を育てる学校行事もさかんで、運動会や学芸発表会、合唱発表会などは大いに盛りあがります。また、中1での富浦海浜生活、中2での菅平林間生活と、自然のなかでの共同生活をとおして、「生き方」を学びます。

約80%が併設の高等学校へ

併設の筑波大学附属高等学校へは、およそ160名（約80%）の生徒が進学することができます。高校側の実施する試験を受け、その結果と中学在学中の成績との総合評価で進学が決定します。

多くの生徒が附属高校へ進学することから、受験勉強にあくせくすることなく、中学の3年間を使って将来へ向けて自分を見つめ直すことができます。

なお、高校入試での外部からの募集は男女約80名です。筑波大学附属高校からは、毎年東京大をはじめとする難関大学へ多くの合格者を輩出しています。

SCHOOL DATA

- 東京都文京区大塚1-9-1
- 地下鉄有楽町線「護国寺」徒歩8分、丸ノ内線「茗荷谷」徒歩10分
- 男子303名、女子307名
- 03-3945-3231
- http://www.high-s.tsukuba.ac.jp/

筑波大学附属駒場中学校

東京 世田谷区 男子校

抜群の大学合格実績を誇る進学校

筑波大学附属駒場中学校は、首都圏随一の進学校としてその名声は高く、例年併設高校の卒業生の半数近くが東京大に合格しています。2014年度は東京大に104名（現役82名）、国公立大に137名（現役97名）合格しています。

筑波大学附属駒場は抜群の大学合格実績にもかかわらず、むしろ受験勉強にとらわれることなく、すぐれた資質を有する生徒たちの個性を伸ばそうとする教育姿勢を貫いています。「学業」「学校行事」「クラブ活動」の3つの教育機能を充実させ、心と身体の全面的な人格形成をめざしています。

中学・高校ともに制服はなく、ほとんど校則もない自由な校風のなか、生徒の自覚に基づき、自ら考えて行動することの大切さを体得できる教育を具現化しています。

さまざまなテーマで行う探究活動

筑波大学附属駒場では、教科の学習とは別に、総合学習として、より大きなテーマを設定し、さまざまな角度から学んで行きます。

「水田学習」は同校の前身である駒場農学校時代から伝承されてきた「学校田」で行われます。

中学1年では田植え、稲刈り、脱穀を体験し、そのお米で餅つきをしたり、新入生や卒業生に赤飯として配ります。

また、「地域研究」として、中学2年では東京地区、中学3年で東北地方について、歴史、文化、産業、経済、自然などテーマを設定し、文献にあたって事前調査し、現場でのフィールドワークを行い、レポートにまとめます。さらに中学3年では、高度で専門的な内容を学ぶ「テーマ学習」が用意されています。

原則的に全員が進学する附属高校ではスーパーサイエンスハイスクールの認定を受け、理科系分野の高度な研究活動が行われています。

SCHOOL DATA

- 東京都世田谷区池尻4-7-1
- 京王井の頭線「駒場東大前」徒歩7分、東急田園都市線「池尻大橋」徒歩15分
- 男子のみ369名
- 03-3411-8521
- http://www.komaba-s.tsukuba.ac.jp/

帝京中学校

平成27年度「一貫特進コース」新設

創立者の遺訓「力むれば必ず達す」を基本に、知・徳・体のバランスの取れた、健全で責任感のある人材の育成をめざします。中学2年次までに中学課程を終える先取りとなっていますが、週6日制で十分な授業数を確保しているため、無理なく学習とクラブ活動を両立させることが可能です。

2015年度（平成27年度）からは、中学からの入学生について完全一貫化し、6年間という長いスパンのなかで、広い視野を育てながら、「本当の自分」を発見していくことに力をそそいでいきます。

完全一貫化される帝京中学校は「一貫進学コース」、「一貫特進コース」から成り、「一貫進学コース」が多様な進路目標に対応した教育をめざすのに対して、「一貫特進クラス」は目的を明確化し難関校進学をめざします。このコースでは授業・家庭学習・確認テスト・補習・個別指導のサイクルのなかで、「わかるまで、できるまで」サポートしながら学力

向上をはかり、6年後には全員が一般入試でMARCH以上に100%合格することを目標に掲げています。

特待生制度は「一貫進学コース」、「一貫特進コース」の両方で設け、学費支援のバックアップを行います。また、中学3年修了時に、英語学習に力をそそぐ「インターナショナルコース」に移ることも可能です。

充実した学習支援

帝京中学校では夏期・冬期の長期休暇にはあわせて100以上の講座が開講され、普段の授業ではあつかわないハイレベルなものから、趣味や雑学的な講座まで、バリエーションに富んでいます。

先生と生徒の距離が近いのも特徴のひとつです。放課後や昼休み、生徒たちは当たり前のように職員室を訪ね、コミュニケーションがはかられ、生徒からの質問があれば、いつでもその場で補習授業が行われています。

SCHOOL DATA

- 東京都板橋区稲荷台27-1
- 都営三田線「板橋本町」徒歩8分、JR線「十条」徒歩12分
- 男子154名、女子119名
- 03-3963-6383
- http://www.teikyo.ed.jp/

帝京大学中学校

未来へ、そして夢へはばたく

緑豊かな多摩丘陵の一角にある帝京大学中学校・高等学校。その建学の精神は、「努力をすべての基とし、偏見を排し、幅広い知識を身につけ、国際的視野に立って判断できる人材を育成する」ことです。この精神に則り、帝京大学中では、心身ともに健やかで創造力と責任感に富む公人を育てることをめざしています。

生徒一人ひとりの夢の実現をめざす帝京大学中は、生徒に多くの選択肢を持ってもらいたいと考えています。そのため、その中高一貫教育システムは、帝京大の附属校でありながら大学受験を目標においた、希望する大学への進学を実現させるものとなっているのです。

確実にステップアップする6年間

授業は週6日制で、クラスは約30名で編成されています。中1・中2では基礎学力の充実を目標に、学力均等クラス編成のもと、英

語と数学で習熟度別授業が行われています。中3より、難関大学進学をめざし応用力を磨くⅠ類、基礎学力を固めて弱点を克服するⅡ類に分かれます。そして、高2より徹底した進学指導が行われます。5教科必修型カリキュラムを組む「東大・難関国立コース」と志望に応じて科目を選択する「国公立・早慶コース」に分かれ、さらにコース間で文系と理系に分かれます。高3で行われる演習の授業では、志望大学に合わせたオリジナル教材による添削指導と個別指導により、難関大学受験で要求される記述力、表現力を育てていきます。

こうして各人の大学受験に応じた合理的な指導により、帝京大学中高では東京大をはじめとする難関大学へ多くの合格者を輩出しています。併設の帝京大への進学には、無試験入学が可能で、国立大と早稲田大・慶應義塾大・首都大東京を受験する場合には、その特典が2年間有効となっています。

SCHOOL DATA

- 東京都八王子市越野322
- 小田急線・京王線・多摩都市モノレール「多摩センター」、JR線「豊田」、京王線「平山城址公園」スクールバス
- 男子208名、女子139名
- 042-676-9511
- http://www.teikyo-u.ed.jp/

田園調布学園中等部

多様化する現代社会で必要な力を育てる

田園調布学園中等部は、多摩川に接する緑濃い田園調布に1926年（大正15年）、「調布女学校」として設立されたのが始まりです。

「捨我精進」（わがままを捨て、自分の目標に向かって懸命に努力すること）の建学の精神のもと、一人ひとりの生徒の持つ資質を素直に伸ばし、新しい時代にふさわしい教養と豊かな国際性を備えた女性を社会に送り出すことをめざしています。

可能性を伸ばす新たな取り組み

生徒自ら考え、表現するアクティブ・ラーニングを取り入れ、生徒の主体的な問題発見・解決能力を養う授業を展開しています。また、全教室に設置された電子黒板などICT機器を積極的に活用し、生徒の興味・関心を引き出して学ぶことの楽しさを体験させます。

年間12回の土曜日には、「生きるための真の教養を養う」ことを目標とするプログラムを設定しています。160以上の講座が用意さ

れ、生徒はそのなかから自身の関心に合わせて選択します。多くの分野の専門的な知識に触れ、広い視野を身につけることができ、自らの将来を考える機会ともなっています。

中1から高1の各学年で実施する宿泊行事をはじめ、6カ年の体験を重視した教育活動をとおして、生徒の思考の対象は自己から他者、そして社会へと拡大していきます。語学力を伸ばすことはもちろん、その先にある真の「国際人」として、グローバル化する社会で必要不可欠な力を養います。

2015年度からは土曜日も変わる

また、2015年度からは、現在行われている土曜日のプログラムを進化させ、田園調布学園の新しい土曜日がスタートします。生徒の主体性・社会性・表現力・思考力をさらに伸ばすために、教科横断型・学年縦断型の講座、ゼミ形式授業、テーマ学習などを取り入れた教育活動を予定しています。

SCHOOL DATA

- 東京都世田谷区東玉川2-21-8
- 東急東横線・目黒線「田園調布」徒歩8分、東急池上線「雪が谷大塚」徒歩10分
- 女子のみ626名
- 03-3727-6121
- http://www.chofu.ed.jp/

東海大学菅生高等学校中等部

「自然が、教科書だ。」

東海大学菅生中学校は2008年（平成20年）春、東海大学菅生高等学校中等部として名称を新たにスタートしました。これは、所属する東海大が、北海道東海大、九州東海大を統合し、新しい東海大として生まれ変わることにともなうものです。各付属の中学校はそれぞれの高等学校の中等部と名称を変更し、中高大の一貫教育の強化をはかることになったのです。

きめ細かい指導と無理のないカリキュラム

東海大菅生高等学校中等部は1クラス30名程度の少人数クラス運営によって、生徒一人ひとりにきめ細かい指導を行っています。中1では1クラスにふたりの担任がおり、さらにきめ細かな指導が可能になっています。

また、中高一貫6年間の教育によって、無理のないカリキュラムが組まれ、勉強やクラブ活動に集中できる環境があります。

授業時間を確保するねらいから、2003年

（平成15年）に週6日制・2学期制を採用しました。これにより定期考査がこれまでの4回から5回になり、しかも土曜日に授業時間も確保できたことで学力が向上し、その結果大学進学実績も伸びてきています。

自然のなかで学ぶ

あきる野の高台に広がる5万7000㎡の敷地に6階建ての校舎がそびえ、周りには武蔵野の面影を残す自然環境があり、そのなかでいきいきと学ぶことができます。

まさに自然に抱かれたキャンパスです。この恵まれた環境を存分に活用した環境教育が日常的に行われています。野外体験学習や自然体験学習など、教室を飛びだした授業を多く取り入れているのが特色です。

人間性にあふれた知性と感性を磨き、自分の力で生きていくことができるたくましさを身につけ、これからの21世紀を担える真の創造性を持った生徒たちを育成しています。

SCHOOL DATA

- 東京都あきる野市菅生1468
- JR線「秋川」・「小作」バス、JR線「八王子」・西東京バス「栖原」スクールバス
- 男子156名、女子65名
- 042-559-2411
- http://www.sugao.ed.jp/jhs/

東海大学付属高輪台高等学校中等部

東京 港区 共学校

中高大10年間の一貫教育

2007年（平成19年）、伝統ある東海大学付属高輪台高等学校を母体に、中等部が開校。学内・学外からの「中高大10年間の一貫教育制度を整えてほしい」という強い要望から誕生しました。東海大学の付属校としての特性をフルにいかした、受験勉強にはない、じっくり考える学習を実践しています。

余裕のある学校生活が、学習に対しより深い学習内容や工夫を凝らしたユニークな取り組みを可能にします。

文理融合のハイレベルな教育

中高一貫教育のもと、6年間を有効に使えるため、中学の内容の「先取り学習」は行っていません。とはいえ内容をより深く学ぶために高校の内容にもふみこんだり、高校で必要とされる発想を授業に取り入れるなど、密度の濃い授業内容となるように工夫しています。

なかでも、英語については、かなり重点をおいています。

3年生でホームステイをともなう海外研修を実施するために、教科書に沿った授業だけでなく、日常に必要な語学力を身につける教育を行っています。そのため1年生ではネイティブとともにバスで東京見学を行う「Tokyo Sightseeing Tour」、2年生では「English Summer Camp（英語国内宿泊研修）」など、本物の英語に慣れるためのさまざまな行事が企画されています。

母体となる東海大学付属高輪台高等学校は「文部科学省スーパーサイエンスハイスクール（SSH）」指定校に認定されています。こうした環境をいかし、中等部においてはSSHクラスの高校生が中等部生の理科実験で高度な内容を指導する特別授業も設けられています。

東海大学付属高輪台高等学校中等部は、英語教育だけ、理数教育だけといったことではなく、どちらも高いレベルでの「文理融合」をめざした教育が行われています。

SCHOOL DATA

- 東京都港区高輪2-2-16
- 地下鉄南北線・都営三田線「白金高輪」徒歩6分、都営浅草線「泉岳寺」徒歩7分
- 男子155名、女子100名
- 03-3448-4011
- http://www.takanawadai.tokai.ed.jp/

東京家政学院中学校

東京 千代田区 女子校

生きる力を身につけ、自尊の心を育む

夢を実現する7つのこだわり

東京家政学院では、生徒一人ひとりが多様な夢を描き実現するために、独自のキャリア教育を行っています。

その教育において大切にしていることがつぎの7つです。

①抜群の「環境」…校舎は千代田の高台に位置しています。これは創立者である大江スミ先生のこだわりでした。通学に便利で落ちついた環境は学校生活を送るのに最適です。

②「ごきげんよう！」…校内に響きあう「ごきげんよう！」のあいさつは、相手を思いやり、自分を元気にします。創立以来90年変わらずつづく伝統です。

③「人間力アップ」…「エンカウンター」によりコミュニケーション力を養います。文化祭・体育祭・合唱祭はすべて生徒が企画・運営を行います。集団で共有する感動は、生徒の一生の財産となる最も大事な経験です。

④「THE家政」…創立以来「家庭科教育」に力を入れている東京家政学院ならではの「調理」「被服」「保育」の実習授業が魅力です。

⑤進路の「保証」…「特別進学コース」と「総合進学コース」が用意されています。現役進学率は97%、大学進学率は80%であり、きめ細かい指導が夢の実現をサポートします。

⑥強い「絆」…進路の悩みや勉強とクラブ活動の両立方法など、さまざまなことを卒業生であるチューターに相談できます。親身なアドバイスをしてくれる先輩と強い「絆」で結ばれます。

⑦育む「和の心」…学内には本格的な茶室があります。そこで行う茶道をはじめ、華道・狂言・百人一首など、日本の伝統文化を学ぶことで「和の心」が育まれ、女性らしい品位が身につきます。

このような教育を大切にしながら、生きる力を身につけ、生徒の自尊の心を育む東京家政学院中学校です。

SCHOOL DATA

- 東京都千代田区三番町22
- JR線・地下鉄有楽町線・南北線・都営新宿線「市ヶ谷」徒歩6分、半蔵門線「半蔵門」徒歩8分、東西線「九段下」徒歩10分
- 女子のみ94名
- 03-3262-2559
- http://www.kasei-gakuin.ed.jp/

東京家政大学附属女子中学校

中高一貫「新ステージ制」で「自主自律」を実現

今年創立133年を迎える東京家政大学附属女子中学校・高等学校は、豊かな緑に恵まれた東京ドーム2個ぶんの広大なキャンパスにあります。建学の精神「自主自律」のもと、「愛情」「勤勉」「聡明」を生活信条として、一貫して未来志向の女子教育を行ってきました。2015年（平成27年）からは、建学の精神「自主自律」を中核とした新たな中高一貫教育プログラムをスタートし、これからの社会で活躍するために必要な学力と人間力を育成します。また、独自のキャリア教育プログラム「ヴァンサンカン・プラン」で、希望進路を実現するための力をつけていきます。

中高一貫「新教育プログラム」

授業や行事をとおして生徒の自主性を育て、自学自習の習慣を確立するための指導に力を入れています。また、すべての教科に生徒同士の学び合いによって全員が課題をクリアしていく「協同学習」を導入します。主体的に学ぶ力、チームで難しい課題に取り組み解決する力を育てることで、これからの社会や大学入試で求められる総合的な学力を身につけます。2015年度（平成27年度）からの中高一貫の「新ステージ制」と新カリキュラムでは、体系的な理解を重視した先取り学習でより効果的な学習が可能になり、高2までの5年間で学びにおける「自主自律」と確かな学力を身につけて、高3では進路別クラス編成で希望進路を実現します。

ヴァンサンカン・プラン

25歳を目標に理想の未来像を描き、希望進路を実現するために人間力を高めるキャリア教育プログラム「ヴァンサンカン・プラン」では、さまざまな取り組みを行います。キャリア教育と学習指導の充実により、難関大学の合格者数が大きく伸びる一方、併設の東京家政大に今年度から看護学部と子ども学部が新設され、進路の幅がさらに広がりました。

SCHOOL DATA

- 東京都板橋区加賀1-18-1
- JR線「十条」徒歩5分、都営三田線「新板橋」徒歩12分、東武東上線「下板橋」徒歩15分
- 女子のみ303名
- 03-3961-0748
- http://www.tokyo-kasei.ed.jp/

東京純心女子中学校

マリアさま、いやなことは私がよろこんで

東京純心女子中学校・高等学校のキャンパスは、都立滝山自然公園のなだらかな丘陵に位置し、四季折々の花々が咲き誇る自然豊かな環境となっています。

建学の精神は「叡知の泉　真心の炬火」と歌われる校歌によく表されており、泉のように湧き出る子どもたちの無限の可能性を引き出し、その叡知を人のために用いてほしい。そして、炬火のように周りを明るく照らし、世の光となるような世界で活躍する女性に育ってほしい、という創立者江角ヤスの願いが込められています。

「知の教育」と「こころの教育」

東京純心女子では、2010年度（平成22年度）から新カリキュラム《純心エデュケーショナルデザイン》を導入し、生徒一人ひとりの夢を叶えるため、「知の教育」と「こころの教育」の2つの教育がバランスよく展開されています。「知の教育」の一環として、図書館司書教諭と教科担当教員が連携する「純心オリジナルの探究型学習」を行ったり、生徒の視野を広げるために体験型の校外プログラムを行うなど、生徒の自ら学ぶ姿勢を養うために、さまざまな工夫を凝らしています。

そして、もうひとつの柱が「こころの教育」です。創立以来続いている伝統授業の「労作」では、土に触れながら農作物や草花を育てることで、自然の営みを直接感じることができ、自然とのかかわり方や生命の不思議さを学びます。また、毎週1時間ある「宗教」の時間には、キリスト教の教えに基づき、女性としての賢さと優しさを育んでいきます。

ほかにも、ボランティア活動で自分や他者を大切にすることを学ぶなど、さまざまな活動をつうじて、世のため人のために貢献する女性に成長するよう指導しています。

小規模校の特性を活かし、生徒に親身に寄り添い、個性を伸ばす教育を行っている東京純心女子中学校・高等学校です。

SCHOOL DATA

- 東京都八王子市滝山町2-600
- JR線「八王子」、京王線「京王八王子」バス10分
- 女子のみ244名
- 042-691-1345
- http://www.t-junshin.ac.jp/jhs/

東京女学館中学校

時代の先端を走る伝統校

広尾の緑豊かな街並みの一角に、東京女学館中学校・高等学校はあります。1888年（明治21年）、「諸外国の人びとと対等に交際できる国際性を備えた、知性豊かな気品ある女性の育成」を目標に設立され、これは現在の教育目標である「高い品性を備え、人と社会に貢献する女性の育成」に受け継がれています。

こうした伝統をさらに継承・発展させるため、中1では「スクールアイデンティティー」という時間を設け、東京女学館で学ぶことの意味を考えてもらいます。その際、卒業して20年以上経つ大先輩を招いて講演後、学校の今昔について質疑し受け継ぐべき伝統を学びます。

英語教育の充実と多彩な教育活動

東京女学館では創立以来、英語の学習に力を入れています。中1〜高1までの英語すべての時間を分割授業とし、1クラス20名の少人数教育を行うことで、お互いに助けあい、学びあうことで効果をあげています。また、英会話は中1からネイティブスピーカーの教員が行っています。

理科は実験を中心にした授業を行い、他教科においても充実した施設を活用し実習や実験に力を入れています。調理室、被服室、美術室、音楽室、書道室、コンピュータ室など生徒の安全第一に、ゆとりある空間を重視し設計されています。また、雨天時、グラウンドが使用できない場合でも、体育館が3つあるためかならず体育ができます。

高1では1年間かけて課題研究を行います。教員ひとりが3〜4名の生徒を担当し、テーマは生徒が興味を持った内容を自由に決め、論文形式でまとめリポートを完成させます。

生徒が輝かしい青春の一時期を、落ちついた環境のもと、有意義に学校生活を過ごし、大きく成長して羽ばたいていけるよう全力で支援している東京女学館です。

SCHOOL DATA

- 東京都渋谷区広尾3-7-16
- 地下鉄日比谷線「広尾」徒歩12分、JR線ほか「渋谷」・「恵比寿」バス
- 女子のみ755名
- 03-3400-0867
- http://www.tjk.jp/mh/

東京女子学院中学校

社会にでて真価を発揮する3つの力

1936年（昭和11年）、酒井堯 先生により創立され、時代を予見し、先駆けとなってきた東京女子学院。創立以来、健全な社会を構成する「気品ある女性の育成」をめざしてきました。受験生が社会にでる10年後を想像すると、知識も技術も環境も高度に変化した社会になっているでしょう。その社会で活躍するための基礎となる3つの力を育てます。

豊かな人間力

グローバル社会の進展は、異文化や多様な価値観の理解、コミュニケーションなど、教養と感性を併せ持った豊かな人間性が求められます。

東京女子学院では、英語や第2外国語による異文化理解や、日本文化を習得する礼法・華道授業等をつうじて豊かな人間性を育みます。

学びの力

東京女子学院では「学びの力」を大切にしています。学びの力には「知識を知恵に変える力」と「生涯にわたり継続して学ぶ力」があります。知識を記憶として習得するのではなく、必要な知識を獲得し、それを活用して問題や課題に対し結論や結果を導くことで、知識を知恵に変える力をつくります。

知識を知恵に変える喜びが向学心を生みだし、生涯をつうじて学びつづける力を育てます。

カタチにする力

実社会の答えのない問題に立ち向かうために必要となる能力には「思考力」「問題解決能力」「行動力」「チームワーク力」などがあります。

生徒たちが問題や課題を見つけ、聞いたり調べたりして自分としての考えをまとめる、こうしたプロセスをつうじた学びにより、実社会で直面する課題を解決する力を育てます。

SCHOOL DATA

- 東京都練馬区関町北4-16-11
- 西武新宿線「武蔵関」徒歩3分
- 女子のみ63名
- 03-3920-5151
- http://www.tjg.ac.jp/

東京女子学園中学校

とうきょうじょしがくえん

東京 港区 女子校

自分の生き方を見つめ、未来を輝かせる

東京女子学園中学校・高等学校は、「教養と行動力を兼ね備えた女性（ひと）の育成」という建学の精神のもとに、創立者たちの願いでもある「人の中なる人となれ」を教育理念にすえています。英語力を中心に、時代が求める学力を育成するため、カリキュラムや教材、指導法の改善をつづけ、その結果、ここ数年では大学進学実績が着実に上昇し、国公立・私立の難関大学にも多数の合格者を輩出しています。

未来の自分とであう「ライフプランニング」

東京女子学園の教育プログラムは「ライフプランニング」「カリキュラム」「国際理解教育」の3つの大きな柱によって構成されています。それぞれの教育プログラムが融合することで大きな成長を導くことができます。

そのなかでも「ライフプランニング」のキャリア育成プログラムは、生徒たちが将来について幅広い視野を広げるために重要な役割を果たしています。このプログラムは、漠然と将来像を描かせるものではなく、大学研究や職業研修をとおして、未来に想定されるできごとまでを勘案して具体的な人生設計を行うオリジナルな内容となっています。

その大きな意義は、自分の人生を真剣に考え組みあげてみることと、自らの人生プランを描き、課題をとらえ解消していく能力を養成していくことです。

グループミーティングやディベート、ゲーム形式のワークショップを行いながらキャリアカウンセリングを実施することにより「自他の理解能力」「選択能力」「課題解決能力」「計画実行能力」などのセルフソリューション、セルフ・マネジメントに不可欠なスキルを身につけていきます。

こうした取り組みの成果として、生徒たちは自分の未来に対して明確な目標を持つことにより学習意識も高まり、近年の合格者数の伸びにつながっています。

SCHOOL DATA

● 東京都港区芝4-1-30
● 都営浅草線・三田線「三田」徒歩2分、JR線「田町」徒歩5分、都営大江戸線「赤羽橋」徒歩10分
● 女子のみ152名
● 03-3451-0912
● http://www.tokyo-joshi.ac.jp/

東京成徳大学中学校

とうきょうせいとくだいがく

東京 北区 共学校

創造性のある自立した人間を育成

東京成徳大中高一貫コースの教育のテーマは「創造性と自律」です。6年間の時間のなかで生徒個々の特性を大切にしながら、じっくりと育てていくことを目標としています。そのなかで、不透明な未来にも柔軟に自分を発揮しながら、賢く、たくましい道を切り拓いていける人間力にあふれた人格を養成していきます。

机上での確かな学びとともに、たんなる自分勝手な学力ではなく実社会で発揮する能力を養うための、豊かな人間関係によるさまざまな学びの経験ができる理想の教育環境があるのです。

意欲を喚起する6年間

中高6年間という期間の持つ大きな可能性のなかで、学力伸長のために計画的・段階的な学習プログラムにより個々の成長が主体的な意欲をともなったものとなるように展開します。中学3年間で英・数・国3教科の時間を多くとり、無理のないペースで高校レベルの先取り学習が行われます。

とくに、英語力の強化は大学入試はむろんのこと、グローバル社会における必須能力ととらえ、週8時間の授業時間のうち3時間を専任のネイティブによるコミュニケーション能力向上のための時間にあて、残りの5時間は大学入試にも十分対応できる英語力向上のための時間としています。

土曜日には、中1・中2の間は午後（5・6時間目）にサタデープログラムと呼ばれる独自の講座が用意されており、コンピューター系・理科系・芸術系・英会話・英語・数学のなかから好きなものを選び、ふだんの授業ではできない深い内容を自分のペースで取り組むことができる選択講座があります。

高校生になると希望進路により4つのコースに分かれます。長期休暇中には講習や勉強合宿が開かれるなど、生徒の夢の実現に向け全力でバックアップが行われています。

SCHOOL DATA

● 東京都北区豊島8-26-9
● 地下鉄南北線「王子神谷」徒歩5分、JR線「東十条」徒歩15分
● 男子209名、女子246名
● 03-3911-7109
● http://www.tokyoseitoku.jp/

東京電機大学中学校

人間らしく生きる

東小金井駅から数分歩くと、斬新なデザインの校舎を有する東京電機大学中学校・高等学校が現れます。

校門を入って正面に見えるのが、教育棟です。この教育棟は吹き抜けになっていて、晴れた日にはアトリウムいっぱいに陽光が降りそそぐように工夫されています。

教育棟の入口の上を見ると、見慣れない文字が書かれていることに気づきます。この文字はギリシャ文字で「人間らしく生きることを学ぶ」と書かれ、校訓を表わしています。この言葉には、「人間だけが夢を見ることができ、人間だけが夢を実現する意志をもっている。夢の実現に向かって努力していこう」という、学校の熱いメッセージがこめられています。

この校訓のもと、東京電機大学中学校・高等学校では、学力だけでなく経験の機会も重視することで、卒業後、社会で活躍できる実践力を身につけることを目標としています。

全職員による学習フォロー体制

苦手科目を克服して、学力を着実に伸ばしていくためには、安心して学べる環境づくりが欠かせません。そのために生徒一人ひとりが「自分を見てくれている」と感じられるように、少人数クラス編成を行っています。1クラス30〜35名ですので、教員も生徒の学習状況を把握できるようになっています。

学習到達度を確認するために、年5回の定期考査や模擬試験のほか、年2回の到達度確認テストを実施しています。それぞれについて、試験内容に関する詳しい分析シートや成績一覧表を配付し、これをもとに補習や講習を行い、保護者懇談会でも相談できるようになっています。

経験を重視する観点から、職業研修や修学旅行、英語合宿のほか、さまざまな視野が広がる体験プログラムも用意され、生徒たちはひと回りもふた回りも大きく成長します。

SCHOOL DATA

- 東京都小金井市梶野町4-8-1
- JR線「東小金井」徒歩5分
- 男子350名、女子177名
- 0422-37-6441
- http://www.dendai.ed.jp/

東京都市大学等々力中学校

ノブレス・オブリージュとグローバルリーダーの育成

2009年（平成21年）、東横学園中学校から東京都市大学等々力中学校へと校名変更し、2010年（平成22年）には共学部がスタート。東京都市大学等々力はいま、時代に合わせてどんどんステップアップしています。

東京都市大学等々力が理想とする教育像は「ノブレス・オブリージュ」です。これは、誇り高く高潔な人間には、それにふさわしい重い責任と義務があるとする考え方のことです。この言葉に基づいた道徳教育・情操教育で、将来国際社会で活躍できるグローバルリーダーを育成することをめざしています。

独自の4つの学習支援システム

東京都市大学等々力では、独自の学習支援システムにより、基礎基本の修復から難関大学現役合格対策、自学自習力の育成から問題解決思考の育成まで、生徒にとって必要不可欠な力を具体的なプログラムで着実に実行しています。それが「システム4A」、「システ

ムLiP」、「英語・国際教育プログラム」、「理数教育プログラム」というシステムです。

「システム4A」は生徒の時間管理能力を高めるためのシステムで、「その日のうちに解決」をモットーとしています。

「システムLiP」はLiteracy（読み取り能力）とPresentation（意思伝達能力）を組み合わせた造語で、文章を正しく読み解く能力と、人を「その気にさせる」説明力を養う独自のシステムです。

「英語・国際教育プログラム」では、多読や速読を重視した読解重視の英語力を育成するものです。そして、「理数教育プログラム」は工学系の大学である東京都市大学グループのメリットをいかした高大連携プログラムを展開しています。

こうしたさまざまな取り組みにより、東京都市大学等々力中学校では、生徒たちの高い進路目標の実現と高潔な人生を保証しています。

SCHOOL DATA

- 東京都世田谷区等々力8-10-1
- 東急大井町線「等々力」徒歩10分
- 男子270名、女子204名
- 03-5962-0104
- http://www.tcu-todoroki.ed.jp/

東京都市大学付属中学校

いまを生きる　It's now or never. It's my time!

東京都市大学付属中学校・高等学校は、中高一貫の男子校です。「明るく元気な進学校」として、難関大学合格を目標とした教育プログラムで進学実績を着実に伸ばし、受験生からも大変注目を集めています。

校訓である「誠実・遵法・自主・協調」の4つの言葉には、豊かな知性を身につけるとともに、人格を磨き、自己の実現が社会の発展と人類の幸福に貢献できる人間に育ってほしいという願いがこめられています。

コース制で、新たな学習システム

東京都市大学付属では、前期・中期・後期に分け、発達に応じて段階的な教育を行っています。前期（中1・中2）の2年間では、基本的な生活習慣と学習習慣を身につけることに重点が置かれています。

中期の中3から数学では習熟度別のクラス編成となり、さらに英語は習熟度別の授業となります。職業研修や4000字以上の中期修了論文、学部学科ガイダンスなどが行われ、卒業後の進路を考えていきます。

前期から中期は、主要3科目を重視しながらバランスのとれた科目配置を行い、総合的な学力を養成。将来、社会で必要とされる発表する力を養うため、理科実験レポート作成や、情報化のプレゼンテーションなどで記述力・表現力を高めます。そして後期では、高2の文理分け以降は自己の進路目標を達成できるような指導体制となっています。理系では理科の授業を増やし、実験も充実しています。文系は国公立大への受験も見据え、全員数学と理科が必修となっています。

2013年度（平成25年度）の中1生より、Ⅱ類（最難関国公立大コース）とⅠ類（難関国公立私大コース）のコース制が導入されました。これにより、早い段階から目標が明確になるほか、レベルに応じた授業が展開されることが生徒の理解度アップにつながり、さらなる大学合格実績の伸張が期待されています。

SCHOOL DATA

- 東京都世田谷区成城1-13-1
- 小田急線「成城学園前」徒歩10分、東急田園都市線・東急大井町線「二子玉川」バス20分
- 男子のみ795名
- 03-3415-0104
- http://www.tcu-jsh.ed.jp/

東京農業大学第一高等学校中等部

知を耕し、学力の定着をはかる

2005年（平成17年）に共学校として開校した東京農業大学第一高等学校中等部は、中高一貫教育をとおして「進学校」としての位置づけを明確にしています。

高校を卒業する6年後には、「世界にはばたく」こと、「国立大学や難関私立大学へ進学する」こと、「併設の東京農業大学の専門領域を究める」ことなどをめざした教育が行われており、21世紀において幅広い分野で活躍できる人材を育成します。

東京農業大学第一では、実学主義を掲げ、授業をベースにさまざまな教育体験、キャリア教育をとおして夢の創造を育んでいます。

学びのおもしろさを知る総合学習

「知耕実学」をモットーにする東京農業大学第一では、机に向かう授業に加え、いろいろな経験をしながら、学びのおもしろさに到達できる授業を行っています。そのなかで知を耕し、学力の定着をはかりながら自分の夢を見つけていくのです。

この学びのおもしろさを見つける試みのひとつが、「ダイズと稲から学ぶ」というテーマの総合学習です。中1から、大学レベルと同等の比較実験を行い「実験・観察」の基礎を身につけていきます。中2では稲作を行います。こうして発芽から収穫までを観察・体験しながら生徒の興味、関心の芽を育て、「発見」や「着眼」、学びのさきにある「実現の楽しさ」や「知的充実感」を追求しています。さらに、生徒たちはこの授業をとおして学習全般のベースとなる「学びの姿勢や方法」を身につけていきます。

そして、「確認テスト」や「習熟度別授業」「個別指導・講習」などの豊富なプログラムをとおして、しっかりとした学力を養っていきます。

こうした教育が、生徒の高い進路目標につながり、難関大学への合格を可能にしているのです。

SCHOOL DATA

- 東京都世田谷区桜3-33-1
- 小田急線「経堂」、東急世田谷線「上町」徒歩15分
- 男子301名、女子250名
- 03-3425-4481
- http://www.nodai-1-h.ed.jp/

東京立正中学校

とう　きょう　りっ　しょう

育てているのは人間力

東京立正中・高は創立から90年近い歴史を持つ伝統校で、共学化からは12年目です。

その教育のめざすところは、「生命の尊重」「慈悲・平和」という建学の理念をもとに、グローバル化に対応できる心豊かな人材を育てることです。そしてこれを具現化するために、つぎの6つのキーワードを掲げています。

「思いやりの心」と「主体性・積極性・チャレンジ精神」を備え、世界的な視野でさまざまな人びととの交流をはかることのできる「語学力・コミュニケーション能力」と「協調性・柔軟性」を身につけていきます。それらを持って、「論理性と情報編集能力」を磨き、「異文化理解と日本人としてのアイデンティティ（存在意義・価値）」を個々のなかに確立していくことをめざします。

この6つのキーワードをもとに、進学第一ではなく、社会人になったときにどのような将来があるのかということを一人ひとりが意識できるような6年間をつくり、生徒に提示しています。

少規模だからできる細やかなサポート

東京立正では、進路担当・教科担当・学級担当による三者一体の「PDCA」という流れをつくっています。

テスト結果を分析（Check）し、一人ひとりの弱点や強化する面を明確にします（Answer＝収集・分析・整理と、その対策）。それを教員が生徒と保護者に提供すると同時に、指導にどういかすかを進路担当・教科担当・学級担当が計画（Plan）し、反映（Do＝実行）していきます。この繰り返しが「PDCA」です。少人数規模の東京立正だからこそ可能なこの取り組みは、進学実績にも直結しており、近年は学力の伸長をみせています。

また、学校行事や部活動は主体性や協調性・コミュニケーション能力を養うのに欠かせないものとして、このキーワードをあらためて意識し、さかんな活動が行われています。

SCHOOL DATA

- 東京都杉並区堀ノ内2-41-15
- 地下鉄丸ノ内線「新高円寺」徒歩8分
- 男子20名、女子35名
- 03-3312-1111
- http://www.tokyorissho.ed.jp/

東星学園中学校

とう　せい　がく　えん

豊かな精神性と知性を育む全人教育

カトリックのミッションスクールである東星学園中学校・高等学校は、1936年、フランス人宣教師・ヨセフ・フロジャク神父が東星尋常小学校を設立したことに始まります。フロジャク神父は宣教活動とともに、さまざまな救済活動を行い、社会福祉の草分け的存在として知られます。東星学園の敷地内に教会、修道院、病院、老人ホーム、児童福祉施設などがあるのは、こうした歴史によるものです。

少人数教育で生徒一人ひとりを大切に

東星学園で最も重視されているのは、「人を大切にすること」です。生徒一人ひとりの感性を高め、豊かな精神性と知性を育む「心の教育」「全人教育」を展開しています。具体的には「誠実」「努力」「自立」「奉仕の精神」を教育目標に掲げ、より豊かな人間性の育成をめざしています。

週6日制、1学年2クラス（各30名）の少人数教育を取り入れ、生徒一人ひとりの学習状況を把握し、個々に適した方法で考えさせていく指導がなされます。

また、生徒一人ひとりがゆとりを持ちながら、基礎・基本を着実に身につけることを重視し、英語学習や補習にも力を入れています。

中学2年で行われる「英語劇発表」は、東星学園の英語学習の大きな特徴のひとつです。生徒自らが題材を選び、みんなでシナリオをつくって演じ、生徒の英語力向上にもおおいに役立っています。

高校では、ただたんに進路を決定するのではなく、生徒一人ひとりがほんとうに望む進路を探っていく、その過程も大切にした指導が行われています。さまざまな進路に対応できる教科課程を組み、高校2年から文系と理数系教科間の必修選択制を採用。高校3年の一般授業は午前中心で、午後からは自由選択科目の少人数グループ授業を取り入れています。また、個別補習や受験指導にも力をそそぎ、進路実績の向上をめざしています。

SCHOOL DATA

- 東京都清瀬市梅園3-14-47
- 西武池袋線「秋津」徒歩10分、JR線「新秋津」徒歩15分
- 男子49名、女子85名
- 042-493-3201
- http://www.tosei.ed.jp/

桐朋中学校

自主性を重んじほんとうの自由を追求

桐朋中学校・高等学校は、恵まれた自然環境のなか、開校以来、自主性を育む教育を実践してきました。生徒の個性を尊重し、自由な気風で知られる学校です。生徒を規制するような校則もほとんどなく、自主的な判断で行動することを重視しています。高校からは制服もありません。

しかし、生徒たちは、「自由だからこそ自分で判断することの大切さを自覚する」と、ほんとうの自由のあり方を体得しています。

桐朋は東京西部を代表する進学校として知られています。東京大や国立大学医学部を中心に、難関大学への合格者を毎年数多く輩出しています。

この多摩地区に熱烈な「桐朋ファン」が多いのは、高い進学実績だけではなく、熱心な先生がたの存在と、運動部をはじめ活発なクラブ活動が行われているためです。

また、桐朋の特徴は日々行われている授業にあります。どの先生も万全の授業準備でのぞみ、授業で使用されている教材やプリント類の充実は「学校の授業だけで大学入試に対応できる」と多くの卒業生が言うほどです。

満足度の高い学校生活

桐朋の生徒たちは「学校は楽しい、桐朋に来てよかった」、卒業生たちも「桐朋での生活は充実していた」と話します。

自由のなかで友情を育み、本物の教育を受けてきたからこそ満足感を持っているようです。桐朋の学校文化として、たんに勉強ができることは、それほど評価されません。その人間でなければ有しない個性を持っているかどうかが問われます。

そして、お互いの存在を認め合って各人が成長していくのが桐朋の生徒たちなのです。

責任のともなう自由の重みを学びつつ、伸びのびと人間性を育んでいく桐朋教育は、「私学らしい私学」の代表として、これからも大きな支持を集めることでしょう。

SCHOOL DATA

- 東京都国立市中3-1-10
- JR線「国立」・「谷保」徒歩15分
- 男子のみ805名
- 042-577-2171
- http://www.toho.ed.jp/

桐朋女子中学校

創造性にあふれた人間の育成をめざす

桐朋女子の教育理念は「こころの健康 からだの健康」です。心身ともに健やかに成長することが教育のすべてに優先すると考えており、生徒一人ひとりの生きる希望や意欲を引きだすことを大切にしています。

「自分と他者とは違っているのが前提であり、そこにこそ人の存在する価値を見出せなければならない」との指導が、学校生活をとおして行われます。自分にはない他人の考え方や感性に耳を傾け、理解しようと努力するとき、目標ができ、ほんとうの理解力が生まれ、真の成長へとつながっていくのです。その教育をひと言で表せば、豊かな感性とそれを支える高い知性の双方をバランスよく身につけた、創造性にあふれた人間の育成をめざす教育実践だと言えます。

活躍の場を広げて生き方を切り拓く

桐朋女子には、ホームルーム活動、生徒会活動、クラブ活動、文化祭や体育祭など、生徒が主体的に取り組み、活躍できる場が多くあります。学校生活のなかに自身の居場所があり、果たすべき役割を見いだせることは健全な成長には欠かせません。このような学校生活をとおして自ら生き方を切り拓いていける人材の育成をめざしています。

授業においては、中学の英語・数学は少人数授業を実施し、英語は週1回外国人教師による授業があります。中2・中3の英語・数学は習熟度別授業を設定し、生徒自身が選択をします。

高2・高3では自由に科目選択ができ、生徒は興味や進路に合わせて「自分の時間割」をつくります。その結果、国公立大や難関私立大、芸術大、海外の大学など、多様で幅広い進学へとつながっていきます。

なお、桐朋女子は50年以上にわたり積極的に帰国生を受け入れています。多くの帰国生の存在は、語学学習のみならず、学校生活全般においても大きな刺激となっています。

SCHOOL DATA

- 東京都調布市若葉町1-41-1
- 京王線「仙川」徒歩5分
- 女子のみ737名
- 03-3300-2111
- http://www.toho.ac.jp/

東洋英和女学院中学部

キリスト教に基づく人間教育

1884年（明治17年）、カナダ・メソジスト教会の婦人宣教師マーサ・J・カートメルにより設立され、創立時からの「人のために働く使命の大切さを教える」伝統は、今日まで脈々と受け継がれ、聖書に基づく人間教育を重視した教育活動が展開されています。

その教育の根幹は、「敬神奉仕」。「敬神」は、「心を尽くし、精神を尽くし、思いを尽くし、力を尽くして、あなたの神である主を愛しなさい」ということ、「奉仕」は、「隣人を自分のように愛しなさい」という聖書の教えを表しています。

中1からネイティブに学ぶ

伝統のネイティブ教師による英語授業を、中1から週に2時間設けているほか、英語による礼拝も行われています。英語に親しむためのイングリッシュ・ルームがあり、昼休みには自由にネイティブの先生と英会話を楽しめるなど、英語教育の環境は充実しています。

自立した女性を育む実践教育

カリキュラムは、中1から高1までを幅広く基礎学力をつける期間と位置づけています。中1・中2の基礎学年では、読書習慣を身につけることも大きなテーマとしています。

高2からは、一人ひとりの能力や進路に合わせた選択科目重視のカリキュラムです。

理系分野への進学者の増加に応え、数学は中2から少人数制での授業を行っており、中3からは習熟度別クラスになります。

また、国公立大の理系にも対応したカリキュラムもあり、進路に直結した学習が可能です。

毎年、難関大学に多くの合格者を輩出していますが、これは、生徒自身が将来めざす夢を実現するために選択した結果です。有名大学であればどの学部でもよいという、偏差値による受験はせず、自分の進路や将来の夢を持って入学の学部選択を行っています。

SCHOOL DATA

- 東京都港区六本木5-14-40
- 都営大江戸線「麻布十番」徒歩5分、地下鉄日比谷線「六本木」・地下鉄南北線「麻布十番」徒歩7分
- 女子のみ579名
- 03-3583-0696
- http://www.toyoeiwa.ac.jp/

東洋大学京北中学校
〈2015年度より男女共学化・京北中学校より校名変更〉

2015年4月、新しい学校としてスタート

学校改革6本の柱

京北中学校は、2015年（平成27年）4月より東洋大学京北中学校として生まれ変わります。その改革の柱は、「1.男女共学」「2.文京区白山の新校舎」「3.東洋大学の附属校」「4.国公立大学進学対策など、進学指導の強化」「5.国際教育の推進」「6.哲学教育（生き方教育）の推進」の6つです。

新校舎は、8つのICT教室・4つの理科室・English Conversation Roomを併設した図書館（閲覧席120席）・130席の自習室・吹き抜け片面ガラス張りの大食堂・地下に配置される冷暖房完備の体育館・全面人工芝の校庭など、勉強にスポーツに思いきり取り組める環境です。

国公立大への進学指導と附属校推薦

高校では、国公立大、難関私立大をめざし、全科目履修型のカリキュラムを導入します。高1・高2は全科目を履修し、幅広い知識と教養を身につけ論理的思考力と多角的観察力を養います。高3では効率的な学習のために、文理別にクラスを編成する「国公立進学クラス」、文理混合で選択科目により少人数授業を展開する「難関国公立進学クラス」と「東洋大学進学クラス」の3つに分かれます。

また、東洋大への附属校推薦枠（全学部）が募集人員の半数以上保証されています。

東洋大との中高大学びの連携

東洋大との連携により、中・高のみでは為し得ない学びが可能となります。まず、各学部の交換留学生と英語でコミュニケーションをはかる「Let's Chat in English！」では、年齢が近いからゆえの親近感や身近な話題に花が咲き、英会話に対する照れや尻ごみの気持ちを克服させるのに大きな効果をもたらしています。そして、総合大学である東洋大の学部を定期的に訪問することにより、専門教育への意識、大学への興味を高めていきます。

SCHOOL DATA

- 東京都北区赤羽台1-7-12（現在地）東京都文京区白山2-36-5（移転先）
- 都営三田線「白山」徒歩6分、地下鉄南北線「本駒込」徒歩10分、地下鉄丸ノ内線「茗荷谷」徒歩14分、地下鉄千代田線「千駄木」徒歩19分（移転先）
- 現在は男子のみ125名（2015年度より共学化）
- 03-5948-9111
- http://www.toyo.jp/keihoku/

トキワ松学園中学校

グローバルな視野を持つ「探究女子」を育てる

創立100年を迎えるトキワ松学園中学高等学校は、その建学の精神に「鋼鉄に一輪のすみれの花を添えて」という言葉を掲げます。

これは創立者である三角錫子先生が生徒たちに贈った言葉、「芯の強さと人を思いやる優しさをもち、バランス感覚のよいしなやかな女性であれ」という思いがつまっています。

「探究女子」を育てる「5教育」

現在、トキワ松学園は「グローバルな視野を持ち、クリエイティブに問題解決できる"探究女子"を育てる」というビジョンを掲げ、中1より特進・進学の2コースを設置し、高1からは美術コースが加わり、高2で美術・文系進学・文系特進・理系の4コースに分かれ、生徒一人ひとりに合ったコースで、夢の実現をめざしています。

教育の5本柱は「思考力教育・進学力教育・国際力教育・美の教育・心の教育」で、この中心となるのが「思考力教育」です。多読の取り組み「読書マラソン」や図書室を使った授業、およびプレゼンテーションを行う授業を各教科で取り入れており、情報を集め、選別し、発表する力を高めています。

「進学力教育」では、生徒と教員が面談を定期的に行うことで希望の進路をいっしょに見つけ、難関大学をめざして一般受験をする生徒が年々増えています。「国際力教育」では、英語の授業でネイティブ教員の授業が全学年であるほかにも、外国人のゲストを積極的に招いたり、英語で世界情勢を学ぶ「グローバル・スタディーズ」という授業をとおして世界への興味関心を広げています。

また、中学で美術が週2時間ずつあり、確かな見る眼と表現する手をきたえるとともに、日本の文化や美意識を理解して世界に発信できるようになる「美の教育」、救急救命法の習得や臓器移植の授業「いのちの講演会」で命について考え、女性として大切な心を育てる「心の教育」を行っています。

SCHOOL DATA

- 東京都目黒区碑文谷4-17-16
- 東急東横線「都立大学」徒歩8分、「学芸大学」徒歩12分
- 女子のみ216名
- 03-3713-8161
- http://www.tokiwamatsu.ac.jp/

豊島岡女子学園中学校

互いに刺激しあいながら一歩ずつ確実に

豊島岡女子学園中学校を訪れると、まず、その施設のすばらしさに目を奪われることでしょう。そして廊下の隅々まで清潔に保たれていることにも気づきます。「広くよりよい設備で、生徒に自信と誇りを持って勉強できる環境を」という学校の願いが感じられます。

磨かれる個性と学力向上は隣りあわせ

毎朝授業前に全校に静寂のときが訪れます。1mの白布に赤糸でひたすら針を進める「運針」です。一日の始まりを心静かに迎える「5分間の禅」ともいえるこの時間は、集中力を養う心の鍛錬の時間です。

クラブ活動や学校行事もさかんです。生徒がそれぞれに持っている才能を発見し育てていこうという教育方針、「一能専念」に基づき、生徒全員がクラブに所属します。文化部・運動部合わせて48もあり、「桃李連（とうりれん）」という阿波踊りの部もあります。

中高時代は、協調性や企画力、行動力、リーダーシップといった『人間力』を養うことも大切です。豊島岡女子学園では、さまざまな場面で、互いに刺激しあいながら高めあっていける環境があります。

全員が大学進学をめざしている豊島岡女子学園は、すべての授業で、生徒も先生も全力投球でのぞむ姿勢があります。授業の密度が濃く、内容もハイレベルであるため、塾などに通わなくても学校を活用することで志望大学に合格する生徒もいます。

豊島岡女子学園の特徴のひとつは、それぞれの教科ごとに、多種多様な課外講座が年間をつうじて行われていることです。この講座は放課後だけではなく、生徒の希望があれば始業前に行われるものもあります。その結果のひとつとして、大学進学実績でも年々向上がみられます。理学・工学系統の合格が最も多く、次いで法学系統がつづき、医学系統は総数が100名を超え、現役の占有率も60％近くになっています。

SCHOOL DATA

- 東京都豊島区東池袋1-25-22
- 地下鉄有楽町線「東池袋」徒歩2分、JR線ほか「池袋」徒歩7分
- 女子のみ804名
- 03-3983-8261
- http://www.toshimagaoka.ed.jp/

獨協中学校

自信と誇りを身につけ社会貢献できる人間へ

1883年（明治16年）、独逸学協会によって設立された独逸協会学校を始まりとする獨協中学校・高等学校では、ていねいな指導のもと、生徒の可能性を伸ばし、社会貢献のできる人材を育てています。一人ひとりが自身の成長を感じ、6年後に自信と誇りを身につけられるように生徒を導いていきます。

発達段階に合わせた教育プログラム

獨協教育の特徴は、6年間を2年ずつの3ブロックに分け、第1ブロックを基礎学力養成期、第2を学力伸長期、第3を学力完成期と位置づけて、生徒の発達段階に合わせた教育活動を行っていることです。

第1ブロックから毎日の予定や学習時間の管理を生徒自身が行い、自立の心を育てます。第2ブロックからは、深く学ぶ選抜クラスとじっくり学ぶ一般クラスに分かれ、論理的思考力の育成をめざし、中3では「研究論文」に取り組みます。そして、第3ブロックでは、

将来を見据え、それまでに身につけた学力や思考力を統合していき、高2から文系・理系、高3では国公立・難関私大・医学部・私大コースに分かれて学習を行います。

各ブロックには、多彩で充実した内容の行事がバランスよく配置されているので、生徒はさまざまな課題に取り組み、多くの刺激を受けながら多面的な成長を遂げることが可能です。

また進路指導では、有名大学見学会、職場体験、進路ガイダンス、OB体験談など、学年ごとに豊富なプログラムが用意されています。その結果、国公立大や難関私立大、医学部に多くの合格者を輩出しつづけています。

獨協中学校・高等学校は、完全中高一貫制で行う質の高いカリキュラムと、人間として成長できるさまざまな機会を用意することで、生徒の個性を磨きながら、自分以外の誰かのために行動できる人間を育てていきます。

SCHOOL DATA

● 東京都文京区関口3-8-1
● 地下鉄有楽町線「護国寺」徒歩8分・地下鉄有楽町線「江戸川橋」徒歩10分
● 男子のみ631名
● 03-3943-3651
● http://www.dokkyo.ed.jp/

中村中学校

TOEFLと1年間留学

中村学園は1909年（明治42年）、深川女子技芸学校として創立されました。まさに女子教育の先駆け的存在で、自由主義を謳歌する「明朗な学校」として発展し、2009年（平成21年）には創立100周年を迎え、完全な中高一貫校に移行しました。

語学とは文化の発信力

中村は国際交流や英語力の向上に力をそそいでいます。中学では、アメリカンサマーキャンプを行います。5～6名のグループに1名のネイティブがつき、1日中英語に親しむ生活を送ります。また、アメリカ・ニュージーランドでの「海外サマースクール」もあり、そこではホームステイをすることにもこだわっています。現地の人と生活をともにすることで、お互いの文化や考えを身をもって理解していきます。さらに、海外にも家族ができることで自然とグローバルな感性も育成されていきます。

TOEFLの力でグローバルな人材を育てる

中村高校には、普通科のほかに国際科が設置されています。国際科は、多文化共生社会を担うリーダーの育成を目標とし、コミュニケーション能力や問題発見解決能力を高め、積極的に自ら発信し、行動できる「国際力」を持つ女性を養成します。

国際科にはふたつの特徴があります。ひとつは高1の1月から高2の11月まで、アメリカやカナダ、オーストラリア、ニュージーランドといった英語圏の私立高校に原則ひとり1校で、ホームステイをしながら留学すること。もうひとつは卒業時までに「TOEFL iBT80点達成」を目標に、海外大学進学も視野に入れたSAT対策の授業など、質の高い教育を提供していることです。この結果、卒業生のなかには、ワシントン大学やニューヨーク州立大学バッファロー校などに進学した生徒もでています。

SCHOOL DATA

● 東京都江東区清澄2-3-15
● 都営大江戸線・地下鉄半蔵門線「清澄白河」徒歩1分
● 女子のみ300名
● 03-3642-8041
● http://www.nakamura.ed.jp/

日本工業大学駒場中学校

東京
目黒区
共学校

「優しく、勁い心を育てたい」

日本工業大学駒場では、どんなときもどんな人にも優しく接することができる優しい心と、どんなにつらく苦しいことがあってもくじけない勁い心、「優しく勁い心」を育むことを第一に考えています。このような人柄を育んだうえで、基本的生活習慣、学習習慣を身につけ、向上させたいと考えています。

2008年（平成20年）4月に入学した1期生が、今春に卒業しました。生徒一人ひとりの多様な進路希望をかなえるとともに、大学合格実績をさらに伸ばす体制が整っています。

高校普通科は3コース

基礎基本に重点をおいた中学3年間を送ったあと、高校進学時には担任や保護者との面談を重ねて3つのコースに分かれます。

「特進コース」は国公立大や難関私立大をめざすカリキュラムが組まれたコースです。高2からは文系、理系に分かれ、高3からは志望校によって国公立大や早慶上理をめざす

α（アルファ）、G-MARCHなどの私立大を中心にめざすβ（ベータ）に分かれます。

「進学コース」は国公立大や私立大への進学をめざすコースです。高2から、文系、理系に分かれます。放課後は部活動や委員会など、挑戦したいことに思いきり打ちこめる環境が整っています。

「理数コース」は工学基礎力を高校のうちに身につけ、難関大学理工系学部の現役合格をめざすコースです。入試科目の数学・英語・理科を3年間で徹底的にきたえ、日本工業大にも進学できます。

英語の学習環境では、独自のカナダ留学制度が特徴です。カナダの大自然に触れる中学の短期留学、語学研修中心の高校の短期留学、そして高校卒業後24カ月の長期留学までと、選択肢もさまざまです。

生徒全員の夢をかなえるよう、教員一丸となって応援している日本工業大学駒場中学校・高等学校です。

SCHOOL DATA
- 東京都目黒区駒場1-35-32
- 京王井の頭線「駒場東大前」徒歩3分、東急田園都市線「池尻大橋」徒歩15分
- 男子135名、女子23名
- 03-3467-2160
- http://www.nit-komaba.ed.jp/j/

新渡戸文化中学校

東京
中野区
共学校

人間力で人を変える

新渡戸7つの学習

新渡戸文化は、ますます多様化するみなさんの「夢」のサポートをよりきめ細かく具体的に実行するために、2014年度は中高一貫の6年間を2年ごとのステージに分け、社会に貢献できる人財の育成に努めています。そのベースとなるのが、人間力を養成する「7つの学習」です。1.自己発見学習、2.イベント学習、3.躾学習、4.地球市民学習、5.人生設計学習、6.日本文化学習、7.組織学習。生活のすべてが学習となり、将来人間社会に役立つ人財を生みだすのです。それは、2013年度よりスタートした高等学校の新コース「キャリアデザインコース」（大学のさきにある自分を具体的につかみ志望進路を実現させるコース）と「医療系進学コース」（看護、医歯薬進学のみならず医療ビジネスなどの幅広い医療分野の進路）に連携され、さらにそのさきにあるそれぞれの生き方をふまえ

た「人生設計」につながるものです。

また、中1～高3までの「人間学」の時間では、「傾聴」に重きを置き、テーマに沿って各自が話を聴きながら「気づき」のメモを作成し、それをもとに、自分の考えをまとめる作業を継続します。最終的には、「論文」の作成、発表にいたる長いスパンをかけての取り組みです。

今年度から男女共学化

時代に即して変わるもの。一貫して変えないもの。新渡戸文化の新しい学びが共学化とともに始まっています。男子生徒の入学により、学校がより現実の社会の縮図としての役割を果たしていきますが、これまで86年にわたり培ってきた教育の根底にある「相手を思いやる心、違いを認めあう心を育てる」という初代校長新渡戸稲造先生の人格主義に基づく教育理念はしっかり継承されていきます。

SCHOOL DATA
- 東京都中野区本町6-38-1
- 地下鉄丸ノ内線「東高円寺」徒歩6分・「新中野」徒歩8分、JR線・地下鉄東西線「中野」徒歩15分
- 男子5名、女子15名
- 03-3381-9772
- http://www.nitobebunka.ed.jp/

日本学園中学校

生徒の個性を伸ばす「創発学」を支える明治大学との「高大連携」

男子が男子らしく成長できる学校

1885年(明治18年)創立の日本学園中学校・高等学校。教育理念は、「個の力を高め自主・創造の実践力を育てる」です。時代を生き抜く個性豊かなたくましい人間をめざした教育を行っています。

中学では徹底的に基礎力育成をはかります。国語・数学・英語の3教科集中カリキュラムを展開。公立校の2倍以上の学習時間を設けてじっくりとわかるまで学習します。

授業時間だけでなく、放課後も自学自習を基本に個別指導を行う「日学講座」を開講します。授業でわからないところがあっても、徹底した補習により弱点を克服することができます。この講座は高校を卒業するまでしっかりとサポートしていきます。

学習以外の活動でも、男子校のよさがあります。本校の吹奏楽部員の9割以上が、初めて楽器を手にした生徒たちです。女子の目が

あるとどうしても「失敗したらどうしよう。なんとなく恥ずかしいな」という思いが出てきます。「にちがく」は「やりたいことを思いっきりやる」ことができる環境があります。

「創発学」を実践

人間力・実践力を高める「創発学」という取り組みを行っています。「調査研究」・「キャリア教育」などが一体となった、創造し発信する能力を育成する日本学園オリジナルプログラムです。

林業・農業・漁業などの実体験をともなう校外学習や文化祭などの活動とリンクして、男子が必要な力を培っていきます。中3の最後に時間をかけて、各自がテーマを設定した研究論文を発表し成果をしめします。

この取り組みに明治大学との高大連携による大学教授の出張授業や大学見学などが生徒の知的好奇心を刺激し、さらなる飛躍のきっかけとなっています。

SCHOOL DATA

- 東京都世田谷区松原2-7-34
- 京王線・京王井の頭線「明大前」徒歩5分、京王線・東急世田谷線「下高井戸」徒歩10分、小田急線「豪徳寺」・東急世田谷線「山下」徒歩15分
- 男子のみ84名
- 03-3322-6331
- http://www.nihongakuen.ed.jp/

日本大学第一中学校

中高一貫教育をいかした充実の教育環境

2012年（平成24年）で創立100周年となった日本大学第一中学校は、校訓である真（知識を求め、心理を探求する）・健（心身健康で鍛錬に耐える力を持つ）・和（思いやり、協調の心を培う）のもと、「絆を重んじ、良き生活習慣をもった次世代人の育成」を行う伝統ある学校です。

中学では、充実した教育環境のなか、豊かな知識と人間性の基礎を育てることを目標として、「基礎学力の向上」「個性を伸ばす教育」「健全な人間性を育む」の3つに重点を置いた教育が行われています。また、さまざまな行事を行い、そのなかで豊かな人間性を育んでいます。

高校受験の必要がない中高一貫教育の利点をいかし、習熟度別学習を取り入れ、効率のよい授業を進めていきます。これにより、英語・数学では苦手の克服と得意の深化を並行し、基礎学力の充実、向上に重点を置くことができます。

高校3年間で進路実現への力をつける

高校に入ると、生徒一人ひとりの将来の夢や適性をふまえ個性に合った進路を見つけ、その進路実現へ向けた指導が行われます。高校では教育の特色は4項目あり、それが「確かな力を身につける」「総合大学付属のメリットを活かす」「自主性・責任感を育む」「思いやりを大切に」です。中学3年間で培ってきた学力や人間的な力をさらに発展させていくことに主眼が置かれています。

高2から文系・理系それぞれで日本大進学クラスと難関大学進学クラスに分かれるのですが、そこからもわかるように、日本大の附属校でありながら、難関大学進学クラスが置かれることで、生徒の進路選択の幅を広げているのは大きな特徴といえるでしょう。

日本大学第一中学校では、100年の伝統を誇る校風のなか、ゆとりある充実した教育が行われています。

SCHOOL DATA

- 東京都墨田区横網1-5-2
- 都営大江戸線「両国」徒歩1分、JR線「両国」徒歩5分
- 男子343名、女子259名
- 03-3625-0026
- http://www.nichidai-1.ed.jp/

日本大学第三中学校

確かな学力と豊かな心を育む学校

生徒の笑顔が輝く学校

　緑豊かな多摩丘陵。15万㎡もの恵まれたキャンパスには、第1・第2グラウンドなどのほか、生徒の確かな学力と健全な精神を育む充実の教育施設がたくさん設けられ、「気品ある人格・豊かな人間性」を重んじる、伝統ある学園生活が展開されています。

　日本大学第三では、「基礎学力の徹底的な習得」「幅広い能力の育成」「豊かな人間性の育成」の3つに重点をおいた教育を展開しています。

　必要に応じて授業以外にも習熟度別の講習・補習を行うなど、「読解力」「表現力」が身につくよう、勉強の動機づけや発展的なテーマで考えることなどに取り組んでいます。

　学校行事、学級活動、生徒会活動、クラブ活動など学校生活全般をつうじて、生徒の人間性向上に努め、「自発的に物事に取り組む姿勢」「協調性と責任感」「真剣な授業態度」の育成に重点をおいています。

幅広い選択肢から志望の大学へ

　日本大への進学に向け、推薦入学制度があります。高校3年間の学業成績・人物評価等の内申と、日本大学統一テストの成績により推薦資格が得られ（毎年約90%以上の生徒が有資格者）、各学部へ進学しています。

　近年の特徴は、他大学への進学者が増えていることです。その割合は、日本大進学者（約30%）を超えるほど（約60%）になっています。

　これを支えているのが、日本大学第三のしっかりした進路指導の方針です。生徒全員が希望の大学へ進学できるよう、学力増進のための勉強合宿や校内講習を行い、模擬試験などを数多く取り入れることで生徒の実力を多角的に分析し、理数系国公立・医科歯科系大への入試にも対応しています。他大学の進学希望者にも適切な進学指導を行い、年々成果をあげています。

SCHOOL DATA

- 東京都町田市図師町11-2375
- JR線・小田急線「町田」・京王相模原線ほか「多摩センター」・JR線「淵野辺」バス
- 男子500名、女子267名
- 042-789-5535
- http://www.nichidai3.ed.jp/

日本大学第二中学校

自主性・創造性を育み全人的教育を

　日本大学第二では、中高一貫の教育体制のもと、6年間を3期に分けて指導します。
①基礎充実期（中1・中2）。平常授業による教科指導の徹底、夏・冬・春休み中における各学年企画の講習、放課後などを利用した補習による学力補充が行われます。
②実力養成期（中3・高1）。中3では高校進学の準備、補習・講習が随時行われます。
③進路選択期（高2・高3）。補習・講習は随時行われ、高2で文理コース、高3で文・理・国公立文理コースに分かれ授業が行われます。夏期講習や冬期講習・高3特別授業・高3特別講座などが組まれています。

明るく楽しい学校

　長島庫子中学校校長先生は「日大二中は『学校が楽しい』、『学校へ行くのが楽しみ』と言われる学校づくりをめざしています」とおっしゃっています。

　林間学校、修学旅行などのほか、たくさんの楽しい学校行事が行われ、クラブ活動も大変活発で、体育部・文化部合わせて約40ものクラブが活動しています。

　クラブへの生徒の参加率は、なんと95%ということですから、その人気のほどがうかがえ、毎日学校に行くのが楽しみという生徒の笑顔でいっぱいの学校です。

多い医・歯・薬学部への進学

　日本大各学部への附属推薦の制度が設けられていますが、他方面進学も認められていますので、本人の希望で他大学に進学することも可能です。

　日本大をはじめ、国公立大・私立大など多方面への進学実績があり、幅広い進路指導が行われています。

　特筆すべきは、毎年多くの医学部・歯学部・薬学部への進学者がいることです。

　とくに日本大医学部への進学者は、日本大の附属校のなかでは最多となっています。

SCHOOL DATA

- 東京都杉並区天沼1-45-33
- JR線・地下鉄丸ノ内線・地下鉄東西線「荻窪」徒歩13分
- 男子362名、女子357名
- 03-3391-5739
- http://www.nichidai2.ac.jp/

日本大学豊山中学校

校訓は「強く　正しく　大らかに」

日本大学豊山中学校は、「日本大学建学の精神に基づき、世界の平和と人類の福祉に貢献できるグローバル社会に有為な形成者の育成」をめざしています。また、日本人付属校唯一の男子校として「強く　正しく　大らかに」を校訓に掲げています。

日本大の設置する学校となり60年を迎え、伝統にさらに磨きをかけるとともに、2015年度（平成27年度）に完成する新校舎を中心に「新しい流れ」も取り入れ、いっそうの発展をめざします。

新校舎は、地下2階から地上1階までが広々としたアリーナに、最上階の11階には10コースの温水プールが設置されます。地下鉄「護国寺」駅から徒歩1分。護国寺の森の落ちついた雰囲気のなか、進学に備えます。

伝統と新しさが同居する教育システム

教育システムでは「伝統ある日大豊山」と、「新しい日大豊山」が同居するのが大きな特徴です。「伝統」の部分は、「『知育・徳育・体育』のバランスがとれた全人教育を行い、凛とした青少年の育成」、「部活動の推進と、礼儀正しい健やかな生徒の育成を目指す」、「日大との高大連携教育体制の一層の推進」などです。「新しい」部分としては、「中3の後半から高校の内容を学ぶ先取り教育」、「進学クラスのさらなる充実」、「ホームページからダウンロードできる英語の日大豊山オリジナルプリントシステム」があげられます。これは、各自の学習に応じて自由に活用することが可能です。日本大へは、毎年卒業生の75％程度が進学していきますが、他大学への進学も15％を超えるなど、特進クラスを中心に多様な進路への道が開かれています。

6カ年一貫のゆとりある教育システムのもと、勉強やスポーツ、学校行事にじっくり取り組むことで、目標とする進路を実現し、また、校訓どおり「大らか」な人間性を養い、生涯をつうじての友人を得ることができます。

SCHOOL DATA

- 東京都文京区大塚5-40-10
- 有楽町線「護国寺」徒歩1分
- 男子のみ623名
- 03-3943-2161
- http://www.buzan.hs.
nihon-u.ac.jp/

日本大学豊山女子中学校

自分の「ちから」に気づき発揮できる場所を見つける

日大豊山女子中学校の教育は、"自分の「ちから」に気づき発揮できる場所を見つける"ことをめざしています。そのために、学業面のほかに部活動や学校行事、校外学習、清掃活動などバランスのよい教育活動を行い、生徒一人ひとりが活躍できる場所を大切にしています。中学3年間を過ごすことにより、生徒たちは自分たちで考えて行動する主体性を身につけることができています。

そして、中高6カ年一貫、さらに大学までの10カ年を念頭においてカリキュラムがつくられており、心身の発達が顕著な時期、発達段階に合わせた教育プログラムが基本です。

希望をかなえる教育プログラム

中学校では基礎学力の充実を目標に、国・数・英・社・理ではゆとりを持った時間数を設定し、つねに高校の教科内容と関連づけながら指導がなされ、「総合的な学習の時間」では情報教育や茶道、外国人講師による英会話など、国際社会に生きる資質も育みます。

高校では、多様化する進路選択に対応するため、日本大への進学を柱に、国公立大や他の私立大進学にも対応した授業を展開し、受験への応用力を養えるように高2からは放課後を利用し、各教科の補習を希望制で実施しています。理数系進学に関心を持つ生徒のために設置された理数科を中心に、毎年多くの卒業生が医療系大学への進学を果たしてもいます。

豊かな感性を育む校外学習

総合的な学習の時間の一環として、年6回の校外学習を実施、学年ごとの学習・発達段階に合わせ、博物館・美術館見学、芸術鑑賞、日大の学部見学、体験講義など多様な内容です。現地集合、班別自主研修もあり、自分で考えて行動する力や公共マナー、集団行動を身につけるだけでなく、ふだんとちがった体験的な学習を行うことで、豊かな感性を育み、見聞を広めることができます。

SCHOOL DATA

- 東京都板橋区中台3-15-1
- JR線「赤羽」、西武池袋線ほか「練馬」スクールバス、東武東上線「上板橋」、都営三田線「志村三丁目」徒歩15分
- 女子のみ398名
- 03-3934-2341
- http://www.buzan-joshi.
hs.nihon-u.ac.jp/

八王子学園八王子中学校

東京
八王子市
共学校

未来へ、力強い一歩

創立86年を迎えた八王子高等学校に、2012年（平成24年）の春、新たに併設された八王子学園八王子中学校。八王子高校の校風を受け継ぎ、自由のなかにも規律ある環境で、中学生全員が中高特進クラスに所属して6年間の一貫教育を行っています。

八王子学園八王子には、教育を支える3つの柱があります。

ひとつ目は「中高特進教育」です。中学校入学とともに6年間かけて難関大学への合格をめざすこの「中高特進教育」は、大学受験のための早期戦略プログラムとして位置付けられています。

ふたつ目の柱は「学力養成」です。教科によっては、少人数制授業や学校オリジナルの教材を導入しています。

3つ目は「人間の育成」です。学習面の充実はもちろんのこと、豊かな心を育むことも大きな目標だと考えられています。具体的には、ボランティア活動や朝読書の時間を設け

て心の充実をはかり、芸術鑑賞教室などを行います。また、広い視野を身につけ、国際社会で活躍できる人材を育成するため、中学3年次には短期海外留学も行われています。

レベルの高い中高特進クラスでの6年間

「中高特進クラス」では、6年間が3つのステージに分けられます。

まず、中学1・2年をステージ1として、2年間で中学校の学習範囲を修了します。つづいてステージ2の中学3年では先取り教育を開始し、八王子高校文理特進コースに進学します。ステージ3では生徒の志望に合わせて文系・理系に分けられ、高校2年で高校の学習範囲を修了します。このような学習進度により、高校3年ではより大学入試に向けて力を入れられるよう工夫されています。

レベルの高い中高一貫教育の実践で、上位大学への進学率のさらなる躍進が期待される八王子学園八王子中学校です。

SCHOOL DATA
- 東京都八王子市台町4-35-1
- JR線「西八王子」徒歩5分
- 男子143名、女子118名
- 042-623-3461
- http://www.hachioji.ed.jp/

八王子実践中学校

東京
八王子市
共学校

「知育・徳育・体育」の調和をめざす

八王子実践中学校は、伝統的教育精神である『実践』と『自重・自愛・自制・自立』を建学の精神の根幹とした人格形成を主眼に「個性の尊重」「自学自習の創造性を磨く」未来に活躍する人材を育成します。

「『知育・徳育・体育』の調和のとれた発達をねらいとした全人教育」を行い、学習・スポーツ両面におけるバランスのとれた6年間で、すぐれた人格の完成をめざしています。

また、基本的生活習慣を身につけ、互いに個性を尊重しあい、豊かな心情を育む「徹底した生活指導」を重視しているのも、八王子実践の教育ならではといってよいでしょう。

国語と英語教育に重点

「学ぶ」を基盤として、「個性」を伸ばし、さらに「考える力」を養うことで、国際的視野を備えた人材、コミュニケーション能力にすぐれた判断力・実践力を有する人材の育成に努め、個々の総合的な人間力の向上を目標

としています。

そのため、とくに「国語・英語教育の充実」に重点をおき、中高6年間をプログラムしています。

具体的には、国語をあらゆる学科の基礎科目として重視し、生徒一人ひとりの能力や個性を豊かに伸ばす授業を行うとともに、「日本の文化」への関心を深めるために「百人一首大会」や読書指導の一環として「作文コンクール」を実施。また、「漢字検定」を中高6年間のなかにプログラムしています。

英語では、1年次から外国人教師による会話の授業とLL教室を活用した授業を多く取り入れ、基礎的な会話力を養い、異文化コミュニケーションの意欲を高めています。

また、主要3教科のひとつである数学では、基礎学力の充実に重点をおき、演習をつうじて計算力や思考力の増進に努めています。そのうえで、応用力を伸ばし、真の学力向上へと発展させています。

SCHOOL DATA
- 東京都八王子市台町1-6-15
- JR線「八王子」徒歩15分
- 男子9名、女子33名
- 042-622-0654
- http://www.hachioji-jissen.ac.jp/

広尾学園中学校

東京
港区 共学校

自律と共生をめざす教育

首都圏でも有数の志願者を集めている広尾学園。その原動力は、特色あるコース制と、高水準の授業プログラム、そして飛躍的に伸びてきている国公立大をはじめとする難関大学進学実績です。これは、広尾学園の教育の特色が、一人ひとりの夢を全面的にリポートしているからこそなのです。

自ら課題を掘り起こし、解決に向かって、国籍や言語のちがいを越えて協調性を発揮できる「高い問題解決能力」と「素晴らしいマインド」を持つ人物の育成をめざし、きめ細かな指導を行っています。

一般クラスは、東京大・京都大・一橋大、各大学の医学部、早稲田大・慶應義塾大・上智大をめざし、インターナショナルクラスは、国内外一流大学進学を目標とします。

最強と言われる教育内容

広尾学園独自の学力アッププログラムには「P.L.T」（Personalized Learning Test）プログ

ラムがあります。このプログラムは生徒たちの基礎学力を徹底して鍛え、「本当の学力」を身につけるプログラムです。それは年々進化し、広尾学園の教育の基礎を支えています。また、質の高い土曜特別講座を展開、思いきった先取り学習を可能にしています。

さらに、グローバルなデジタル環境に対応できる人物の育成をにらみ、2012年度から、新入生（本科）全員にひとり一台のiPadを導入、学園生活や学習に活用しています。

キャリア教育も充実しており、DNA鑑定講座や宇宙天文合宿、国内から一線級の研究者が結集するスーパーアカデミアに加えて、2011年度からはiPhoneアプリなどを制作するテックキャンプがスタートしました。

学年を問わず、中学高校ともに定期試験には多数の大学入試問題が無理なく組みこまれており、日常の定期試験勉強がそのまま入学入試対策になっています。強力な教科指導力を備えた、最強の学習システムです。

SCHOOL DATA

- 東京都港区南麻布5-1-14
- 地下鉄日比谷線「広尾」徒歩1分
- 男子303名、女子431名
- 03-3444-7272
- http://www.hiroogakuen.ed.jp/

富士見中学校

東京
練馬区 女子校

社会貢献のできる自立した女性

富士見中学校・高等学校は、「社会貢献のできる自立した女性を育てること」をめざし、生徒の発達段階に合わせた進路指導・学習指導を行っています。そして、学校生活をとおして養われる自主性・協調性・判断力が「生きる力＝人間力」を高めると考え、人間性の育成にも力を入れています。

豊かな人間性と総合力を身につける

富士見では、中学3年間で自己を発見・理解し、社会への視野を広げることで自分の未来を考え、進路と向きあうことを目標としています。

進路指導は、「外部からの刺激で生徒自らがきりひらく」をテーマに展開され、さまざまな方法での「刺激」が用意されています。

たとえば、受験を終えた高3生からアドバイスを聞く機会や、卒業生による進学シンポジウムなどが設けられることで、生徒は生き方や将来についてのビジョンを描き、進路を

現実的に考えられるようになります。

学習指導は「基礎力の徹底」と「高校で飛躍する力」をテーマとしています。授業や講習では、担当教員のオリジナルテキストを使用し、生徒の興味を引きつけ、生徒が日常の学習習慣を確立できるようにサポートしています。中1～高1までは全員が共通カリキュラムで学び、高2から文系・理系のコースに分かれます。詰めこみではない精選された中高一貫カリキュラムが魅力です。

ほかにも、人間国宝の方を招いての狂言教室などの芸術教育、ボランティア活動も積極的に行われています。

このようなさまざまなプログラムにより豊かな人間性が育まれ、きめ細かな指導が行われることで生徒は希望の進路を実現する総合力を身につけていきます。富士見中学校・高等学校は、生徒の輝く未来のために、これからもプログラムの充実をめざし、新たな挑戦を行っていきます。

SCHOOL DATA

- 東京都練馬区中村北4-8-26
- 西武池袋線「中村橋」徒歩3分
- 女子のみ732名
- 03-3999-2136
- http://www.fujimi.ac.jp/

富士見丘中学校

ふじみがおか

グローバル人材育成の推進

「国際性豊かな若き淑女の育成」を教育目標に掲げる富士見丘中学校は、独自のプログラムの数々を実践しており、2013年（平成25年）1月には既成概念にとらわれず、持続可能なエネルギーに対して効果的な活動を行った学校に送られるザイード未来エネルギー賞・グローバルハイスクール部門のファイナリストとして表彰されました。ファイナリストに選ばれた理由は、環境教育を中心とする学校の活動や、地元商店街を巻き込んだエコ商品の開発といった、「サステナビリティプログラム」における生徒の独創的な取り組みが評価されたためです。

趣向を凝らした特徴的な取り組み

「グローバルスタディプログラム」も展開し、積極的に海外との交流もはかっています。希望者を対象とした、アメリカ・イギリス・オーストラリアの各姉妹校への3 ～ 6カ月の留学制度、3週間程度のカナダやイギリスへの短期留学制度のほか、中3でのオーストラリアへの修学旅行、海外大学への進学をめざす生徒に向けた特別授業の実施、名門大学として有名なイギリス・ロンドン大学キングスカレッジ、オーストラリア・クイーンズランド大学への指定校推薦制度など、グローバル時代にふさわしい教育を実践しています。

さらに、「学校6日制・授業5日制」を採用し、土曜日を有効活用するための「サタデープログラム」も行っており、家庭科の教師とネイティブ教師がコラボレーションして行う「英語でクッキング」など、生徒の知的好奇心を刺激する多彩な特別授業が展開されています。また、富士見丘では1年間ずつテーマを設定して自主的に研究を進める「自主研究」が中1から高2まで実施されているため、土曜日を使って研究を進める生徒もいます。

このようなさまざまな特徴あるプログラムを実践しながら、「国際性豊かな若き淑女」を育成している富士見丘中学校です。

SCHOOL DATA

- 東京都渋谷区笹塚3-19-9
- 京王線・都営新宿線「笹塚」徒歩5分
- 女子のみ87名
- 03-3376-1481
- http://www.fujimigaoka.ac.jp/

藤村女子中学校

ふじむらじょし

基礎、基本の徹底で自ら学ぶ力を育成

藤村女子の授業は1日50分6時間、週6日制で多くの授業時間数を確保、数学・英語では、習熟度別指導がなされ、基礎学力養成講座などで一人ひとりの学力と目標に応じた、きめ細かな指導が行われています。英語の授業時間数が圧倒的に多いのも特徴です。

高校には「特進クラス」があり、長期休業中にかぎらず、学力アップのための講座が多く設けられています。いつでも質問できる学習センターも、放課後、生徒でにぎわいます。

近年、早稲田大、上智大をはじめ国際基督教大（ICU）、MARCHなど難関大学へ進む生徒が多くなりました。この実績は、藤村女子がキャリアガイダンスを重視し、提携大学との連携プログラムを導入してきたことと切っても切れない関係があります。

進路・進学目標を見極めることで大きな力が生みだされ、高大連携プログラムで、早期から国公立・難関大への進学意識を高めることができてきたからです。

「適性検査入試」の導入に注目

定評があるのが、藤村女子の英語教育です。高校の「総合コース」（文系・理系）のすべての授業で実践している「使える英語」のためのメソッドは、「藤村式」ともいうべき教育システムとして確立しています。外国人講師も常駐、「聞く・話す」能力の開発に多角度からアプローチしています。

創設者であり、日本の女子体育の祖ともいうべき藤村トヨ女史。その精神と伝統を受け継ぐ「スポーツ科学コース」には、国際大会に日本代表として出場する生徒や卒業生が何人もいます。その元気が藤村全体の活気を生みだし、驚くほどさかんな部活動の魅力の源になっています。

藤村女子では「適性検査入試」を取り入れており、公立中高一貫校の適性検査に準じた出題が特徴です。公立受検を考えているかたには腕試しの意味で絶好の入試と言えます。

SCHOOL DATA

- 東京都武蔵野市吉祥寺本町2-16-3
- JR線・京王井の頭線・地下鉄東西線「吉祥寺」徒歩5分
- 女子のみ103名
- 0422-22-1266
- http://fujimura.ac.jp/

雙葉中学校
（ふたば）

カトリック精神を貫く全人教育

　雙葉中学校・高等学校は、カトリック精神を基盤に健全な人格を育み、日常生活のよき習慣を身につけることをねらいとした女子教育を実践しています。

　校訓として「徳においては純真に、義務においては堅実に」を掲げています。これは神と人の前に素直で裏表なく爽やかな品性を備え、人間としてやるべきことを最後までやりとおす強さを持つということです。

　21世紀の幕明けとともにできあがった新校舎は地上7階・地下1階で、近代的ななかにも随所に木のぬくもりを持たせた構造となっており、教室はすべて南向き、床はフローリングで暖かみを感じさせるなど、きめ細かな配慮がなされています。また、2クラスごとにひとつずつ生徒ラウンジが設けられ、楽しい活動・歓談の場となっています。

進学校ではあるが受験校ではない

　雙葉では、中学入学時に英語や国語、数学の基礎的な部分で、個別に面倒を見るなど、学習面での手助けがきちんと行われています。元々が女子語学学校として始まっただけに、外国語教育は伝統的にさかんで、授業時間も多く、外国人教師による少人数の授業も行われています。中学3年次には全員がフランス語を学び、高校では第1外国語として、英語とフランス語のどちらかを選択します。

　一貫校の利点をいかし、総合的にバランスのとれたカリキュラムを組み、中学でも高校の内容を必要に応じて取り入れています。速度も速く、レベルの高い授業が行われています。また、進路の決定については、本人の意志を尊重する指導がなされています。

　中学・高校をとおして、各教科の教育はできるかぎり高い水準で、内容の濃いものになるよう努めるとともに、力のだしきれない生徒に対して個別指導を行い、きめ細かく対応しています。その結果としての高い進学実績なのです。

SCHOOL DATA

● 東京都千代田区六番町14-1
● JR線・地下鉄丸ノ内線・地下鉄南北線「四ツ谷」徒歩2分
● 女子のみ536名
● 03-3261-0821
● http://www.futabagakuen-jh.ed.jp/

普連土学園中学校
（ふれんど　がくえん）

The Seed of God（神の種子）

　普連土学園の教育理念は、「万人に『神の種子――神からそれぞれにあたえられた素晴らしい可能性』が存在することを信じ、一人ひとりを大切に、全ての人を敬い、世の役に立つ女性を育成すること」です。

　1887年（明治20年）の創立当初から少人数教育を実践し、現在も各学年3学級体制で、個々の生徒にいきとどいた指導を行う、面倒見のよい学校として知られています。

　こうした教育体制のもと、大学進学においては、多くの難関大学への進学とともに、現役合格率が大変高いことが特徴です。

　さまざまなかたちで奉仕活動を行ってきたのも特徴で、奉仕活動についての基本的な知識を学び体験するプログラムを組みます。中学では、視覚・聴覚・身体障害について学び、高校では知的障害や高齢者問題について学びます。

　そして高3においては、奉仕活動についてのまとめを行います。ここでは、これまでの活動を今後の生き方にどう位置づけるかなどを話しあっていきます。

グローバルな視野を育成する

　「海外にむけて開かれた心」を育てている普連土学園では、異文化理解のための国際交流にとくに力を入れています。

　英語の授業は、中学では週6時間をあて、外国人教師による少人数クラスの音声面を重視した授業を行っています。

　劇やゲームを取り入れ、身体全体を使って生きた英語を吸収できるように指導しているのが特色です。また、留学生や外国人教師、海外からのお客様などと英語で話しながら昼食を取る機会を週1回設けているのも、普連土学園ならではです。

　交流のための屋上庭園、バルコニー、ライトコートなど、普連土学園独特の温かい雰囲気を醸しだす「生徒の語らいの場」が随所に設けられています。

SCHOOL DATA

● 東京都港区三田4-14-16
● 都営浅草線・都営三田線「三田」徒歩7分、JR線「田町」徒歩8分、地下鉄南北線・都営三田線「白金高輪」徒歩10分
● 女子のみ412名
● 03-3451-4616
● http://www.friends.ac.jp/

文化学園大学杉並中学校

新コースで『かわいい子には旅をさせよう！』

「わかる授業の徹底」と「自ら考える生徒の育成」を柱に、真の学力を育む教科教育や、全国大会で活躍する多くの部活動、生徒自らが運営するさかんな学校行事など、一人ひとりに輝ける場を提供する文化学園大学杉並中学・高等学校が、さらに進化します。

まず、単一コースであった中学校が、今年度から「難関進学《グローバル》」「総合進学《シグネット》」の2コース制となってスタートしました。

「難関進学」では、上位大学や海外大学への進学をめざし、下記「ダブルディプロマコース」に対応したプログラムに早期から取り組むことができます。「総合進学」では従来の習熟度別授業などに加え、各種検定対策や芸術科目など、それぞれのニーズに合った選択科目の設置を予定しています。

また、来年2015年度（平成27年度）から、高校に「ダブルディプロマコース」（仮称）が新設されます。海外と日本の両方の「高校

卒業資格」が得られるため、卒業後に海外大学へ進むことも、日本の大学へ「帰国生入試枠」で進学することも可能です（例：慶應義塾大・早稲田大・上智大・国際基督教大などの国際系の学部など）。

充実の海外研修などは健在

中3ではカナダ語学研修旅行、高2ではローマ・パリ修学旅行に全員で参加します。

カナダではホームステイをつうじ、3年間勉強してきた英語の力をより生きたものとし、国際的な視点を得ることができます。パリでは、市内観光や美術館見学だけでなく、ユネスコで働く日本人女性の講演も人気イベントで、「世界のなかの日本」「世界のなかの自分」を考えるよい機会になっています。

文化学園大学杉並中学・高等学校では、新しいコースと変わらぬ充実したプログラムで、時代のニーズである「外（ソト）向き女子」=『ソトジョ』を育てます。

SCHOOL DATA
- 東京都杉並区阿佐谷南3-48-16
- JR線「阿佐ヶ谷」、JR線・地下鉄丸ノ内線「荻窪」徒歩8分
- 女子のみ304名
- 03-3392-6636
- http://www.bunsugi.ed.jp/

文華女子中学校

社会で愛され、社会で役立つ女性の育成

「豊かな心」の教育

相手の心を理解できる心の豊かさが、社会で活躍できる基礎力になります。文華女子では、全国に類をみない「家庭教育寮宿泊体験学習」や、中学3年間の「礼法」授業をとおし、和の心を学び、思いやりの心を育てます。日本の伝統的価値観を理解することが、国際人への第一歩です。

母国の文化を理解して、つぎにつづくステップが他国の異なる文化への興味関心です。国際社会で通用する語学力を身につけるために、文華女子は毎年、英語漬けの生活を送ることができるブリティッシュヒルズ研修を行い、校内で受験できる英検指導も万全。中学時代に準2級合格が基本です。

また、文華女子の少人数クラス教育でさまざまな経験を積むなかで自信をつけ、努力の意味を知り、自らの力で勝ちえた輝く自分。文華女子での6年間の教育で、たくましく

豊かな心を持った女性が誕生し、それぞれの美しい華が開きます。

充実の文華独特の「特待認定制度」

がんばる生徒への応援制度として、入学時には入試の成績により3段階の特待認定を定めています。入試合計点80%以上で1年間の学費全額免除。75%以上で入学金・施設費免除。70%以上で入学金が免除されます。さらに、中2以降の在学生には、前年度の成績優秀者の1割が奨学生として認定され、学費が半額免除になります。

「伸びる力」を診る適性試験入試

文華女子では適性試験入試が始まっています。この入試は知識を問う問題ではありません。これから伸びる力、すなわち、好奇心・最後まであきらめない粘り・自分を素直に表現できる感受性を試験します。文華女子で伸ばす、伸ばしたい生徒を募集しています。

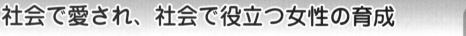

SCHOOL DATA
- 東京都西東京市西原町4-5-85
- 西武新宿線「田無」・西武池袋線「ひばりヶ丘」・JR線「武蔵境」バス
- 女子のみ28名
- 042-463-2903
- http://www.bunkagakuen.ac.jp/

文京学院大学女子中学校

グローバルキャリアのための国際教育

将来につながるコース制

文京学院大学女子中学校は、2015年度（平成27年度）より大きく変わります。これまでの学力別のクラス編成から、将来のキャリアを意識した「アドバンストサイエンス」・「グローバルスタディーズ」・「スポーツサイエンス」というコース別編成となります。

「アドバンストサイエンス」は、医・薬・看護を中心とした医療系、生物・化学・農学を中心とした理学系、物づくりをベースにした工学系など、理系キャリアを築くことを目標とします。そして、SSH指定校ならではの、国内外の高校、大学と連携した最先端の理数教育で、女性の感性を活かしたサイエンティストの育成をめざします。

「グローバルスタディーズ」では、文京学院大学女子がこれまでに培ってきた英語の課外授業である「国際塾」のノウハウを活かし、グローバル社会で通用する高度な英語力を身

につけながら、論理的にまとめる力、発表する力、議論する力を養います。進学先は、難関国際系学部、海外大学を目標にし、「世界＝社会で必要とされる人材」をめざします。

「スポーツサイエンス」は、スポーツをとおして国際社会に貢献できる人材の育成を目標としながら、競技力、チームワーク、心と身体、食事と栄養などを学び、国際社会に通用する英語力も強化していきます。

ファンデーションステージとなる中1では、学習習慣の確立、基礎学力の定着、それぞれのコースの土台づくりが実現できるようなプログラムを実践します。中2からは、将来の夢を見据えて選択したコースにおいて積極的に学び、得意分野を伸ばしていきます。そして、高校進級時にコースを再選択し、進路実現に向けさらに努力を重ねていきます。

このような教育体制により、文京学院大学女子中学校は、世界で活躍できる、「知・徳・体」を兼ね備えたリーダーを育成します。

SCHOOL DATA

- 東京都文京区本駒込6-18-3
- JR線・地下鉄南北線「駒込」、JR線・都営三田線「巣鴨」徒歩5分
- 女子のみ345名
- 03-3945-4361
- http://bgu.ac.jp/

文教大学付属中学校

進学の強豪校へ

1927年（昭和2年）創立の伝統校、文教大学付属中学校。「人間愛」を校訓に掲げ、この基本理念のもと知・徳・体を兼備する人物の育成に努めてきました。現在、「人間愛」の伝統のうえに「進学力」というもうひとつの柱を掲げ、さまざまな改革に取り組んでいます。

伸びる学校。伸ばす学校。

文教では、学力の向上、学習習慣の定着をはかるため、新カリキュラムの導入をはじめ、「生活記録ノート」の作成や毎朝10分間の自学時間「アサガク」の導入、2012年度からは教員のサポートによる放課後の自学自習の場「寺子屋クラブ」を開設するなど、さまざまな改革に取り組んできました。

このような取り組みにより、家庭学習時間が2時間を超えるなど、飛躍的に生徒の学力、学習に対する意識が向上しています。

2013年度（平成25年度）からは、さらに学力を伸ばすため、学内学習塾「文教ステー

ション（通称Bーステ）」が開設されました。

「PORT」から世界へ

2014年（平成24年）4月、ついに新校舎（I期工事分）が完成しました。新校舎には中学生が使用する普通教室をはじめ、図書室・理科実験室・音楽室・美術室・講堂「LOTUS HALL」などがあります。すべての普通教室には電子黒板が配備され、より効率的な授業が行われます。

文教では、校舎のことを「PORT（港）」と呼び、港では船を点検し、荷物を積んだり燃料を補充したりし、大海原への長い航海に向けた準備をします。それは中高の6年間もいっしょです。学習に励み、心身を鍛え、進路を見定め、長い人生に向け念入りに準備をします。なお、新校舎建設工事は、II期工事（2015年7月終了予定）、III期工事（2016年6月終了予定）と進められ、高校普通教室や食堂、人工芝グラウンドなどが順次完成します。

SCHOOL DATA

- 東京都品川区旗の台3-2-17
- 東急大井町線「荏原町」・東急大井町線・東急池上線「旗の台」徒歩3分、都営浅草線「中延」徒歩8分
- 男子196名、女子190名
- 03-3783-5511
- http://www.bunkyo.ac.jp/faculty/ghsn/

法政大学中学校

東京
三鷹市

共学校

確かな学力と自立した人間を育てる

1936年に創立された法政中学校を前身とし、1948年より法政大学第一中学校として男子校の歴史を歩んできました。

2007年4月、三鷹市に校舎を移転するとともに、校名を変更し、男女共学となり、校舎や制服なども一新されました。法政大学としては初の男女共学校です。

法政大学の建学の精神である「自由と進歩」、中学校の「自主自律」の校風のもと、確かな学力と、概念にとらわれない自由な発想で考え、新しい問題に積極的にチャレンジする自立型人材を、中高大の一貫教育のなかで育てます。

多彩な英語プログラム

確かな学力と習慣を着実に身につけさせるためのカリキュラムを、中高それぞれの段階に応じて設けています。

中学では英数国に力を入れ、基礎的な学力と習慣を育成します。高校では大学進学や将来を見据え、文系・理系にとらわれない共通的な教養の育成と、自分の進路に応じた選択的な学習、論文作成や英語力の向上などに力をそそぎます。習熟度別や少人数による授業もあります。

また、とくに英語教育に力を入れています。英語の文章を読み取り、それに関する批評を英語でプレゼンテーションすることをめざして学習に励んでいます。海外語学研修や留学プログラムも充実しています。

確かな進学

卒業生はこれまで約85％以上が推薦で法政大に進学しています。推薦資格を得るためには、学内での総合成績で一定の成績基準をクリアすることと、法政大が定めるいくつかの基準をクリアすることが必要です。

また、法政大の推薦権を保持したまま、他の国公私立大学の、どの学部・学科でも受験することが可能になっています。

SCHOOL DATA

- 東京都三鷹市牟礼4-3-1
- 京王井の頭線「井の頭公園」徒歩12分
- 男子184名、女子232名
- 0422-79-6230
- http://www.hosei.ed.jp/

宝仙学園中学校共学部 理数インター

東京
中野区

共学校

世界から評価される学校をめざす

昨年に続き、大学合格状況は…

昨年G-MARCH以上に卒業生数以上の合格結果をだした宝仙学園中学高等学校共学部理数インター（以下、宝仙理数インター）は、2期生も76名という卒業生に対し、国立大（東北大3、北海道大・東京芸大・千葉大等）・公立大（首都大東京等）計19名、医学部医学科（防衛医大等）計3名、早慶上理・ICU計19名、学習院・明治・青山・立教・中央・法政大計56名という合格状況で、G-MARCH以上に97名の合格者数をだしました。

宝仙理数インターは宝仙学園を母体とする学校で、21世紀の社会で活躍できる人材の育成をめざして2007年（平成19年）に設立され、世界で通用するコミュニケーション能力と、物事を論理的に考え、相手に的確に伝えられる理数的思考力を兼ね備えた生徒を育成しています。そして、中・高6年間を「基礎定着期」、「意識改革期」、「自己実現期」の2年間ずつに分けた進路指導を行うことで生徒は自らの夢へと着実に歩むことができます。

世界にも・理系にも強い理数インター

学力の向上・大学進学と同等に大切にしているのが「心の教育」です。部活や学校行事をとおして学ぶコミュニケーション能力・プレゼンテーション能力の育成を大切にしています。部活動はほんとうの意味で文武両道がはかれるように週3日のなかでそれぞれのクラブが工夫をしています。中学弓道部の3年連続関東大会出場などの例もあります。また、高校2年の修学旅行では、サンフランシスコのスタンフォード大学で一人ひとりがプレゼンを行います。世界屈指の大学で行うプレゼンは、それをつくりあげていく過程を含め、一生の宝となります。先輩のなかには、この修学旅行で大学病院を訪れ、自分の生涯の進路に大きく影響を受け、現在も医学部で学年トップでがんばっている生徒もいます。

SCHOOL DATA

- 東京都中野区中央2-28-3
- 地下鉄丸ノ内線・都営大江戸線「中野坂上」徒歩3分
- 男子236名、女子142名
- 03-3371-7109
- http://risu-inter.ed.jp/

本郷中学校

つねに芯のある男子教育を展開

「スマートであれ！　紳士であれ！」をモットーにした本郷中学校。「自ら考え、自分で判断できる人材を育てる」という教育方針のもと、21世紀の社会に役立つリーダーを育むためになにが必要かをつねに模索しています。あるべき男子教育の姿を「時代が変わっても変わらないものがある」として推し進め、よい意味での「厳しさ」を教育のなかに体現。本郷は派手なPRはしませんが、ほんとうの知性と人格を磨く教育を行っているといっていいでしょう。

中高一貫校としての密度の濃さ

カリキュラム編成は6年を1サイクルとしてとらえているために、ムダ、ムリを省き、ゆとりのある学習計画が可能になっています。

主要科目の国語・数学・英語などは、中2までに中3課程の内容を無理なく終わらせ、中3からは高1の内容に進みます。そして高3では、大学入試問題演習を中心に授業が展開されるので、受験にも余裕を持ってのぞむことができます。

この「先取り授業」システムは、たんに授業進度が速いというものではなく、教材や指導法において先生がたの長年の経験の積み重ねから最も効率的な内容を精選したことにより構築されています。そのため、進度の速さによって理解ができないということはないように工夫された授業が展開されています。

また、本数検や本単検といった学校独自の検定試験を学期ごとに行うことで教育目標である「自学自習」をうながし、夏期講習では学年の枠を取り払い、希望すれば下級生が上級生といっしょに受講できる講座を数多く設けるなど、学習効果を高める工夫がなされています。

大学進学実績も国公立大などが年々伸び、近年は理系の大学・学部への進学希望者が多く、実際に毎年半数以上の生徒たちが理系に進学しているのが大きな特徴です。

SCHOOL DATA

- 東京都豊島区駒込4-11-1
- JR線・都営三田線「巣鴨」徒歩3分、JR線・地下鉄南北線「駒込」徒歩7分
- 男子のみ714名
- 03-3917-1456
- http://www.hongo.ed.jp/

三田国際学園中学校 〈2015年度より男女共学化・戸板中学校より校名変更〉

MITA International School 始動！

思考力をきたえ真の学力を育む

グローバル時代に活躍できる人材育成をめざし、戸板中学校・戸板女子高等学校は2015年（平成27年）4月「三田国際学園中学校・高等学校」と校名を改称し、共学校としてスタートします。戸板中高のルーツは「三田高等女学校」。その建学の精神に立ち返る意をこめ校名に「三田」を冠しています。「思考力（創造する力・発想する力）」をきたえ、必須となる「英語力」「サイエンスリテラシー」「ICT」をしっかりと身につけて高等教育へ送りだすことを使命としています。

思考力を身につけるための鍵となる授業は、自然と深く思考できる相互通行型授業を行います。教師は授業の冒頭に質問を投げかけ、生徒は問題解決に向け、グループディスカッションなどで思考を深めていきます。必要な情報はICTを活用して収集し、解決した内容はプレゼンテーションを行い発表します。これをすべての授業で行い、思考することを常態化させています。

英語は実技教科。話す、聞く、読む、書く4技能をバランスよく修得させます。中学インターナショナルコースでは週10時間。副担任にはネイティブ教員を配し、朝のHRから休み時間、昼食、清掃の時間まで常時英語に触れる機会をつくります。本科コースも週8時間で、実用的な英語力を育みます。中学の早い段階でのブレイクスルーを意識し、中1で英検3級、中3で準2級の全員取得をめざします。

また、サイエンスリテラシーを高めるために、充実した設備のラボで週1回は実験実習を行い、サイエンスツアーやフィールドワークをとおして、理系希望の生徒をより深い興味関心へと導きます。さらに、ICT活用力育成のために、生徒一人ひとりがタブレット端末を所持し、情報収集発信に活用。学内にはWiFi環境も整備されています。

SCHOOL DATA

- 東京都世田谷区用賀2-16-1
- 東急田園都市線「用賀」徒歩5分
- 現在は女子のみ317名（2015年度より共学）
- 03-3707-5676
- http://www.toita.ed.jp/

三輪田学園中学校

東京
千代田区　女子校

徳才兼備の女性を育てます

三輪田学園の教育理念は「高い学力の育成と充実した人間教育」です。「深い知性と豊かな心を備えた自立した女性」を育てて125年、真面目に努力する校風は開校当初から変わりません。

2010年には校舎改築工事が完了し、より充実した設備が整いました。南向きの明るい教室も多く、都心とは思えない静かな環境が広がっています。

女性としての自立が基本の進学指導

毎年約85%の生徒が現役で4年制大学に進学している三輪田学園では、進路指導は学年に合わせて行われます。

中1では、まず学習態度を身につけることからていねいに指導していき、徐々に自己の価値観や将来について考えていきます。高校では、仕事や大学・学部について、大学の先生がたを招いての講義のほか、OGの体験談を聞く機会も数多く設けられています。

たんなる大学受験のための指導ではなく、ひとりの女性として自立するための進路指導がなされています。

三輪田学園の「生き方教育」

「徳育・知育・体育・美育」という創立者の言葉を現代にいかした「生き方教育」を行っていることも三輪田学園の特色です。「いのち・平和・環境・自立」をテーマにし、人として生きていくときに大切なこととはなにかを6年かけて考えます。

この取り組みでは、道徳とロングホームルームの時間のなかで、講演・見学・調べ学習と発表・討論会などが行われます。たとえば、中学2年で全員が取り組むボランティアは、働くおとなの人たちを間近で見るという、自立につながる社会学習の一環です。

中高時代の感性の豊かな時期に、さまざまな経験をさせ、考える機会を多く持たせたいという学園の姿勢がここにはあります。

SCHOOL DATA

- 東京都千代田区九段北3-3-15
- JR線ほか「市ヶ谷」徒歩7分、JR線ほか「飯田橋」徒歩8分
- 女子のみ514名
- 03-3263-7801
- http://www.miwada.ac.jp/

武蔵中学校

東京
練馬区　男子校

旧制高校の伝統を色濃く残す超名門校

武蔵中学校では、学問を学ぶ姿勢が重視され、安易に解答を得るよりも、徹底的に自分で調べて自分で考える「自調自考」の精神が尊重されています。授業内容も外部から「大学院のような」と言われる独自のものが多く、生徒の創造性の育成に努めています。

多くの卒業生が東京大に合格し、開成、麻布と男子難関3校のひとつと称されながらも、東京大進学は目的ではなく学問を究めるための選択肢のひとつと泰然自若を貫きます。

「真に自立した人間」の育成に努める

試験ができても常識的な判断力がつかなければダメ、人格形成、身体発育、学力養成の各面で円満な人間を育てたい。終始一貫、「教養教育」の方針に則って教育が行われ、東大進学のみを是とする風潮と距離をおく、いかにも武蔵らしい教育哲学があります。

授業内容も受験とは一線を画し、単純に解答がでればよいということではなく、そこにいたるプロセス、考え方が尊重されます。そのため生徒は自主的に調べものに向かい、武蔵中の「自調自考」の精神が発揮されるのです。これにより生徒は独創性を養い、個性の伸張と独立心を獲得していきます。

生徒国外研修制度で充実した留学へ

教室での外国語学習を発展させ、外国の文化を直接体験できるように、「生徒国外研修制度」があります。多くの学園関係者の尽力により1988年に発足しました。

これは毎年、第2外国語上級選択者のなかから選考された10数名が、往復旅費などを支給され、短期の国外留学をすることができるという制度です。留学期間約2カ月のうち6週間は、ホームステイをしながら提携校に通学、その後2週間ほど個人旅行を行います。

また、提携校からも日本語を学んでいる生徒が毎年20名近く来日し、生徒の家庭に滞在して通学します。

SCHOOL DATA

- 東京都練馬区豊玉上1-26-1
- 西武池袋線「江古田」、西武有楽町線「新桜台」、都営大江戸線「新江古田」徒歩7分
- 男子のみ528名
- 03-5984-3741
- http://www.musashi.ed.jp/

武蔵野中学校

世界で通用するグローバル人材を育成する

1912年（大正元年）創立、2012年（平成24年）に100年を迎えた武蔵野中・高では、創立以来、「他者を理解した上で、自ら考え、そして行動する人間たれ」という「他者理解」を教育理念として掲げています。この「他者理解」の精神は、グローバル化の進むこれからの社会で重要となります。創立100年を越えた武蔵野では、つぎなる100年を見据え、世界で通用するグローバル人材の育成をめざし、さまざまな特色ある教育が展開されています。

週10時間授業・独自の英語教育

グローバル人材に必須となる英語力。武蔵野では、文法や読解を軸とした授業を週4時間日本人教師が行い、コミュニケーション力の育成をめざした授業を週6時間外国人教師が行っています。とくにコミュニケーション力の育成をめざした授業に関しては、日本国際教育センター（JIEC）と共同開発した「LTE（Learning Through English）」という英語教育プログラムを採用。外国人教師とひとつのテーマを英語で考え、英語で発表するというワークスタイルの授業である「LTE」で、英語力とともにグローバル社会で必要となる7つのスキル（共有する・探求する・表現する・挑戦する・助け合う・自己管理・自分を振り返る）を身につけることができます。

英語以外の教科指導も充実。「わかるまで、できるまで」を信条に、きめ細かな指導を展開しています。校内には、レベルアップを望む生徒のために自主学習支援施設「武蔵野進学情報センター」を併設し、だれでも夜9時まで利用でき、自習したり、常駐する講師による個別指導を受けることができます。

さらに、電子黒板の利用やひとり1台貸与されるiPadの活用、それにともなうMacによる情報の授業など、ICTを駆使した教育システムを採用していることも特徴です。

数々の先進の教育システムで未来をめざす武蔵野に注目が集まっています。

※「iPad」と「Mac」はApple Inc.の商標です。

SCHOOL DATA

- 東京都北区西ヶ原4-56-20
- 都電荒川線「西ヶ原四丁目」徒歩5分、都営三田線「西巣鴨」徒歩10分
- 男子21名、女子25名
- 03-3910-0151
- http://www.musashino.ac.jp/

武蔵野女子学院中学校

「国際化」「理系進学」「他大進学」

武蔵野女子学院は、その教育の大きな特色として、①建学の理念である仏教教育を基盤として、心を育む教育を推進すること、②学力を伸ばし、希望の進路を達成すること、③恵まれた自然と、落ち着いた雰囲気のなかで「身につけるべきこと」を着実に指導します。

特色ある「薬学理系コース」

併設の武蔵野大学の薬学部開設とともに高校に設置された「薬学理系コース」は、併設されている武蔵野大学薬学部への優先入学をめざすだけのものではなく、難関国公立私立大学の理系学部への進学をもめざすコースです。その特色をいかすため、3年間クラス替えやコース変更がなく、独自のカリキュラムを組んで進学指導を行っています。また、併設大学に薬学部がある強みをいかした「高大連携授業」も、「薬学理系コース」の大きな特徴です。

もう一方の「進学コース」には「総合進学」と「選抜文系・文理系」の2クラスがあり、国公立大、私立大文系・理系をめざす選抜クラスとなり、生徒の選択肢は大きく広がっています。

国際理解教育の充実

国際化時代のなか、生徒が国際社会を身近に感じられるよう、多くの施策を行っています。

中1から中3の各副担任はネイティブの教師で、もちろん授業も、中1からネイティブ教師による英語教育となっています。

そして、修学旅行はオーストラリアで海外を体験します。

高校では夏休みを利用した短期留学（ホームステイ）も実施しています。さらに、長期留学もしっかり応援しており、高1・高2で1年間留学した生徒に対しては、帰国後30単位を認定し、3年間で卒業できるよう配慮しています。

SCHOOL DATA

- 東京都西東京市新町1-1-20
- 西武新宿線「田無」バス5分、JR・西武多摩川線「武蔵境」バス7分、JR線・地下鉄東西線「三鷹」バス10分
- 女子のみ303名
- 042-468-3256
- http://www.mj-net.ed.jp/

武蔵野東中学校

高校受験できるユニークな中学校

　併設の普通高校を持たず、毎年、首都圏の難関高校に多くの合格者を輩出している武蔵野東中学校。しっかりした進路指導と、健常児と自閉症児がともに学校生活を送る混合教育でも知られています（自閉症児クラスは別入試・別課程）。

　武蔵野東の「心を育てる」教育のひとつに、「生命科」の授業があります。週に1時間のこの授業では、自分や他者の存在の重さ、生命の尊さを感じる人間教育を主眼に、環境・生命科学や死生観など、3年間でさまざまなテーマに取り組み考えを深めます。

　また、1〜2年生の数・英、3年生の国・数・英・社・理と論文の授業では、クラスを分割した少人数制の習熟度別授業を取り入れ、一人ひとりの生徒に目のいきとどいた指導がなされています。

　行事は生徒全体の運営、そして部活動も盛んで、とくに体操、陸上、ダンスは全国レベルの実績があります。

英語に重点をおいたカリキュラム

　カリキュラムでは英語に重点をおいています。英語の習熟度別授業の「特別コース」は、英検2級やTOEIC Bridgeにも挑戦します。中2までに中学校3年ぶんの内容を終え、中3の51％が準2級以上を取得しています。

　また、オリジナルの「プランノート」を使って自己管理し、自立した学習習慣を獲得していくことも特色のひとつです。

　高校進学に向けては、中学3年を対象にした「特別進学学習」があります。少人数のゼミ形式で、週3回放課後2時間、入試に向けた学習指導を展開しています。

　近年の合格校には都立進学指導重点校の日比谷高、西高、国立高、私立では早慶附属高、国際基督教大学高、国立ではお茶の水女子大附属高、また、ほかの難関高の名も多くあがり、中学3年60人での驚くべき実績となっています。

SCHOOL DATA

- 東京都小金井市緑町2-6-4
- JR線「東小金井」徒歩7分
- 男子177名、女子115名
- 042-384-4311
- http://www.musashino-higashi.org/chugaku.php

明治学院中学校

キリスト教に基づく人格教育

　明治学院中で3年間、同じ敷地の明治学院東村山高で3年間を過ごす中高一貫校。

　キャンパスでひときわ目を引く洋館は「ライシャワー館」、「東村山30景」にも選定され、地域にも親しまれる明治学院のシンボル的な存在です。

　これは、港区の明治学院から移築されたもので、名前の由来は、元駐日大使であったライシャワー氏の父親が明治学院で教鞭をとりながら居住していたことによるものです。

「道徳人」「実力人」「世界人」

　明治学院が長い歴史のなかで掲げてきた教育目標が「道徳人」「実力人」「世界人」です。

　「道徳人」とは、神様が与えてくださった使命に気づき、世界に広がる喜び、感動、神秘に目を見張ることのできる感性を持った人のことです。

　「実力人」とは、キリスト教人格教育の力強い働きかけによって、揺り動かされて覚醒

し、自分の歩むべき道をきちんと見定めることのできる人のことです。

　「世界人」とは、神様が比類のない愛によって支えてくださり、この世界に命を与えてくださった存在の意味を知り、自分と同じように神様から愛されている人びとのことを心にとめ、世界の平和を祈念しつつよき働き人として奉仕する力を持った人のことです。

　これらの教育目標にかなった人材を育成するため、つぎのような教育課程を組んでいます。①土曜日を含め週34時間の授業。②英語の授業を重視したカリキュラム。教材に「プログレス21」を使用。③中・高とも英語の授業の一部をネイティブ教師が担当。英検取得目標は中学卒業時準2級、高校卒業時2級。④中学では、英・国・社・数・理の授業時間が標準より多い。⑤高2・高3は、A明治学院大学推薦進学、B文系受験進学、C理系受験進学の3コースに分かれて学習するなど、学力面も強くサポートしています。

SCHOOL DATA

- 東京都東村山市富士見町1-12-3
- 西武拝島線・西武国分寺線「小川」徒歩8分
- 男子213名、女子218名
- 042-391-2142
- http://www.meijigakuin-higashi.ed.jp/

明治大学付属中野中学校

「質実剛毅・協同自治」の校風

男子中高一貫校の明大中野は「質実剛毅・協同自治」を校訓に、大学付属校の長所を存分にいかした伸びのびとした学校です。大学受験のプレッシャーを感じることなく、生徒の表情も明るく、部活動もさかんです。

中学では5項目の実践目標

明大中野では、じゅうぶんな授業時間の確保と円滑な学校行事運営のため、従来から一貫して週6日制です。中学校での教育課程は、高等学校との中高一貫教育の関連を重視し、独自のプログラムを組んで、確かな基礎学力がつくように工夫されています。

とくに英語は、外国人講師による英会話の授業を、中1・中2の段階では、1クラスを2分割した少人数クラスで行っています。

また、中学時代における大切な要素として、基本的な生活習慣の体得を掲げ①時間を大切にし遅刻をしない学級づくり②勉学に励む学級づくり③清潔できれいな学級づくり④決め

ごとを守る生徒づくり⑤挨拶のできる生徒づくりの5項目が実践目標です。

高校では、中学校で養った基礎学力を維持し、さらなる伸長を目標に勉強を進めます。

高1では、高校からの入学者が加わり、混合の学級が編成されます。すべての生徒が芸術科目以外、同じ教科を履修します。

そして、2学期に「明大特別進学講座」が実施され、明治大の各学部長から、学部の説明やアドバイスもなされます。

高2は、自己の能力や適性を見極める時期です。そのため、文科系・理科系のふたつのコースによる学級編成を採用しています。

高3では、選択・演習科目を数多く導入、個々の進路志望に応じた専門的な学習に入っていきます。明治大への推薦は、高校3年間の総合成績によって決定され、約75%が進学しています。

また、近年は、明治大以外の難関国立大など、他大学受験希望者も増加しています。

SCHOOL DATA

- 東京都中野区東中野3-3-4
- JR線・都営大江戸線「東中野」徒歩5分、地下鉄東西線「落合」徒歩10分
- 男子のみ731名
- 03-3362-8704
- http://www.nakanogakuen.ac.jp/

明治大学付属中野八王子中学校

「自ら学ぶ力」「ともに生きる力」を育む

明治大学付属中野八王子のめざす教育は、たんに知識量の多さや小手先の器用さだけではなく、自分にとってほんとうに大切なものはなにかを自身で見つけ、体現できる力を育成すること、そして、大きな自然の一員である生徒一人ひとりの豊かな情操を育むことです。こうした揺るぎない教育理念のもと、明大中野八王子では教科・行事・特別活動など、多角的、多面的に生徒の個性を引きだし、新時代を担う人材づくりに邁進しています。

「生徒一人ひとりが秘めている可能性を花開かせるには、環境、設備面からのサポートも不可欠」と考え、自然豊かで広大な敷地のなかに、各種の大型施設を設置し生徒のスクールライフをバックアップしています。

授業時間を多く確保しきめ細かく対応

明大中野八王子では、すべての生徒が高いレベルの学力を身につけられるよう、週6日授業を採用、より多くの授業時間を設け、一

人ひとりに計画的かつ綿密な指導を行い、学習内容の定着をはかっています。

また、英検・TOEIC・簿記検定など、検定・資格取得にも積極的です。2013年度(平成25年度)の中3英検準2級以上取得者が113名(72%)という成果もでています。

2013年度(平成25年度)、明大中野八王子から4年制大学への現役進学率は94.2%でした。特筆すべきは明治大への進学者数で、卒業生312名のうち243名(78%)になります。

さらに明治大の推薦権を保持したまま国公立大学・大学校への受験も可能です。2013年度(平成25年度)には、国際教養大・首都大学東京・筑波大・電気通信大・東京外大・東京学芸大・東京農大・東北大・北海道大・横浜国立大へ11人の進学者もでています。

明治大への推薦進学があることをプラスにとらえて、明治大にはない薬・看護学部など多岐にわたり進学者がでており、これも高い現役進学率につながっています。

SCHOOL DATA

- 東京都八王子市戸吹町1100
- JR線「八王子」「秋川」・京王線「京王八王子」スクールバス、路線バス
- 男子228名、女子255名
- 042-691-0321
- http://www.mnh.ed.jp/

明治大学付属明治中学校

伸びのびとした学校生活が楽しい

1912年（明治45年）旧制明治中学校として神田駿河台の明治大構内に開校し、2008年（平成20年）調布市に移転とともに共学化し、2013年（平成25年）創立100周年を迎えました。明治大学の唯一の直系付属校として、「質実剛健」「独立自治」を建学の精神とし、知性・感性・体力のバランスのとれた、人間性あふれる人物を育てます。また、中高大10年一貫教育による創造性や個性の伸長とともに21世紀のグローバル社会を担う国際人としての「生きる力」を養います。

中学・高校・大学の10年一貫教育

中高ともに週6日制でじゅうぶんな授業時間を確保し、6年間の学習で盤石な基礎学力を養成します。そのうえに大学や社会生活で必要な「言語能力」「洞察力」「実践力」「社会力」「精神力」を身につけ、これからのグローバル社会に貢献できる人材を育てます。

「言語能力」の軸となる英語教育では、習熟度別・少人数クラス編成やネイティブの先生による授業、英検・TOEIC・多読の推奨、スピーチコンテスト、海外語学研修などをとおしてオールラウンドな語学力を養います。

「実践力」の養成となる高大連携教育では、明治大各学部の教員が直接授業をする「高大連携講座」が高校3年で週2時間あります。さらに、在校中に明治大の講義が受講でき、卒業後に明治大の単位として認定される「プレカレッジプログラム」や、長期の休みを利用して「法学検定」や「簿記検定」などの資格取得を支援するサマーセミナーもあります。

また、多彩な学校行事や部活動をつうじて、「質実剛健」「独立自治」を体現し、コミュニケーション能力を養います。明治大には毎年90％以上の生徒が進学しています。推薦は、高校3年間の成績と英検・TOEICの取得状況、人物・適性を総合的に判断して決定します。国公立大にかぎり、明治大への推薦を保持したまま併願受験できます。

SCHOOL DATA

- 東京都調布市富士見町4-23-25
- 京王線「調布」・「飛田給」スクールバス15分、JR線「三鷹」・「矢野口」スクールバス25分
- 男子293名、女子209名
- 042-444-9100
- http://www.meiji.ac.jp/ko_chu/

明星中学校

世界に羽ばたく、世界で輝く

それまでの男子部・女子部を統合共学化して12年目、明星中学高等学校は「もっと輝け！」を合い言葉に、いま、新たな教育に取り組んでいます。

「学び」に対して真摯な視点で取り組み、独自のカリキュラムを実践する明星。基礎学力の充実に力を入れ、1コマ1コマの授業では、生徒一人ひとりの「学ぶ意欲」を支援する工夫がなされています。

たんに知識を教えるだけでなく、学んだことをどういかすかの「知恵」を身につける「体験教育」を実践していることが、明星教育の大きな特徴といってよいでしょう。

この基礎学力をもとに、より高いレベルの実力を養うため、明星では「週6日制」を採用。英語と数学は、生徒の理解度に応じたきめ細かな指導を行うため、中3から、「習熟度別授業」を実施しています。

さらに、一人ひとりの学びを応援するため、「個別授業フォロー」や「エクストラスタディ」も実施しています。

多読多聴・ENGLISH CAMP・カナダ研修旅行

中学校の最大の行事は、3年次に行われるカナダ研修旅行です。

このために、1年生から多読多聴を取り入れた英語の学習を始めます。多読多聴は自分のレベルに合った英語本を多量に読み聞くことによって、英語に対する親しみを抵抗なく持たせます。

2年生では、国内で3泊4日のENGLISH CAMPを実施します。このCAMPは、生徒約10名にひとりの割合でネイティブスピーカーが日本人教員とともに引率し、英語漬けの合宿生活を体験します。

3年生になると、夏休みにネイティブスピーカーによる英語講習を受け、万全の準備をしたうえでカナダ研修旅行に行きます。この研修旅行では、ホームステイをしながら現地校に通い、3年間の集大成を行います。

SCHOOL DATA

- 東京都府中市栄町1-1
- 京王線「府中」、JR線・西武線「国分寺」バス7分、JR線「北府中」徒歩15分
- 男子231名、女子230名
- 042-368-5201
- http://www.meisei.ac.jp/hs/

明法中学校

東京 東村山市 男子校

開校50周年「新たな開校」

新コース「明法GE」がスタート

2014年、明法は開校50周年を迎えました。これを期に立らあげる新コース「明法GE（グローバル・エンデバーズ）」は、"明法第2の開校"とも言える画期的なコースです。

明法GEでは「科学をつうじた人間教育」により、時代が求める人材の育成をめざします。通常の授業とは別に、科目横断的な連続4時間の授業「GE講座」を設置し、ロボット学習などをとおして科学的な思考や方法を養成します。

海外のコンテストなどにも積極的に参加することで、英語を使ってのプレゼンテーション能力やコミュニケーション力を養い、世界の若者たちと勝負できる「挑戦の場」をつくっていきます。

小さなころからの夢を、実現するための目標に変え、入学から10年後の22歳のときにその目標を実現し、あらゆる分野で力を発揮し

て社会や世界に貢献でき、世界中の同世代と渡りあっていける人材を育てることを目的としています。そのために、6年後の大学入学に向けては、自分の目標を実現する可能性をより高めてくれるような難関大学に合格できるだけの力をしっかりとつけていきます。

一方で、これまで面倒見のよさなどに定評のあった明法の教育も、新しいニーズに合わせてよりブラッシュアップされていきます。より充実した英数の習熟度別授業の展開や、発信型の英語力と21世紀型のスキルを身につける「グローバル・スタディーズ・プログラム（GSP）」の充実などで、生徒一人ひとりにきめの細かい学習指導と、国際社会に向けた人材育成、そして6年後の大学進学へのていねいな進路指導を行っていく、伝統の明法教育もしっかり継続発展されています。

新コース「明法GE」は定員36名、従来の「明法」の定員は72名、合計でこれまでどおりの108名の募集となります。

SCHOOL DATA

- 東京都東村山市富士見町2-4-12
- 西武国分寺線・拝島線「小川」徒歩15分、JR線「立川」・西武新宿線「久米川」バス
- 男子のみ183名
- 042-393-5611
- http://www.meiho.ed.jp/

目黒学院中学校

東京 目黒区 共学校

共学化しても変わらない魅力

桜の名所として名高い目黒川をのぞみ、交通の便もよい地に立つ目黒学院中学校では、初めての女子生徒を迎え、4年目となりました。

共学校となり、新たに「『実力派紳士淑女の育成』を目指して」という教育理念を掲げていますが、これまでの目黒学院の教育目標に大きな変化はありません。「明朗・勤勉・礼節」を校是として、自主的・積極的に学ぶ心と、生徒一人ひとりの個性を育むことを引きつづき目標としています。

カリキュラムにおいては、幅広く教養を身につける姿勢を大切にしているため、高校2年までは文系、理系にコース分けすることはありません。高校2年までの5年間でさまざまな科目を学ぶことで、探求心を育み自らの進む道を見つけだしてもらいたいと考えているからです。

また、早くから志望校を決定していたり、よりレベルの高い学習内容に取り組みたいという生徒のためには「発展学習」や「受験対

策講習」などの課外学習も行うことで、個々の生徒の要望に応えています。

独創性、主体性、国際性を養う

こうした教育システムと、特色ある学校行事によって、生徒の独創性、主体性、国際性を養い、個々の可能性を大きく開花させたいと目黒学院は考えています。

特色ある学校行事の一例としては、自然のなかで過ごすことで普段とはちがうことが学べる農林業体験、各クラスが一丸となって戦う体育祭、クラスやクラブ活動のグループなどで興味あるテーマを研究・発表する悟林祭（文化祭）、中3で行われるアメリカ・セミナーツアーなどがあげられます。とくにアメリカ・セミナーツアーでは、英語による理解力と表現力を高めながら、アメリカでの生活を体験することができます。

共学化を果たしても、これまでと変わらない魅力にあふれた目黒学院です。

SCHOOL DATA

- 東京都目黒区中目黒1-1-50
- 東急東横線・地下鉄日比谷線「中目黒」徒歩5分
- 男子37名、女子6名
- 03-3711-6556
- http://www.meguro.ac.jp/

目黒星美学園中学校

他者も自分も大切にする女性を育てます

目黒星美学園中学校・高等学校の教育理念は「つねに子どもとともに」という言葉に代表されます。

その理念のとおり、生徒が「自分が大切にされている」ことを実感できるよう、一人ひとりに手をかけた教育を行うことに力をそそいでいます。

都内でも最も小規模な1クラス約30名、1学年3クラスという少人数制も、その表れのひとつといってよいでしょう。

伝統の少人数英語教育

目黒星美学園の伝統的教育といえば、なんといっても創立時から力を入れている英語教育です。

学園の英語教育は、①国際社会対応型、②大学受験対応型のふたつを目標に進められているのが特徴です。

中1～中3の英会話、および中1・中2の英語の授業は、1クラスを半分に分け、15〜18人で授業を行い、できるだけ多く英語に触れ、関心を高められるよう指導しています。

英語に加え、2014年度（平成26年度）からは中1の数学にも2分割授業を導入し、基礎力を強化しています。

中3・高1では5教科総合グレード制を、高2からは、生徒一人ひとりの進路の多様化に対応するため「4コース制」（国公立文系・理系、私立文系・理系）のカリキュラムを導入し、こうしたきめ細かな進学指導の結果、進路実績も着実に上昇しています。

また、2011年3月に、21世紀という新しい時代にふさわしい新校舎・新設備への立て替えが完了し、より明るく開放的な学園になりました。

2014年（平成26年）4月からは、東急田園都市線「二子玉川駅」よりスクールバスの運行も始動し、アクセスもぐっとよくなっています。

SCHOOL DATA

- 東京都世田谷区大蔵2-8-1
- 小田急線「祖師ヶ谷大蔵」徒歩15分、小田急線「成城学園前」バス10分、東急田園都市線「二子玉川」スクールバス
- 女子のみ292名
- 03-3416-1150
- http://www.meguroseibi.ed.jp/

目白研心中学校

「スーパーイングリッシュコース」で新たな歴史を刻む

目白研心中学校・高等学校は、「じぶん、世界化」をテーマとして、世界の人びとと「共に生きる」ことを学び、これからの日本、そして世界へ通用する人材を育てるための教育を行っています。

さらに充実したコース制

目白研心は、入学すると「特別進学コース」と「選抜コース」のふたつに分かれます。

「特別進学コース」は、先取り学習を行い、問題演習に時間をかけることで国公立大・早慶上智大などへの合格をめざします。

「選抜コース」は、G-MARCHレベルの大学をめざし、じっくりと時間をかけて基礎学力を養成し、確実に実力を身につけていきます。

このふたつのコースは、高2でさらに文系・理系に分かれます。

また、このふたつのコース以外に、中3からは「スーパーイングリッシュコース」に進むことも可能です。

「スーパーイングリッシュコース」は、多様な価値観を認めあいながら、海外の生徒と対等に議論する能力を育てていきます。そのためには、相手の話を瞬時に理解し、自分の意見を論理立てて英語で述べることや会議の進行を管理するファシリテーション力、リーダーシップも必要です。そのスキルを身につけるために、目白研心の歴史ある英語教育プログラム（ACEプログラム—Active Communication in English Program）をさらにパワーアップさせ、より高いレベルで教育を行っていきます。

3つのコース制に加え、3カ国から留学先を選べる豊富な留学プログラムや「学習支援センター」によるサポート体制も魅力です。「学習支援センター」では、学習を確実に理解させるためのプログラムや目的に応じた講座が用意されています。

このような充実した教育体制を整え、生徒が高い目標を掲げて、未来へ、世界へ、自らの意志で飛び立てるように導いていきます。

SCHOOL DATA

- 東京都新宿区中落合4-31-1
- 西武新宿線・都営大江戸線「中井」徒歩8分、都営大江戸線「落合南長崎」徒歩10分、地下鉄東西線「落合」徒歩12分
- 男子33名、女子110名
- 03-5996-3133
- http://www.mejiro.ac.jp/mk/

八雲学園中学校
やくもがくえん

「世界に羽ばたいていく」人間力のある人に

旺盛な好奇心と無限の可能性を持って、世界に視野を広げ、国際人として活躍していく生徒を育てている八雲学園中学校・高等学校。中高一貫教育の大きなメリットである、「ゆとりをもって学習しながらしっかり実力をつける」教育を実践しています。

特色ある英語教育

八雲学園の特色ある教育のひとつに「英語教育」があげられます。

コミュニケーション手段としての英語を重視し、日本人教員とネイティブ講師によるチームティーチングで、読み、書き、聞いて、伝える英語を学びます。

この密度の濃い英語教育は、6年間をとおして行われ、大学受験に向けての指導とともに、豊かな国際感覚を身につけたグローバルな人材を育成します。

日々の単語学習、朗読劇や英語劇、イングリッシュキャンプの遠足、スピーチコンテスト、英語祭、アメリカ海外研修など、英語に関する行事が充実しているのも、八雲学園ならではといってよいでしょう。

学習面と生活面の両面から支える

八雲学園は進路指導にも力を入れています。夏期休暇・春期休暇4泊5日の「進学合宿」や放課後補習、個別学習指導、夏期進学講座、定期試験対策学習デーなど、徹底したサポートが自慢です。

そのほかの特色としては、中学で「チューター方式」を採用しており、担任の先生のほかに、相談相手となる先生が生徒一人ひとりにつきます。3年間にわたって、学習面と生活面の両方でアドバイスを受けることができ、生徒が抱える不安や悩みを早急に解決する体制が整います。

このような特色ある教育体制を柱にして、「世界に大きく羽ばたいていく」女性づくりに邁進する八雲学園です。

SCHOOL DATA
- 東京都目黒区八雲2-14-1
- 東急東横線「都立大学」徒歩7分
- 女子のみ476名
- 03-3717-1196
- http://www.yakumo.ac.jp/

安田学園中学校
やすだがくえん

「学び方を学ぶ」自ら考え学ぶ授業　今年共学化スタート

安田学園では、東京大など最難関国立大をめざす「先進コース」と国公立・難関私大をめざす「総合コース」の2コース制が、平成25年度よりスタートしています。

両コースとも、考え学ぶ授業がさかんです。与えられた知識を暗記して解答できるようにする学力は、長持ちしません。

そうではなく、考えて学んだ知識は、深く記憶に残り、その知識の周りに大切なものが付着し、活用力のあるものになります。

このような学びをバックアップするのが、独自の「学び力伸長システム」です。まず、英語と数学で2時間つづきの授業を設定し、予習・授業・復習を行い、学習法を自分でチェックし、教員は必要なアドバイスを行います。これを、「学習法体得授業」といいます。

そして、両教科で毎週2回ずつ小テストを行い、理解がじゅうぶんでない生徒には放課後を使って理解させ、自分で学べるように学習法を改善するための補習が行われます。

本質的な学び力を育てる「探究」

また、週1時間の「探究」の時間では、疑問に思ったことを適切な課題として設定し、それに対し仮説を考え、検証します。

この「疑問→仮説→検証→新しい疑問→…」の深化・発展こそが、根拠をもって論理的に考える力、創造的学力の育成につながります。

自然や人間・社会について、グループや個人で探究し、5年生（高校2年生）ではその論文を英国の大学生に英語でプレゼンテーションし、ディスカッションをします。

教科の授業と探究の授業（磯・森林・首都圏などの野外探究もあります）により、根拠をもって論理的に追究して考える、本質的な学びの力を育てます。その力が将来、創造的学力となり、地球規模の問題を解決できるグローバルリーダーの資質となります。

これは、創造的教育を推進する東京大の入試問題に対応する力にもなります。

SCHOOL DATA
- 東京都墨田区横網2-2-25
- 都営大江戸線「両国」徒歩3分、JR線「両国」徒歩6分、都営浅草線「蔵前」徒歩10分
- 男子309名、女子57名
- 03-3624-2666
- http://www.yasuda.ed.jp/

山脇学園中学校
やまわきがくえん

最高品質の施設と最高水準の教育を実現

創立111年目を迎えた山脇学園。女子教育の伝統を継承しつつ、現代社会でいきいきと活躍できる女性のリーダーの育成をめざし、最高品質の教育施設と最高水準の教育を実現する「山脇ルネサンス」を推進しています。新たな施設での教育プログラム導入や、新校舎の完成にともない、学習面生活面ともに改革が進んだことで、生徒は恵まれた環境で意欲的に学んでいます。

志を育て、その実現の手助けをする

山脇学園では「志を育てその実現の手助けをする」を、進路学習指導の指針として、生徒の「志」を育てるプログラムを、体系立てて実施しています。中1・中2では自分と社会への理解、中3・高1では大学での学びへの深い理解、高2ではより具体的な個々の進路設計、という段階的なプログラムで、大学進学とその先の将来に向けての、強いモチベーションを持たせます。また、「イングリッ

シュアイランド」と「サイエンスアイランド」は、国際社会で活躍する志や理系高度専門職への志と資質を育てる施設として新設され、大学との連携や本格的で高度な体験学習など、実践的なプログラムを展開しています。

また、校外学習も「志」を育む機会ととらえ、さまざまな課題に取り組むプログラムとなっています。語学研修として、中2での「ブリティッシュヒルズ英語研修」、中3での「英国語学研修」、高1での「オーストラリア語学研修」、高2での「米国ボストン短期留学体験」（いずれも希望制）があります。

「志」を実現に導くためのプログラムとして、高校での授業は文理別の選択カリキュラムを実施。また能動的に学ぶ姿勢を養成する「自学自習の時間」や、そのための施設「自学館」、補習やレベルアップ講座を置いた「土曜特別授業」、発展的な学習を行う「放課後特別授業」など、個々の生徒を最大限に伸ばすフォローアップ体制は万全です。

SCHOOL DATA

- 東京都港区赤坂4-10-36
- 地下鉄銀座線・丸ノ内線「赤坂見附」徒歩5分、地下鉄千代田線「赤坂」徒歩7分、地下鉄有楽町線・半蔵門線・南北線「永田町」徒歩10分
- 女子のみ766名
- 03-3585-3911
- http://www.yamawaki.ed.jp/

立教池袋中学校
りっきょういけぶくろ

「生き方にテーマのある人間」を育成

2012年度から完全週6日制、そして独自の新カリキュラムに移行した立教池袋。学年定員はそのままに、従来の3クラスから4クラスにしてクラスサイズを小さくし、よりきめ細かな教育に転換しました。

そして2013年春、新教室棟、総合体育館、屋内プール、人工芝グラウンドとハード面でも生徒たちをサポートできる体勢が整いました。

キリスト教による人間観に立ち、①テーマを持って真理を探究する力を育てる　②共に生きる力を育てる　というふたつの教育目標を掲げて「神と人を愛する、生き方にテーマのある主体的な人間」を育むことをめざしています。

立教池袋では、この教育目標のもと、学校生活の基本に祈りを据え、礼拝・聖書を大切にし、そのうえで、学習のあり方や友人関係、教師と生徒との心のふれあい、節度と秩序、マナーなど、日々の教育活動のすみずみにまでその精神が浸透しています。

徹底した少人数制

クラスサイズ変更で、中高6年間各4クラスという、少数精鋭での一貫教育に磨きがかかります。

中高6学年をとおして英語の正課授業は20人以下の学級で、帰国生を中心にした英語Sクラスは生徒10人以下の編成です。

また、中学各学年に配した選修教科「選科」、高校生の選択講座などは、約40講座が開講されています。

立教大との一貫連携教育も魅力のひとつです。

高1で行われる大学教授特別講座などの「立教学院一貫連携教育」は、各人の学力を高めるとともに、進路や人生そのものを考えさせるという効果があります。また、大学講座特別聴講生制度もあり、高3では、立教大の講義を受講し高校や大学の履修単位にすることも可能です。

SCHOOL DATA

- 東京都豊島区西池袋5-16-5
- JR線ほか「池袋」・西武池袋線「椎名町」徒歩10分、地下鉄有楽町線・副都心線「要町」徒歩5分
- 男子のみ436名
- 03-3985-2707
- http://ikebukuro.rikkyo.ac.jp/

立教女学院中学校

「知的で、品格のある、凛とした女性」に

立教女学院の創立は、1877年（明治10年）。プロテスタントの宣教師・ウイリアムズ（Channing Moore Williams）によって設立されました。創立以来、キリスト教信仰を基盤に、「精神的、倫理的なものに価値をおき、他者に奉仕できる人間を育てる」こと、「グローバルな視野を持った知的に有能な人間に育てる」こと、「自由で自立した女性としての行動力ある調和の取れた人間を育てる」ことを目標とした教育が実践されてきました。そのめざす具体的な女性像は、「知的で、品格のある、凛とした女性」です。

立教女学院の1日は礼拝で始まります。授業前の20分間、自分の心を見つめます。人に仕える精神、平和への意志はここで生まれているのです。また、年間をつうじてさまざまなボランティア活動への参加を奨励しているのも、立教女学院の特徴です。

具体的な授業においては、国語、数学、英語、理科は中学3年で高校の先取り授業を行っています。中学・高校とも、英語は学習進度別クラス編成を行い、ホームルーム・クラスよりも少人数での授業を展開。国際社会において英語で意見を表明できる「発信型英語能力」の育成をめざしています。

特色ある「ARE学習」

独自の学習に「ARE学習」があります。自らテーマを求め（Ask）、調べ（Research）、言語化して発表する（Express）学習で、一般的な総合学習にあたります。中学では、学力を養い広く社会に貢献できる人間になることをめざし、高校では、この「ARE学習」をとおして卒業論文を作成します。

また、立教女学院では、創立者を同じくする立教大への推薦制度があります。他大学を受験する生徒へのサポート体制も整っており、高2、高3では理系コース、文系受験コース、文系立大コースに分かれるコース制を導入しています。

SCHOOL DATA

- 東京都杉並区久我山4-29-60
- 京王井の頭線「三鷹台」徒歩2分
- 女子のみ593名
- 03-3334-5103
- http://hs.rikkyojogakuin.ac.jp/

立正大学付属立正中学校

「立正は新しく」の合言葉でリスタート

「大崎の地から馬込の地へ」2013年（平成25年）春、立正大付属立正は移転、それを期に新しく生まれ変わり、よりよい教育をめざして動きだしました。これからの社会で求められる人は、仲間とともに、社会のために力を発揮できる人です。

また、周囲への「親切」を心がけ、「勇気」をもって正しさを貫き、「感謝」の気持ちを欠かさず行動していける人です。

立正の建学の精神である日蓮聖人の教え「行学二道」は、知識や経験（学）を、実際に行動でしめすこと（行）の大切さと、その結果を新たな学びにいかすことの大切さを説いています。蓄えた力、アイデアは行動に移してこそ意味があります。積極的に、自主的に「行学二道」を体現できる、思いを行動で伝えられる人を育てることが教育目標です。

新キャンパス、新教育プログラム

多くの文士・芸術家たちが集った町、西馬込に新キャンパスが誕生しました。これまでの3倍という校地に、新時代にふさわしい施設、設備が充実し、教育の未来を描いた「杜の学び舎」で新たな学校生活が展開されています。

さらに、新たな教育プログラム「R-プログラム」が始動しています。

これはResearch（調べる力）、Read（読み取る力）、Report（伝える力）を蓄えて、学力や経験をいかすために必要な人間力の構築をめざすプログラムです。

中高6年間をつうじてステップアップしつづけていく多彩なプログラムで、大学進学後、さらにそのさきの社会にでてからも有用な力を身につけます。

すべてが新しくなった立正のシンボルとして新制服が、採用されています。軽い着心地と、シルエットの美しさをともに両立させたデザインの、濃紺ブレザースタイルに笑顔がはじけています。

SCHOOL DATA

- 東京都大田区西馬込1-5-1
- 都営浅草線「西馬込」徒歩5分
- 男子289名、女子170名
- 03-6303-7683
- http://www.rissho-hs.ac.jp/

早稲田中学校

「誠」を基本とする人格を養成

早稲田中学・高等学校は、早稲田大のおひざもとにある早稲田大系属校のひとつです。長い伝統を誇り、早稲田大への進学ばかりではなく、他大学進学者も5割程度と、進学校としての趣が強い学校です。男子だけの中高一貫教育を行い、高校からの募集はありません。

「誠」とは、人間としての基本となるべき心の持ち方であり、言行の一致に基づく誠意・真剣さなどとして発現されます。この精神は坪内逍遙により校訓として掲げられ早稲田中・高の人間教育の基本精神となっています。

「個性」の立つべき根幹を早稲田中・高では独立・自主・剛健においています。これは、大隈重信の人格の主要な一面でもありました。早稲田中・高では、こうした個性の発揚・伸長をうながすことに努めています。

推薦入学制度で早大へ

早稲田中・高は早稲田大の系属校として、

その歴史を刻んできました。

1981年度（昭和56年度）高校卒業生からは早稲田大への推薦入学制度も発足し、学校所定の推薦基準により早稲田大への進学の志のある生徒を各学部に推薦しています。

その推薦基準は、(1)心身ともに健康であること。(2)大学での勉学に関して、明確な志向と熱意をもち、それにふさわしい能力、適性を備えていること。(3)出席状況が良好であること。(4)高校3年間の7つの教科・教科群の評価平均値において4・0未満の教科・教科群がないこと（10段階評価）となっています。

早稲田中・高では、生徒自身が進学したい大学・学部を決めるため、推薦枠をいっぱいに使わない厳しい選抜を行っていることが大きな特徴です。このような方針のもと、日々の授業は密度が濃く高レベルになっています。その基礎力があって、さらに実力もアップ、早稲田大のほかにも、国公立大学、難関私立大学などへの進学が可能です。

SCHOOL DATA

- 東京都新宿区馬場下町62
- 地下鉄東西線「早稲田」徒歩1分
- 男子のみ939名
- 03-3202-7674
- http://www.waseda-h.ed.jp/

早稲田実業学校中等部

2期制で充実したカリキュラム

早稲田実業学校は早稲田大の系属校であり、2013年度の高等部卒業生374名のうち、他大学医学部進学者など10名をのぞく364名が早大に推薦入学しています。

その教育課程は、中等部・高等部ともに2期・週6日制です。カリキュラムは、中学校として要請されている課程をふまえながら、バランス感覚を備えた人物育成のため、基礎学力をしっかりと身につけるような工夫がなされています。

生徒の旺盛な知的好奇心に応えるため、工夫を凝らした授業を行っています。高等部2〜3年次には早稲田大の講義も受講可能です。

また、PC教室、CALL教室、各種実験室、芸術教室などの設備や外国人講師による指導など、とても充実した授業となっています。各クラスはチームワークがよく、教室はいつも伸びやかな雰囲気で、活気にあふれています。中等部から高等部へは、一定の成績基準を満たせば進学でき、高等部からの入学生と

の混合クラスになります。

希望と自由に満ちた充実した早実ライフ

勉強にいそしみ、スポーツに打ちこみ、芸術に情熱を燃やす、みずみずしい感性を磨く中学時代。受験勉強に明け暮れることなく多感な10代をいきいきと過ごし、のちの人生を生きていくうえで、とても大切なことです。

一人ひとりが元気にスポーツを楽しむ体育祭と、機知に富んだ個性を発表する文化祭は、まさに文武両道を謳う伝統の校風そのもの。

さらに、貴重な学習をする総合学習・校外教室など、生徒の自主性と個性を尊重する早稲田実業ならではの多彩な学校行事をつうじて、友情やきずなが育まれていきます。

男女、仲がよく、互いに助け合いながら学校生活を送るなかで成長していく生徒たち。その明るくはじける笑顔が早稲田実業学校の学校文化を端的に表しているといっていいでしょう。

SCHOOL DATA

- 東京都国分寺市本町1-2-1
- JR線・西武線「国分寺」徒歩7分
- 男子475名、女子240名
- 042-300-2121
- http://www.wasedajg.ed.jp/

早稲田大学高等学院中学部

早稲田大学「附属」では唯一の中学校

早稲田大の中核となる生徒の育成

2010年（平成22年）4月に早稲田大学高等学院に中学部が誕生しました。早稲田大学の系列校には、早稲田大が直接運営している「附属校」と、早稲田大とは別の法人が運営する「系属校」があります。そのなかでも、中学部は早稲田大が設立する唯一の附属中学校です。

早稲田大学高等学院は、1920年（大正9年）に旧制の早稲田大学早稲田高等学院として発足し、長い歴史を持っています。

中学部に入学した生徒は、創立以来、高等学院が培ってきた自由とアカデミズムのもとで、早稲田大の中核となるべく成長していくことが期待されています。

1学年は120名という少人数で構成されています。

生徒一人ひとりの個性を伸ばすことをめざし、自学自習の精神を身につけながら、いまなにをすべきかを自分で考え、行動できる人材へと育てることを目標としています。

つねに探求心を持つ生徒を望む

早稲田大学高等学院は、「入学すれば早稲田大に進学できるから安心だ」という学校ではありません。自分自身や社会・科学について、深く考えることを求められます。

そのため、学問に対する探求心や好奇心を喚起する授業が展開されているほか、生徒の自主的な活動もさかんに行われています。

たとえば、「環境プロジェクト」「模擬裁判プロジェクト」といった、生徒が主体的に環境問題や裁判について考え、学んでいく活動もあります。

もちろん、部活動もさかんで、高校ではアメリカンフットボール部、軟式野球部、ボート部などの活躍が光っています。中学部は1年生奈良、2年生長野、3年生長崎の宿泊研修があります。

SCHOOL DATA

- 東京都練馬区上石神井3-31-1
- 西武新宿線「上石神井」徒歩7分、西武池袋線「大泉学園」・「石神井公園」バス
- 男子のみ367名
- 03-5991-4151
- http://www.waseda.jp/gakuin/chugaku/

和洋九段女子中学校

将来を見据えながらいまを大切にする

和洋九段女子中学校では、創立時の教育理念である「和魂洋才」をさらに発展させ、「先を見て齊える」という現在の校訓が生まれました。この校訓には、過去よりも未来よりも、「いま」がいちばん大切であり、将来を見据え、いまなにをするべきかを考えてほしいという意味がこめられています。この校訓をもとに、「進学指導の強化」、「国際化教育の推進」、「情報教育の充実」、「自主活動の展開」、「生活指導の充実」という5つの項目を重点目標として掲げ、知・徳・体のバランスのとれた女性を育成するための教育を行っています。

きめ細かな指導で生徒の学力をサポート

「進学指導の強化」を重点目標に掲げる和洋九段では、内容の濃い授業が毎日展開されていることに加え、校内に電子黒板や机、イスが設置されているスペースが設けられており、教員が生徒一人ひとりにきめ細かな個別指導をすることが可能となっています。

さらに、国際教育にも力を入れており、夏季留学制度や、交換留学制度などの国際交流プログラムのほか、放課後に開放される「英会話サロン」では、ネイティブの講師と英語だけを使用してコミュニケーションをとることで、自然と英語力が向上します。

そのほか、特徴的な取り組みとして、中1～高3の全学年に設けられている「自主活動」の時間があげられます。生徒の自主性を養うために、それぞれの学年に合った活動を行い、最終的には高3で個人論文を完成させます。

また、生活指導の一環として、伝統芸能の鑑賞、お茶やお花の稽古、小笠原流の礼法の学習なども行っています。これらの活動をとおして、生徒は日本文化を理解し、美しい所作を身につけた女性へと成長していきます。

5つの重点項目に沿ったこのような教育のもと、いまを大切にしながら、将来を見据えることのできる女性を育成している和洋九段女子中学校です。

SCHOOL DATA

- 東京都千代田区九段北1-12-12
- 地下鉄東西線・半蔵門線・都営新宿線「九段下」徒歩3分、JR線・地下鉄有楽町線・南北線・都営大江戸線「飯田橋」徒歩8分
- 女子のみ303名
- 03-3262-4161
- http://www.wayokudan.ed.jp/

自主独立の精神を育む

Asano
Junior High School

大転十起

平成27年度入試 説明会（保護者の方対象）を下記の通り行います。
本校ホームページにて詳細をご参照の上お申し込みください。

入試説明会日程	10/11(土)	10/18(土)	10/20(月)	10/21(火)	10/22(水)	10/23(木)
	第1回	第2回	第3回	第4回	第5回	第6回
	14:00~15:20		11:00~12:20			
	各回の定員は500人です。 ※学校施設見学はございません。					

学校行事日程	打越祭（予約不要）	
	第1部文化祭	第2部体育祭
	9/14(日)・15(月・祝) ※雨天実施	9/24(水) ※雨天順延

学校説明会や学校行事などのお申し込みや最新情報、
詳しい情報は、ホームページをご覧ください。

　浅野中学校　　検索

 浅野中学校

〒221-0012　神奈川県横浜市神奈川区子安台1-3-1　TEL.045-421-3281(代)　FAX.045-421-4080

「ワタシ」を育てる。
「わたし」を見つける。

※詳細はホームページをご覧ください

2014年 中学部学校説明会・入試相談会・オープンスクール・公開行事日程

学校説明会
[終了後、個別相談も行います]

9/5 金
10:00〜12:00
・卒業生による
パネルディスカッション
・授業参観

11/8 土
10:00〜12:00
・保護者による
パネルディスカッション
・授業参観

12/6 土
10:00〜12:00
・過去問解説会
※人数把握のため予約を承ります

1/10 土
10:00〜12:00
・ラストスパート対策講座
※人数把握のため予約を承ります

オープンスクール
（要予約）

8/2 土
9:30〜12:30
・生徒による学校紹介
・体験授業

10/4 土
9:30〜12:30
・部活体験
※昼食あり

入試相談会

1/16 金
13:00〜16:00

公開行事

8/24 日
11:00〜16:00
学園オープン
キャンパス

9/13 土
体育祭

11/3 祝 **・4** 火
相生祭

1/24 土
主張コンクール

2/21 土
合唱コンクール

ナイト説明会

10/17 金
19:00〜20:00

11/28 金
19:00〜20:00

12/19 金
19:00〜20:00

1/23 金
19:00〜20:00

相模女子大学中学部・高等部
Sagami Women's University Junior & Senior High School

http://www.sagami-wu.ac.jp/chukou/

〒252-0383　神奈川県相模原市南区文京2-1-1　TEL.042-742-1442　FAX.042-742-1441

本年も **サレジオ祭** で、

のびのびと学院生活をおくる
サレジアンの姿をぜひご覧ください。

サレジオ祭

9／20（土）・9／21（日）

10:30〜16:30　　　　9:00〜16:00

小学生のお子さんも一緒に楽しめるゲーム企画や音楽企画、
生徒による模擬店販売や、運動部の招待試合などが人気です。
また、入試相談コーナーや体験授業が、例年実施されております。
皆さんお誘いあわせのうえ、お気軽にいらっしゃってください。

学校説明会

9／6（土）・10／4（土）・11／1（土）

14:00〜15:40　本校ドン・ボスコシアターにて
（ご希望の方は終了後、校内見学にご参加いただけます）

中学入試報告会

2015年 3／29（日）

本校ドン・ボスコシアターにて（新6年生対象）

すべて予約は不要です。

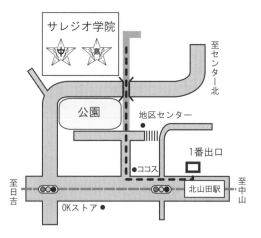

横浜市営地下鉄
グリーンライン **北山田駅** 徒歩 **5** 分

☆中 ☆高 **サレジオ学院中学校・高等学校**

情操豊かな青少年を中高一貫で育てる
男子校ミッションスクール

〒224-0029　横浜市都筑区南山田3−43−1　℡045−591−8222　　｜ サレジオ学院 ｜ 検索 ｜

さあ！『湘南から未来へ』

創立80周年を経て、新たな理想を掲げてより魅力ある学校づくりを目指します。

- 2013年12月「ユネスコスクール」に認定
- 本校独自の「総合学習」を核とした「湘南学園ESD」の推進

「カフェテリア」もいよいよオープン！

ケーキ
タンドリーチキン

兌明会等の日程] 各回多彩なコンセプトで実施。申込方法：FAX・ホームページ。

学校兌明会	9/20(土)	時間 9:30～12:20 申込期間 8/1～9/15

湘南学園を知ろうNo.2
夏力！ 湘南学園の実践を紹介＆ミニオープンキャンパス

	10/25(土)	時間 9:30～12:00 申込期間 9/16～10/19

湘南学園を知ろうNo.3
"こだわりの第1志望"を励ます6カ年指導・実践とは

入試説明会	11/19(水)	時間 9:30～12:00 申込期間 10/20～11/13

必勝！ 入試情報編

	12/20(土)	時間 9:30～12:20 申込期間 11/14～12/14

入試問題にチャレンジ！ 直前対策編

学園祭	10/4(土) 5(日)	場所 湘南学園キャンパス 時間 9:30～15:50

予約不要 個別相談会あり

学校見学期間	※要電話予約 申込期間はHPでご確認下さい。	[夏]7月24日(木)～7月26日(土) 8月21日(木)～8月23日(土) ① 9:30～ ②11:00～	[冬]1月10日(土)・13日(火)・14日(水) 1月15日(木)・16日(金)・17日(土) ①10:00～ ②11:00～

学校法人湘南学園
湘南学園中学校高等学校

〒251-8505　藤沢市鵠沼松が岡3-4-27　TEL.0466-23-6611（代表）　FAX.0466-26-5451

最寄駅　小田急江ノ島線　鵠沼海岸駅徒歩約8分

http://www.shogak.ac.jp/highschool/

求めなさい そうすれば与えられる
探しなさい そうすればみつかる
門をたたきなさい そうすれば開かれる
（マタイ7章7節）

Misono Jogakuin Junior & Senior High School

MIS♥NO

学校説明会　※予約不要
11月24日（月・祝）　9:30〜11:30（予定）
6年生対象過去問題勉強会
小学生対象体験入学

12月14日（日）　9:30〜11:30（予定）
面接シミュレーション
体験入学

親子校内見学会　※要予約
（5年生・6年生の親子限定）
7月19日（土）　後日詳細
10月25日（土）　後日詳細

授業見学会　※要予約
11月・1月・2月
（各月1回予定、1月は6年生および6年生の保護者限定）

聖園祭（文化祭）
9月20日（土）・21日（日）
〈予備日・22日（月）〉
教員・保護者・高3生による入試相談コーナーあり

クリスマスタブロ　※要予約
12月20日（土）　14:00〜15:30（13:30開場）
生徒による聖劇上演

2014年3月卒業生の15%が国公立早慶上智へ進学

聖園女学院 中学校
高等学校

〒251-0873 神奈川県藤沢市みその台1-4
TEL.0466-81-3333　http://www.misono.jp/

国立・私立中学校プロフィール

神奈川

浅野中学校

神奈川
横浜市
男子校

「各駅停車」で育む自主独立の精神

1920年（大正9年）、実業家・浅野總一郎翁によって創立された浅野中学校・高等学校。大学進学実績のよさに加え、伝統である「自主独立の精神」を重視する明るい校風は、多くの保護者からの熱い支持を受け、今日にいたります。

青春の真っただなかに位置する中学・高校時代。浅野は、たくさんの経験・であい・ふれあいを大切にし、ゆっくり伸びのびと歩みながら6年間を大切に使って成長してほしいと願う、いわば「大学受験行きの特急」ではなく、「各駅停車」の学校です。

希望大学への進学を実現するカリキュラム

授業は6カ年を見通してカリキュラムを構成し、大学受験と関連した内容ならびに時間配当になっています。

中1・2年で中学の学習内容を履修しながら、基礎力を身につけます。国語、数学、英語、理科などの教科では中3で高校レベルの

内容も学習します。これは、高2からの希望進路に応じた授業体系に移行するためで、オリジナルテキストの導入や中身の濃い授業が、進度をあげることを実現しています。

高2からは志望を基本にクラスが分かれます。長年のノウハウと実績に裏付けされた授業展開で、生徒の学力向上において大きな成果をあげています。

忘れてならないのは、浅野ではなによりも日常の授業を第一に考えていることです。日頃から予習・復習の学習習慣を身につける指導が行われています。

徹底した学習指導がある一方、「学校は人間形成の場である」という基本をふまえ、日常のあいさつから人との接し方、ルールを守るといったことができて、初めて勉強に言及すべきだとも考えています。

中高一貫独自の指導体制と、当たり前のことを大切にする教育のなかで、浅野生は明るく自由な学園生活を送っています。

SCHOOL DATA

- 神奈川県横浜市神奈川区子安台1-3-1
- JR線・京浜急行線「新子安」徒歩8分
- 男子のみ269名
- 045-421-3281
- http://www.asano.ed.jp/

栄光学園中学校

神奈川
鎌倉市
男子校

理想的な教育環境を実現

JR大船駅から徒歩15分。緑多き小高い丘陵地に栄光学園のキャンパスは立地します。

恵まれた教育環境のなか、栄光学園では、つぎの6つを教育理念として掲げています。「真理を求め、たえず学び続ける人間。素直な心を持ち、人々に開かれた人間。確信したことを、勇気をもって実行する人間。自分の力を喜んで人々のために生かすことのできる人間。己の小ささを知り、大いなる存在に対して畏敬の念をもつ人間。多くを与えられた者として、その使命を果たすことができる人間」。

そして、この理念に基づき、社会に奉仕できるリーダーの育成にあたっています。大学への良好な進学実績はあくまで結果であり、他者に貢献できる人間教育こそが本来の学園の目的です。自分で考え、判断し、実行することができ、さらに謙虚な反省をとおして自己を向上させられる人間の育成をめざしています。

その例をあげると、たとえば、毎週1時限

「倫理」の授業があり、人間について幅広い理解力や判断力を養う場として、創立以来大事にされています。

自立をめざす学習指導

じっくりと人間教育にあたる栄光学園の姿勢は、学習においてもつうじるものがあります。自ら学ぶ「自学自習の精神」を養うことに努め、また学習内容の消化・定着をはかるため、毎日最低2時間の家庭学習の習慣化を課しています。

中高6年間は2年ごとに3つのブロックに分けられます。初級段階では基本の学習習慣と生活習慣を学び、中級段階でそれを発展させ、自発的・意欲的に学ぶよう指導します。そして6年間の最終段階では学んで体験してきたことを総合し、自らの可能性を追求する指導が行われます。

各ブロックで生徒の発達段階を考慮し、効率的に生徒たちの能力を育成していきます。

SCHOOL DATA

- 神奈川県鎌倉市玉縄4-1-1
- JR線・湘南モノレール「大船」徒歩15分
- 男子のみ554名
- 0467-46-7711
- http://ekh.jp/

神奈川学園中学校
<small>かながわがくえん</small>

「わたしをすてきにする」学校

　神奈川学園中学校・高等学校の前身となる「横浜実科女学校」は、1914年（大正3年）、「女子に自ら判断する力を与えること」「女子に生活の力量を与えること」を建学の理念に開校されました。創立以来、宗教色のない学校として、「自覚」「心の平和」「勤勉」を校訓に、現代に生きる人間教育を進めてきました。

　神奈川学園では、2000年（平成12年）から、生徒の「学習力」と「人間力」を育てることを目標とした「21世紀教育プラン」を実施しています。21世紀に求められる人間像は、「自立」と他者との「共生」だと考え、「人と出会い、社会と出会う」生き方の探究をプランの骨格としています。その柱となっているのが、中3で沖縄、四万十川、水俣、奈良・京都の4方面から選ぶ国内FWと高1でイギリス、イタリア、トルコなど5方面から選ぶ海外研修。これらの研修は、日本文化の本質を実感し、世界の広さを知ることで一人ひとりに大きな成長をもたらします。

　また、学習面では2008年（平成20年）からの完全中高一貫化にともない、6日制を採用し、無理のない先取り学習を実現し、高1までで必修科目をほぼ学び終えることが可能になりました。

一人ひとりを伸ばす

　授業内容も独自性豊かです。各教科で採用しているオリジナルテキスト、中学3年間での「理科100実験」、個別の「まとめノート指導」など、生徒の知的好奇心を刺激し、確かな学力を育てる仕組みにあふれています。また、中学では2人担任制を採用し、一人ひとりをていねいに見守る体制を確立しています。

　こうした取り組みの成果もあって、2014年（平成26年）3月卒業生は「難関」とされるG-MARCH以上の大学に145名が合格、5年前の3倍に達しました。

　神奈川学園は、一人ひとりの夢の実現を強く確かにサポートしています。

SCHOOL DATA

- 神奈川県横浜市神奈川区沢渡18
- JR線ほか「横浜」、東急東横線「反町」徒歩10分
- 女子のみ598名
- 045-311-2961
- http://www.kanagawa-kgs.ac.jp/

神奈川大学附属中学校
<small>かながわだいがくふぞく</small>

建学の精神は「質実剛健・積極進取・中正堅実」

　横浜市に17万㎡ものキャンパスを有する神奈川大学附属中学校・高等学校。ぜいたくなほどの豊かな緑ときれいな空気が学校を包みます。

　建学の精神は「質実剛健・積極進取・中正堅実」です。「質実剛健」は飾り気なく真面目で心も身体も強いこと。「積極進取」はなにごとも進んで行うこと。そして、「中正堅実」は質実剛健・積極進取の精神を自覚したうえで、ものごとの本質を見極め、自ら主体的に行動することです。

　この建学の精神のもと、神奈川大附属では、生徒一人ひとりが自分のなかに潜む可能性を引き出し、伸ばし、たくましく生きる力を育んでいます。

　学校としての基本姿勢は「進学校」ですが、そのなかであくまでも「個」を大切にし、自主独立の精神を尊重して、自分の足でしっかり立つことのできる人間の育成に努めています。

「生きる力」を養う6つの教育目標

　こうした人材を育成するために神奈川大附属が掲げているのが、「生涯教育の立場」「男女共修の立場」「情報化社会への対応」「個別化・個性化の立場」「国際化への対応」「"生き方探し"の進路指導」の6つです。大学進学へ向けて受験科目の指導に重点を置きながらも、それだけに偏らない教育を行うことで、自主独立の精神を育む「生きる力」を生徒たちは身につけます。

　進路については、まず、併設の神奈川大に学校長の推薦を基本とした内部推薦制度があります。推薦入学試験が11月（第Ⅰ期）と3月（第Ⅱ期）の2回実施され、約70名の推薦人数枠が設けられています。第Ⅰ期推薦で、国公立大受験者に対し、神奈川大との併願が認められます。こうした制度にも後押しされ、東京大をはじめとした難関大学にも多数の合格者を輩出しています。

SCHOOL DATA

- 神奈川県横浜市緑区台村町800
- JR線・横浜市営地下鉄グリーンライン「中山」徒歩15分、相模鉄道線「鶴ヶ峰」バス
- 男子353名、女子283名
- 045-934-6211
- http://www.fhs.kanagawa-u.ac.jp/

東京

神奈川

千葉

埼玉

茨城

寮制

鎌倉学園中学校

神奈川
鎌倉市　男子校

校訓に掲げる「礼義廉恥」

古都鎌倉、建長寺の境内に隣接する鎌倉学園は、周囲を深い歴史と豊かな自然がおおいます。

中国の書物「管子」のなかにある「礼義廉恥」を校訓に、「知・徳・体」三位一体の教育が行われています。「礼義」とは、人として身に備えるべき社会の正しい道筋のこと、「廉恥」とは、心清くして悪を恥じ不正をしないということです。

豊かな宗教的環境から醸しだされる家庭的な友愛精神のなか、社会の進歩に適応できる能力・適性を育むための進路指導を重視しています。

適切な進路指導で高い進学実績

情操あふれる人間形成に努める鎌倉学園は、進学指導にも定評があります。中高一貫の徹底したカリキュラムにより、着実なステップアップがはかられています。

中学では、学ぶ習慣と意欲を身につけると

ともに、基礎学力をしっかりと養います。そのため、日々の補習をはじめとして、学期末の特別講習や、土曜日に行われる「鎌学セミナー」などをとおして、徹底した基礎学力づくりが行われています。

そして、忘れてはならないのが、中高一貫教育のもとに行われる、国語・数学・英語の先取り授業です。一歩一歩完璧な理解を積み重ねながら展開されています。

真の「文武両道」をめざす鎌倉学園では、自由で伸びのびとした校風のなか、多くの生徒が自主的にクラブ活動に参加しているのも、特色といってよいでしょう。

また、建長寺の子弟教育のために創立された「宗学林」を前身とする鎌倉学園では、心身のバランスのとれた成長をめざすため、中1から高1まで座禅教室の時間が設けられています。そのほかにも多彩な行事を行うことで、バランスのとれた人格形成を心がけています。

SCHOOL DATA

- 神奈川県鎌倉市山ノ内110
- JR線「北鎌倉」徒歩13分
- 男子のみ520名
- 0467-22-0994
- http://www.kamagaku.ac.jp/

あ行

か行

さ行

た行

な行

は行

ま行

や行

ら行

わ行

鎌倉女学院中学校

神奈川
鎌倉市　女子校

湘南地区女子中の草分け的存在

鎌倉女学院は「真摯沈着」、「尚絅」を校訓として特色ある女子教育を実践し、多くのすぐれた女性を世に送りだしてきました。現在は、心身ともに健康で国際性豊かな人間教育を目標として、国際社会で活躍できる知的で洗練された女性エリートの育成に努め、各々のめざす上級学校への進学に対応した、6年一貫教育を行っています。

そのなかで、中学3年間は、将来に向けて基礎学力をしっかり身につける大切な時期と考え、主要5教科（国数英社理）を重視する教育課程を編成し、日々のきめ細かい指導によって、無理なく着実に実力を養成していきます。

また、生涯にわたって楽しむことができる教養を身につけることを目的とし、茶道・華道・書道・バイオリン・フルートの5講座が学べる特修の設置など、生徒一人ひとりの能力を引きだす、いきとどいた教育をめざしています。

鎌倉から世界に発信する

学習面とともに重視されているのが、国際的な社会人となるためのさまざまな経験です。

たとえば、異文化を理解し、それと共生していくためには、自国の文化理解が不可欠です。古都鎌倉という学校環境をいかして歴史遺産に触れ、体験的に学ぶことによって、自国の歴史・文化の特色を理解していきます。

また、20年以上前から国際交流プログラムに取り組んでおり、現在は海外姉妹校交流プログラム（アメリカ）とカナダ英語研修（どちらも高校の希望者が対象）のふたつの海外研修を実施しています。

湘南地区の女子中学校の草分け的な存在としての伝統を持ちながらも、こうして社会の国際化にも対応する教育を柔軟に取り入れるなど、つねに進化をつづけているのが鎌倉女学院のよさだといえるでしょう。

SCHOOL DATA

- 神奈川県鎌倉市由比ガ浜2-10-4
- JR線・江ノ島電鉄線「鎌倉」徒歩7分
- 女子のみ494名
- 0467-25-2100
- http://www.kamajo.ac.jp/

鎌倉女子大学中等部

未来をひらく誠実で聡明な女性を育てる

　鎌倉女子大学中等部の建学の精神は、「感謝と奉仕に生きる人づくり」「ぞうきんと辞書をもって学ぶ」「人・物・時を大切に」の3つの柱からなります。それぞれ言い換えれば「周囲に感謝し、他者には親切に接する」「率先して動き、謙虚に学ぶ」「人には誠実に、物には丁寧に、計画性をもって努める」ということです。共通するのは、知識をいかすためには人としてのあり方が大切、という視点です。新しい知識を取り入れ、生涯をとおして学びつづける力が必要な現代だからこそ、知識をいかす「人柄の力」を育てます。学園は、1943年に京浜女子家政理学専門学校として設立され、1948年に中学校、1950年に高等学校が設置され現在にいたっています。

2つのコースで、あなたの夢をサポート

　「進学コース」では、6年間のステップで、卒業後も学び、自分らしく社会に貢献できる女性として伸びるための基礎力を習得します。鎌倉女子大学をはじめとした大学進学に備えて、親身な指導が受けられます。2008年度（平成20年度）からスタートした「特進コース」では、学力と心力のバランスを追求する学園らしさを土台にした独自カリキュラムで、さまざまな分野でリーダーをめざす女性を育成。個性に合わせた進路相談講習や勉強合宿を行っています。両コースとも、試験後のフォローや補習体制をとおして、自ら学ぶ意欲とメリハリのある生活習慣の形成をきめ細かくサポートします。

　中等部での1クラス人数は25名前後（特進コースは定員20名）で、コースを越えて友人と交流する場があり、また毎日の「修養日誌」のコメント返却やホームルーム活動では、担任教師の目がいきとどく規模です。生活時間調査など面談を重ねるていねいなキャリア教育を行い、学びの意欲と習慣が定着する中3からは、中学範囲のまとめとともに、高等部課程への接続にも配慮しています。

SCHOOL DATA

- 神奈川県鎌倉市岩瀬1420
- JR線「本郷台」徒歩15分、JR線・湘南モノレール「大船」バス
- 女子のみ163名
- 0467-44-2113
- http://www.kamakura-u-j.ed.jp/

カリタス女子中学校

生徒の自律をうながす校舎

　カリタス女子中学校の「カリタス」とは、ラテン語で「慈しみ・愛」を意味する言葉です。カナダの聖マルグリット・デュービルが創立した修道女会の名称に由来しています。「祈る」「学ぶ」「奉仕する」「交わる」の4つの心を持った人間像をめざし、思いやりの心と自律した学びの姿勢を育んでいます。

　現在、カリタス学園は、幼稚園から短期大学までを擁し、中学・高等学校は6年間の一貫教育を展開しています。

国際的センスを磨くふたつの外国語

　カリタスでは、創立当初から英語とフランス語の教育に取り組んできました。フランス語の授業では中学生の女の子を主人公とした学校自作の教科書が使用され、身近に感じながら学べるように工夫されています。また、外国で自分の国や自分の考えをしっかり語るための教育、真の国際人を育てる教育も行われています。

新校舎をとおして新たな学習を提案

　2006年（平成18年）に新校舎が建てられて以来、カリタスでは「教科センター方式」を採用しています。この方式は、すべての教科が教科ゾーンを持ち、生徒たちはつねに「教科教室」に出向いて授業を受けるというものです。この方式を採用することにより、生徒は教室で授業を待つのではなく、授業に必要な準備をして授業に向かう「自律した学習姿勢」を身につけるようになるのです。さらに、各教科ゾーンの「教科センター」には、授業の内容などが生徒の興味を引くかたちで展示され、生徒の知的好奇心を刺激しています。

　そのほかにも、緑と光、空気をふんだんに取り入れた校舎となっており、学校全体がコミュニケーションの場となるように設計されています。カリタス女子中学高等学校は21世紀を見通した新たな教育活動を展開しています。

SCHOOL DATA

- 神奈川県川崎市多摩区中野島4-6-1
- JR線「中野島」徒歩10分、JR線・小田急線「登戸」バス
- 女子のみ578名
- 044-911-4656
- http://www.caritas.ed.jp/

関東学院中学校

神奈川 横浜市 共学校

創立100年へ向けて

6日制カリキュラム

　創立95周年を迎えた関東学院では、土曜日の午前中にも通常授業を行う週6日制カリキュラムを実施しています。そして、成績中位の生徒たちが当たり前にG-MARCHレベル以上の大学に合格することを念頭においた指導が行われています。

　中2から高1まで、成績上位者を1クラスにした「ベストクラス」を設置。合わせて、英語では中2・中3、数学では中3・高1で習熟度別授業を実施しています。2クラスを3つに分け、きめ細かい指導で個々の能力を伸ばします。高2以降は文系、理系それぞれに「難関大学受験クラス」を1クラス設けています。このクラスは大学入試センター試験から大学入試がスタートするという姿勢で、目標が一致した生徒同士が切磋琢磨しあい、高い目標を実現させています。

　進学実績では、併設の関東学院大への推薦での進学者は全体の約5％前後にとどまります。2014年（平成26年）3月の卒業生のG-MARCHへの合格者数は3年前に比べて約2倍になり、実績も上昇しています。

個性を磨き、心を育てる研修行事

　関東学院では毎年宿泊研修があります。「現場主義、地球的視点、人権と平和」というモットーで、教室外での「学び」も重要だと考えているからです。

　高2で実施する全員参加の海外研修では、海外や国内の希望のコースに分かれ、平和について学び、考えていきます。

　また、希望制でオーストラリア、台湾での語学研修やハワイ島での理科研修も行っており、「人」や「世界」に積極的に会う場が用意されています。

　さまざまな価値観を持った人とであい、教室のなかだけでは得られない「学び」を実践している関東学院です。

SCHOOL DATA

- 神奈川県横浜市南区三春台4
- 京浜急行線「黄金町」徒歩5分、横浜市営地下鉄「阪東橋」徒歩8分
- 男子540名、女子237名
- 045-231-1001
- http://www.kantogakuin.ed.jp/

関東学院六浦中学校

神奈川 横浜市 共学校

キリスト教を土台とした学校教育

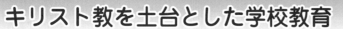

　関東学院は設立以来、キリスト教の精神を基本とし「人になれ 奉仕せよ」を校訓に社会に貢献できる人材の育成をめざしています。さらに、「共に励まし合う人」「社会に奉仕する人」「平和を尊重する人」を育成するという関東学院六浦中高独自の教育目標のもと、ていねいに生徒たちに接し、「一人ひとりの個性・能力を引き出す教育」を実践しています。

他者を思いやる心を育むために

　一日は毎朝の礼拝から始まります。聖書の言葉に耳を傾け、他者のために祈りを捧げる時間を大切にしています。キリスト教に関する授業としては、「聖書」の時間を全学年週1時間設けているほか、3年の総合学習に「ゴスペル」「福祉・ボランティア」、6年の選択授業に「実践社会福祉」があります。

　さらに、老人ホームや障がい者施設などへの「施設訪問」、地域清掃活動、夏休みのボランティアキャンプ、東日本大震災の復興支援活動など、実践の場を多く設け、実際に行動を起こすことの大切さを生徒たちと教職員がともに感じ、学びあっています。

一人ひとりの進路実現に向けて

　関東学院六浦は完全6年一貫校で、クラス制度は2年間の3段階とし、学齢に応じたカリキュラムを組んでいます。また、英語・数学では2年生から習熟度別の授業を行い、一人ひとりに合った学習環境を整えています。3年では外部講師も招いて行う総合学習、4年では進路設計に関する卒業生の講演会など、授業以外の時間も充実しています。

　土曜の午前中には、英語・数学を中心に苦手科目の指名制補習や得意科目の希望制補講を行い、学習面のフォローアップに力を入れています。また、併設大学理工学部・建築環境学部での理科実験講座や留学生との交流プログラムを行うなど、大学が隣接しているメリットをいかした学習活動も行っています。

SCHOOL DATA

- 神奈川県横浜市金沢区六浦東 1-50-1
- 京浜急行線「金沢八景」・「追浜」徒歩15分
- 男子354名、女子210名
- 045-781-2525
- http://www.kgm.ed.jp/

北鎌倉女子学園中学校

神奈川
鎌倉市

女子校

「高雅な品性」を育む教育

北鎌倉の緑美しい高台に、北鎌倉女子学園中学校・高等学校はあります。東邦大学の創立者である、額田豊博士によって1940年（昭和15年）に開校され、「豊かな知性と情感を具え、深い思考と的確な判断のもとに誠実に自らの人生を生き、やさしく他と調和しつつ社会に寄与する女性」の育成をめざしています。

週6日制を堅持し、6年間を「基礎確立期」、「基礎発展期」、「実力充実期」、「合格力完成期」の4つのタームに分けてそれぞれのタームごとに目標を設定しています。

「基礎確立期」では、学習習慣の確立と基礎学力の定着、「基礎発展期」では、課題の発見と克服、「実力充実期」では、総合力の向上、「合格力完成期」では、志望校合格に向けた実力の養成をめざします。

中学校ではめずらしい音楽科

北鎌倉女子学園には、普通コースとは別に、中学校では数少ない音楽コースがあります。

高等学校音楽科を含めた6年間の一貫教育は、音楽の基礎を固め、幅広く学んでいく理想的な環境といってよいでしょう。

また、普通コースでは、国・数・英を理解度に応じた分割授業とし、高1進級時に「普通クラス」と「特進クラス」に分かれます。

そして、高2から「文理進学」、「特進文系」、「特進理系」と3コースに分かれ、それぞれ個人の希望進路に沿って実力を養成していきます。

そうした綿密なカリキュラムと、先生がたの手厚いサポート体制により、近年では、G-MARCHへの進学率も上昇し、自分の夢をかなえる生徒が増えてきています。

北鎌倉女子中学校・高等学校では、あふれる自然と歴史ある街にかこまれ、勉強だけではなく、さまざまな学校行事や、学校での日常をとおして、豊かな品性と知性を育んでいます。

SCHOOL DATA

- 神奈川県鎌倉市山ノ内913
- JR線「北鎌倉」徒歩7分
- 女子のみ156名
- 0467-22-6900
- http://www.kitakama.ac.jp/

公文国際学園中等部

神奈川
横浜市

共学校

国際社会で活躍する人材を育てる未来志向の学校

公文国際学園は1993年、公文式学習の創始者である公文公によって創立されました。「国際学園」という名を校名に冠した背景には、「この学園から巣立っていく子どもたちが、やがて世界のなかでリーダーシップを発揮して諸問題を解決できるような、グローバルな視野を持つ個性的な人間になってほしい」との願いがこめられています。

学園には制服も校則もなく、あるのは生徒の自由と責任を謳った生徒憲章だけ。なにもかもが自由という意味ではなく、自分に与えられた自由を守るため、自分の行動に対して責任を持つように求められているのです。

公文式と3ゾーン制

公文国際学園の特徴的な勉強のひとつに公文式学習があります。

中1～中3では授業前に毎朝20分間朝学習を行っていますが、中2まではこの時間と、週1回決められた曜日の放課後に公文式教材での学習を行います。国語・数学・英語のなかから1教科必修で、他教科も希望すれば学習できます。中3からは任意となります。

そして、「3ゾーン制」というほかの学校には見られない制度を取り入れています。中高6カ年を基礎期・充実期・発展期と3つに分け、それぞれに教育目標を設定。各ゾーンごとに校舎と責任者を配しています。このゾーン制によって、生徒の発達段階に合わせた、より専門的で細やかな指導が行われます。

そのほかにも、公文国際学園には生徒主体の学校行事や体験学習がたくさんあります。中1での「寮体験プログラム」や、生徒自らが企画、投票し、当日の運営まで行う中3での「日本文化体験」がその代表です。魅力的な学校施設や男女寮といった教育環境も整っています。6年間という学園生活をとおして、これらのすべてが、自らの進路を切り拓く力を養い、将来、世界へと羽ばたいていくいしずえとなっていることにまちがいありません。

SCHOOL DATA

- 神奈川県横浜市戸塚区小雀町777
- JR線「大船」スクールバス8分
- 男子239名、女子271名
- 045-853-8200
- http://www.kumon.ac.jp/

慶應義塾湘南藤沢中等部

貫かれる「独立自尊」「実学」の精神

1992年（平成4年）、慶應義塾湘南藤沢中等部・高等部は、藤沢市にある慶應義塾大と同じキャンパス内に男女共学・中高一貫6年生の学校として開校しました。創立以来、情操豊かで、想像力に富み、思いやりが深く、広い視野に立ってものごとを判断し、社会に貢献するために積極的に行動する人、知性・感性・体力にバランスのとれた教養人の育成をめざしてきました。

慶應義塾の各小・中・高等学校は、創立者・福澤諭吉の「独立自尊」という共通する教育理念を持っていますが、各学校の教育方針はそれぞれ独立しています。

慶應義塾湘南藤沢は、「社会の良識が本校の校則」という考えのもと、校則のない自由な雰囲気が特徴となっています。

異文化交流と情報教育

各クラスは、2名の担任教員制となっています。そのため、生徒は、状況に応じて異なる担任の先生にアプローチすることが可能です。生徒の多様な感性と、ふたりの担任の異なる個性が融合して独特の雰囲気がつくりだされくいています。

「異文化交流」を教育の柱とする慶應義塾湘南藤沢では、帰国子女入試を経て入学してきた者が生徒の約25％という高い割合を占めていることも特徴です。ネイティブ・スピーカーの教員も多数おり、異文化の交流が自然なかたちで学校のなかに生まれています。

また、パソコンを利用した「情報」の授業が行われ、中等部では情報活用・解析・プレゼンテーション能力の育成、高等部ではコミュニケーション・データ解析能力の育成を主眼においた「情報教育」が行われています。

こうして、これからの次代を担う生徒に最も必要だと思われる、外国語やコンピュータによるコミュニケーション能力、データ解析能力をしっかり身につけさせることがめざされています。

SCHOOL DATA

- 神奈川県藤沢市遠藤5466
- 小田急江ノ島線・相鉄いずみ野線・横浜市営地下鉄線「湘南台」バス15分、JR線「辻堂」バス25分
- 男子243名、女子252名
- 0466-49-3585
- http://www.sfc-js.keio.ac.jp/

慶應義塾普通部

「独立自尊」の精神を胸に

慶應義塾は「独立自尊」を基本精神として、「気品の泉源」であり「智徳の模範」となる人材の育成をめざしています。

創立者・福澤諭吉がめざした「高い品性とすぐれた知性を人格の基盤として、独立した思考と行動を行うことのできる個人の育成」を創立以来掲げてきました。

とくに中学生の時期は人間の基礎を築く大切な時期ととらえ、中等教育において「独立自尊」の人格形成に資することのできる理想の教育をめざしています。

「少人数学級」が大きな役割

慶應義塾普通部では、中1では1クラスの人数が24人という、少人数制を採用しています。少人数教育は、将来の有望な人材を育成するには必要不可欠となっています。

入学後の1年間を、自ら学び自ら考えるための基礎的な学力を身につける時期と位置づけるとともに、入学直後からの親密な友だちづくりを、人数が少ないクラス規模で行います。また、授業へ積極的に参加する環境として、中1での少人数学級が大きな役割を果たします。一人ひとりに日々の授業において光をあてることができ、授業の形態そのものが参加型になり、各人の理解も深まっているようです。

少人数学級は、先生にとっても、生徒のつまずきをいち早くキャッチし、迅速な対応ができるので大きなメリットです。

普通部卒業後は、慶應義塾の一貫教育の高校段階に進むことになります。慶應義塾高等学校に進む生徒が最も多いのですが、慶應義塾志木高校、慶應義塾湘南藤沢高等部、そして、慶應義塾ニューヨーク学院のいずれかに、普通部からの推薦で進学可能です。

高校卒業後は、慶應義塾大の10学部に進学することができます。ほとんどの生徒が、この慶應義塾の一貫教育システムに沿って慶應義塾大に進学しています。

SCHOOL DATA

- 神奈川県横浜市港北区日吉本町1-45-1
- 東急東横線・横浜市営地下鉄グリーンライン「日吉」徒歩5分
- 男子のみ700名
- 045-562-1181
- http://www.kf.keio.ac.jp/

相模女子大学中学部

「ワタシ」を育てる。「わたし」を見つける。

相模女子大学は、女子の先進教育機関として明治中期に開学した110余年の歴史を誇る学園です。「高潔善美」を建学の精神に掲げ、高い理想にまっすぐ向かう心、美しいもの・善いものを愛する心、強さと真の女性らしさを持った女性の育成をめざします。

「英知」「誠実」「友愛」の教育目標のもと、確かな学力の定着をはかるとともに、各種の行事やクラブ活動をとおして、真剣にものごとに取り組む姿勢や人を思いやる心を育んでいます。

6年間で拓く、自己実現の道

相模女子大学中学部・高等部では、6年間で各時期に適切な学びのための一貫カリキュラムを組んでいます。

英語・数学は、進路実現を見据えた独自の進度で学習が進みます。また週6日制の実施により、英国数ばかりでなく、理科・社会の授業時数も多く確保されています。中3に設置されている「特進準備クラス」は、高等部「特進コース」に直結するクラスとして、学習進度も速く、発展的な内容までを学ぶ大学受験を意識した授業が展開されます。

中1では、「茶道」が必修となっており、ものごとや人に対して礼と真心をもって向き合う姿勢を学びます。

また、各界で活躍されるかたがたをお招きしての「講話」や、中3・高1で実施される「キャリア講演会」などをとおして働くことを具体的に知るなど、女性としての生き方を見つめる機会を大切にしています。

相模女子大学・短期大学部を有する総合学園ですが、他大学を受験する生徒も全力でサポートしており、国公立大や早稲田大、慶應義塾大、上智大などの私立大への合格者も例年輩出しています。もちろん、相模女子大を希望する生徒には優先的な内部進学制度があり、興味・関心や適性に合わせて多様な選択肢のなかから進む道を選ぶことができます。

SCHOOL DATA

- 神奈川県相模原市南区文京2-1-1
- 小田急線「相模大野」徒歩10分
- 女子のみ305名
- 042-742-1442
- http://www.sagami-wu.ac.jp/chukou/

サレジオ学院中学校

キリスト教精神に基づく人間形成

サレジオ学院は、1960年（昭和35年）にカトリック・サレジオ修道会により創立された目黒サレジオ中学校を前身とするカトリック・ミッションスクールです。創立以来、キリスト教精神に基づく豊かな人間形成をめざした教育が行われています。また、他人や動物、自然環境にいたるまで、すべてを大事に受けとめる「存在の教育」にも力を入れています。

「宗教の授業」としては、中1では週に2時間、聖書を教材として、「人間らしく生きること」についてサレジオ会の神父や先生といっしょに考えます。また、世の中のさまざまなできごとからテーマを見つけ、人生の道しるべとなるような話を聞く「『朝の話』の放送」を、朝のホームルームのなかで週3回設けています。

このようなキリスト教精神に基づいた人間教育に加え、生徒の夢をかなえる進路指導もきめ細かに行われています。

高校での募集を行わないサレジオ学院の6カ年一貫教育では、高2まですべてが終えられる先取りのカリキュラムを組み、高3では大学受験のための演習を行います。毎日の授業に加え、セミナーハウスでの合宿や、春・夏・冬休みの講習なども実施します。6年間の積み重ねは、国公立大、難関私立大へのすばらしい進学実績となって表れています。

「家庭との協力」を重視

サレジオ学院は、家庭と協力した教育を重視して、「父親聖書研究会」や「母親聖書研究会」をつくり、聖書に触れながら教育の問題について考える機会を持っています。さらに、教育懇談会や地区別懇談会などをとおして、家庭との相互理解を深め、積極的に協力しあい、生徒の教育にあたっています。

家庭と学校に見守られ、「愛と信頼の教育」を受けることのできるサレジオ学院中学校です。

SCHOOL DATA

- 神奈川県横浜市都筑区南山田3-43-1
- 横浜市営地下鉄グリーンライン「北山田」徒歩5分
- 男子のみ546名
- 045-591-8222
- http://www.salesio-gakuin.ed.jp/

自修館中等教育学校
じ しゅう かん

神奈川　伊勢原市　共学校

伸びのびと「生きる力」を身につける

自修館中等教育学校の創立は1999年（平成11年）です。「自主・自律の精神に富み、自学・自修・実践できる『生きる力』を育成する」、「21世紀が求める人間性豊かでグローバルな人材を輩出する」ことを教育目標に、自修館では「探究」をはじめとする特色ある教育を展開しています。

「探究活動」「こころの教育」

自修館のユニークな取り組みのひとつが「探究」活動です。生徒一人ひとりが自分でテーマを設定し、調査・研究を進めていきます。文献による基礎研究を重ねるほか、「フィールドワーク」と呼ばれる取材旅行を行い、専門家へのインタビューや現地調査によっても見識を深めていきます。こうした活動をつうじて自分で課題を解決して行く能力を養っています。

特色ある取り組みのふたつ目は、「こころの教育」の「セルフサイエンス」です。日常生活での自分の行動パターンを振り返り、受け手の気持ちなどを考えて行く授業です。前期課程では、命やモノを大切にすること・責任を持って自分の役割を果たすことの意義を学び、後期課程では、進路ガイダンスの時間として自分の将来について考えます。

理想とする学びのサイクル

教育スケジュールは「2.3.4システム」を採用しています。

2STAGE―6年間を大きく2期に分け、「自己の発見」と「自己の実現」というテーマを意識し、生徒はそれぞれのステージで自己の課題を認識します。

3STEP―こころと身体の発達に合わせ、基礎・発展・実践の3段階の学習ステップを踏み、しっかりと力を身につけます。

4STANCE―4学期制を導入し、各学期で休暇と学校行事を取り入れながら、一定のリズムでやりがいのある学びを実現します。

SCHOOL DATA

- 神奈川県伊勢原市見附島411
- 小田急線「愛甲石田」徒歩18分
- 男子203名、女子139名
- 0463-97-2100
- http://www.jishukan.ed.jp/

湘南学園中学校
しょう なん がく えん

神奈川　藤沢市　共学校

社会の進歩に貢献できる明朗で実力ある人間を育てる

江ノ島に近い鵠沼海岸駅から徒歩8分。閑静な住宅地を抜けると、湘南学園中学校・高等学校が現れます。創立は1933年（昭和8年）で、昨年に80周年を迎えました。「社会の進歩に貢献する、明朗で実力ある人間を育てる」ことを教育目標にした、伸びやかで活気あふれる男女共学校です。6カ年一貫教育を推進し、大学進学に重点をおいた、旺盛な教育実践を展開しています。

こだわりの学習指導・進学指導

学力を伸ばす一貫教育の充実を追求するため、学年の枠組をはずした、より学習効果の高いカリキュラムが構成されています。

中学段階では、基礎学力の習熟・定着と、学習習慣の形成を重視します。高2までで中・高のカリキュラムを終了し、高3では大学受験に直結する演習を行います。さらに中学では、英語・数学の「放課後指名補習」を実施し、夏休みには全員を対象とした総復習を行

います。6年間をとおして「トコトン生徒の学習につきあう」姿勢がとられています。

歴史あるこだわりの「総合学習」

湘南学園では、さまざまな体験や交流の機会を設け、将来のための「人間力」を育んでいます。中3は中国・瀬戸内へ民泊体験を含む旅行を、高2では国内4コースから選択し、豊富な体験・交流の学習を実施し「生き方・考え方」から学ぶ取り組みを重視します。

また、海外研修セミナーを5カ国に拡充し、春休み・夏休み期間に豊富なプログラムを用意しています。オーストラリアのノックス校との交換交流や留学制度も整っています。海外セミナープログラムを柔軟に選択・参加することで、グローバルな視点に立った考えを深め、広げることができます。

湘南の海と、江ノ島が望める快適な環境のなかで、一人ひとりの個性を重んじながら、伸びやかに6年間を過ごせる湘南学園です。

SCHOOL DATA

- 神奈川県藤沢市鵠沼松が岡3-4-27
- 小田急江ノ島線「鵠沼海岸」、江ノ島電鉄線「鵠沼」徒歩8分
- 男子331名、女子291名
- 0466-23-6611
- http://www.shogak.ac.jp/highschool/

湘南白百合学園中学校

キリスト教精神に基づき愛の心を学ぶ

湘南白百合学園の創立は、1936年（昭和11年）にフランスのシャルトル聖パウロ修道女会によってつくられた「片瀬乃木幼稚園」を始まりとします。以来、キリスト教精神に根ざした世界観・価値観を養い、神と人の前に誠実に歩み、愛の心を持って社会に奉仕できる女性を育成することを目的としています。

規律ある校風と人間性を養う宗教行事

毎朝の朝礼では聖歌を歌い、祈ることで一日が始まります。

中1から高3まで、聖書を学ぶ宗教倫理の授業が週1時間あり、年4回のミサも行われます。こうした活動を通じ、生徒は「神とともに生きる自分、心の中にいつも神をおく」ことを意識しています。また、規律を守ることも大切にしています。

学園生活で培われた人間性は、入学や社会に進出して遺憾なく発揮され、湘南白百合学園の名をいっそう高めています。

的確な進路指導で確かな進学実績

社会に奉仕するためには高度な学問と教養を身につけることが重要です。進路指導の確かさには定評があり、数多くの生徒が現役で難関大学へ進学するなど、大学進学実績でも優秀な成果を残しています。きめ細やかなカリキュラムに加え、補習や補講も充実しています。先取り授業も積極的に行われ、高校2年次までにほとんどの課程を習い終え、高校3年次では大学受験を想定した演習に移行します。

また、語学研修プログラムを充実させ、生きた英語の習得に力を入れています。

中学では韓国のインターナショナルスクールやオーストラリアでの研修、高校ではアメリカのカレッジでの研修が可能です。

すぐれた教育哲学により、名門女子校として神奈川県で独自の地位を築いている、湘南白百合学園です。

SCHOOL DATA

- 神奈川県藤沢市片瀬目白山4-1
- 湘南モノレール「片瀬山」徒歩7分、江ノ島電鉄線「江ノ島」徒歩15分、小田急江ノ島線「片瀬江ノ島」徒歩20分
- 女子のみ544名
- 0466-27-6211
- http://www.shonan-shirayuri.ac.jp/

逗子開成中学校

伝統をいしずえとして新しい時代を開く

逗子開成中学校は1903年（明治36年）の創立から110年を超える伝統のある学校です。夏は海水浴客でにぎわう逗子も、海岸から1歩入れば、静かな学び舎が広がっています。

校名の開成とは、中国の古典「易経」にある「開物成務」に由来します。これは「人間性を開拓、啓発し、人としての務めを成す」という意味で、逗子開成の教育の原点にもなっています。

6年後の難関国公立大合格をめざす

逗子開成では国公立大現役合格を進学目標としています。中高6年間一貫教育から生まれるゆとりをいかし、まず入学後は基礎学力の徹底をめざします。その土台を基に、中3から高1ではセンター試験に対応できる学力を定着させ、高2から高3は受験の準備期間としています。授業は週5日制で、週末は自習室が解放されています。

土曜日には行事やクラブ、多彩な土曜講座があり、平日とは趣を変えたさまざまな体験ができます。

立地をいかした歴史ある「海洋教育」

海が近いことを誇りに、創立当初から行われているのが「海洋教育」です。クラブ活動などで一部の生徒が行うのではなく、カリキュラムとして全生徒に対し行っています。

その柱でもある、中1から中3までの生徒全員で行う、逗子湾でのヨットの帆走実習は、生徒にとって貴重な体験です。また、ヨットを操るだけでなく、中1では自分たちが乗るヨットの製作も行われます。海洋に関する講義も開かれ、生徒たちはヨットに関する基礎知識を学んだり、世界の海が抱える環境問題について考える機会を持ちます。

海が近く、長い歴史のある逗子開成だからこそできる海洋教育で、生徒たちは自然に向きあい自立の心を育んでいます。

SCHOOL DATA

- 神奈川県逗子市新宿2-5-1
- JR線「逗子」・京浜急行線「新逗子」徒歩12分
- 男子のみ872名
- 046-871-2062
- http://www.zushi-kaisei.ac.jp/

聖光学院中学校

カトリックを基盤とした中高一貫教育

聖光学院中学校・高等学校は、神奈川県屈指の進学校として知られ、毎年高い人気を博しています。

根岸森林公園にも隣接し、豊かな自然にかこまれた教育環境のもと、キリスト教精神を根幹とした6カ年一貫教育が行われています。聖書の学習をとおして、キリスト教精神とキリスト教文化を学び、豊かな心を育てることを教育の目標としています。

ていねいな授業づくり

大学進学実績においてめざましい成果をあげている聖光学院。その第一の要因は、充実した授業の成果にあります。

聖光学院では、手づくりのていねいな授業の実施が心がけられています。多くの授業が、教員自ら執筆・製本したオリジナル教材によってすすめられています。それを可能にするのが、校内に完備された町の印刷所ほどの印刷システムです。これにより、教員によって製本された教材の作成が可能なのです。

教材をはじめカリキュラムや授業の進行方法など、すべてにわたって生徒のための工夫と気配りがなされており、生徒一人ひとりの個性を大切に、その能力を伸ばす教育が実践されています。

ひとりの教員が全クラス担当する授業も

特徴的な授業方法のひとつに、ほとんどの科目で、ひとりの教員が学年5〜6クラス全部を教えていることがあります。これは中1〜高3まで、各学年で行われていることです。教員側は大変なことですが、それぞれの教員がより学年全体の生徒とかかわることが可能となり、大きな成果を生んでいます。

また、職員室の入り口には立ち机が並び、職員室に訪れた生徒が気軽に教員に質問できる場所となっています。生徒と教員の距離が近く、生徒思いの教育が随所に見られる聖光学院です。

SCHOOL DATA

- 神奈川県横浜市中区滝之上100
- JR線「山手」徒歩8分
- 男子のみ688名
- 045-621-2051
- http://www.seiko.ac.jp/

聖セシリア女子中学校

校訓は「信じ、希望し、愛深く」

聖セシリア女子中学校は、1929年（昭和4年）、カトリックの信者である伊東静江先生により創立された「大和学園女学校」を前身とします。

時代を越えた人間としての宗教的道徳観、価値観なしに真の教育はありえないという信念のもと、「カトリック精神による豊かな人間形成」を教育目標に掲げ、カトリック精神を基盤とする学校を創立しました。

現在は、創立より85周年を迎えました。伊東静江先生のあとを伊東千鶴子学園長先生が継がれ、「信じ、希望し、愛深く」を学園の校訓とし、校称も創立50周年を機に「聖セシリア女子」と改め、今日にいたります。

学習効果の高い6年制カリキュラム

中・高一貫教育を行う聖セシリア女子では、6年間をとおした継続的で効果的な学習を可能とする指導内容を配置しています。

教科では、言語は学習の基礎をなすという理念のもと国語、英語、さらに思考の論理性を高める数学を言語教育のひとつとして考え、重点的に学習しています。

また、英語は進学希望の実現につながるだけでなく、国際理解・文化交流のためにも必要であることから、「使える英語」の修得がめざされています。

中学校での教育の特徴は、1年では学習習慣を身につけることから始まり、自主性と計画性を持った学習姿勢を育て、さらなる基礎学力の充実をはかり、応用の拡大へと発展させていきます。そして高校では、培った学力をもとに、「どのような生き方をしたいのか」を自らの手で将来を切りひらく糧となる「こころと力」を育みます。

放課後の課外活動として、（公財）井上バレエ団の講師によるバレエレッスンが取り入れられていることも、聖セシリア女子の大きな特徴です。バレエをとおして芸術に親しむとともに、豊かな情操や感性を育てます。

SCHOOL DATA

- 神奈川県大和市南林間3-10-1
- 東急田園都市線「中央林間」徒歩10分、小田急江ノ島線「南林間」徒歩5分
- 女子のみ386名
- 046-274-7405
- http://www.cecilia.ac.jp/

清泉女学院中学校

周りの人々を幸せにすること、これがほんとうの愛

湘南鎌倉の玉縄城跡に建つ清泉女学院中学・高等学校。その敷地面積は7万㎡です。校内で理科の野外実習ができる豊かな自然と教室の窓から江の島や箱根や富士山を見渡すことができる環境です。

創立は1947年（昭和22年）。1877年（明治10年）にスペインで創立されたカトリックの聖心侍女修道会を母体とし、「神のみ前に清く、正しく愛深く」をモットーに、他者のために生きること、目に見えない精神的価値を大切にすること、社会の流行や風潮に流されない価値観を育てることを目標にしています。朝礼と終礼の時間で行うお祈りは、自己と向き合う時間でもあり謙虚な心を育みます。

また、「隣人を愛せよ」というキリストの教えに基づき、多くの奉仕活動や福祉活動が創立当初からつづいています。

与えられた才能を大切に伸ばす

学習面では、中高6年間を2学年ずつ3つに分けた中高一貫教育が行われています。

中1・中2では、学習への基本的な姿勢と基礎学力の育成、中3・高1では、幅広い視野の形成と自学自習の態度の育成（中3での卒業論文作成や高1の職場見学は進路を意識する機会になっています）、高2・高3では、各自の目標を達成するための総合的な学力と大学受験を突破するための学力を育成します。

とくに英語は、1時間1時間が「小さな異文化体験」の場になっています。使える英語をめざして中1からネイティブスピーカーによる少人数の授業が行われるほか、とくに低学年では毎日の宿題、小テスト、ノートチェック、補習などていねいな指導を行っています。

また、文化祭、体育祭、合唱祭の三大祭をはじめ、さまざまな行事をつうじて幅広い「人間力」を育むことができるのも清泉女学院の魅力です。

SCHOOL DATA

- 神奈川県鎌倉市城廻200
- JR線・湘南モノレール「大船」バス5分
- 女子のみ538名
- 0467-46-3171
- http://www.seisen-h.ed.jp/

聖和学院中学校

「聖書をとおした心の教育」を実践

キリスト教精神に基づいた「神は愛なり」という言葉を建学の精神に、「愛をもって人に尽くし、慎しみ深く温順で何事にも真摯に取り組む勤勉さをもった女性、そして礼儀正しく心情豊かな子女の育成」を校訓とする聖和学院中学校・高等学校。「WISE」を教育テーマとし、国際社会で活躍する聡明な女性の育成をめざしています。そのため、聖和学院では、国際社会に必要とされる実用的な英語力を確実に身につけることに力を入れています。

国際人としての英語とマナー

聖和学院の英語への取り組みは入学前から始まります。3月末の3日間にわたり、ネイティブスピーカーの先生といっしょに過ごす英語の事前準備学習が行われ、そこでさまざまなイベントをつうじて英語に親しむ素地がつくられます。そして中学1年では、ネイティブスピーカーと日本人のふたりの先生が担任となり、英語でのコミュニケーション力の向上をはかります。こうして日常的に英語を使う場面が増えていきます。神奈川県では高校で唯一英語科を設置しているという事実も、英語教育への充実度を裏付けています。そして、英語だけではない、国際人としてふさわしいマナーや教養も、JALマナー講座や土曜講座などで学んでいきます。

22歳の自分を夢見て

こうした取り組みにより、聖和学院では22歳での夢の具現化に向けて進路指導を行っています。なぜなら、大学を卒業し、実際に社会に羽ばたいていく年齢を具体的にイメージすることにより、日々の生活に明確な目的を持ち、努力することができるからです。現在22歳となり、夢をかなえた先輩たちが多くいることが、聖和学院の伝統でもあり、さらに在校生たちがこれからの聖和学院中学校・高等学校をつくっています。

SCHOOL DATA

- 神奈川県逗子市久木2-2-1
- JR線「逗子」徒歩8分、京浜急行線「新逗子」徒歩10分
- 女子のみ58名
- 046-871-2670
- http://www.seiwagakuin.ed.jp/

洗足学園中学校

謙愛の心で社会に有為な女性を育てる

洗足学園は、社会に有為な女性を育てることを教育の目標に掲げ、前田若尾先生によって創立されました。

大学進学において、国公立大や難関私立大へ多数の合格者を輩出し、高い実績を残しています。もちろん、大学への実績だけが洗足学園の教育の成果ではありません。社会のなかで活躍し、社会に奉仕・貢献できる女性を育むことにその主眼はあります。

綿密に練りあげられたカリキュラムと進度や学習内容を保証するシラバス。8名のネイティブ教員との協力で進められる、英語教育における先進的な取り組み。調査・研究・考察・発表・議論を随所に取り入れた各教科での学習と、総合的な学習をつうじての、生きるための力となる学習。たんに大学合格だけをめざすものではなく、社会で必要とされる力を育てることが実践されているのです。

2012年度（平成24年度）より全教科型のカリキュラムをより充実したものとするた

め、週6日制の50分授業に移行しました。授業時間数が大幅に増えるなど、学校活動全般においてのさらなる教育のレベルアップをはかっています。

感性を磨き世界に視野を広げる

音楽大学を併設していることから、音楽の授業では楽器の演奏を取り入れています。1年生はヴァイオリン・クラリネット・トランペット・フルートから楽器を選択し、専門の指導者のもと、グループで楽しく学ぶことができます。

また、洗足学園には20年以上にわたって実施されてきた海外留学と海外語学研修制度があります。夏休みに行うアメリカやイギリスへの短期間のホームステイから、1年間の長期のものまで選ぶことができます。

これらのプログラムによって生徒は視野を広げ、英語力アップにも大きな効果をもたらしています。

SCHOOL DATA

- 神奈川県川崎市高津区久本2-3-1
- JR線「武蔵溝ノ口」、東急田園都市線・東急大井町線「溝の口」徒歩8分
- 女子のみ750名
- 044-856-2777
- http://www.senzoku-gakuen.ed.jp/

捜真女学校中学部

キリスト教に基づき、真理を探究

捜真女学校の歴史は1886年（明治19年）、宣教師ミセス・ブラウンが7名の少女たちを教えたのが始まりです。その後、2代目校長のカンヴァース先生が、教育の究極の目標は「真理を捜すことである」と考え、1892年（明治25年）に校名を現在の「捜真女学校」と改めました。

自分を見つめる毎日の礼拝

キリスト教に基づいた人間形成は、捜真女学校の教育の柱であり、日々の中心となっているのが毎日行われる礼拝です。

生徒は礼拝での聖書の話に耳を傾け、感謝の祈りを捧げています。そして礼拝で聞いた話が、生徒の心に蒔かれた種となり、それがやがて芽吹き、熟してその人の人格になっていくのです。

また、礼拝だけではなく、自然教室などのキリスト教のさまざまな行事やイベントをとおして、神を知り、神に触れる機会を設けて

います。

英語を学び、世界に触れる

捜真女学校がキリスト教教育とともに重視しているのが英語教育です。中学部では、1クラスをふたつに分けた少人数教育が行われています。もちろん英会話はネイティブの教員が担当し、英語の基礎の定着をめざします。

また、教室のなかだけで勉強するのではなく、英語を使用しての「異文化理解」を積極的に行っています。10日間のアメリカ短期研修や、3週間のオーストラリア短期研修、また3カ月もの長期にわたるオーストラリア学期研修など、希望者には手厚い留学サポートが用意されています。

2014年（平成26年）に創立128年を迎える捜真女学校中学部。これまでの長い歴史のうえに、新しい価値を創造し、キリスト教に基づいた人間形成と、愛の心を持った優しくたくましい女性の育成が行われています。

SCHOOL DATA

- 神奈川県横浜市神奈川区中丸8
- 東急東横線「反町」・横浜市営地下鉄ブルーライン「三ツ沢下町」徒歩15分
- 女子のみ512名
- 045-491-3686
- http://soshin.ac.jp/

相洋中学校

豊かな人間性と確かな学力を

箱根連山や丹沢山系が見渡せる、まわりを緑でかこまれた小田原の小高い丘の上に位置する相洋中学校・高等学校。「質実剛健 勤勉努力」の校訓のもと、受験難易度の高い大学への進学をめざしています。

相洋では、6年間の一貫教育を効果的なものにするため、中学校課程と高等学校課程における教育内容を精査し、ムダや重複をなくした計画的・継続的・発展的に編成したカリキュラムを実施しています。6年間を3期に分け、中学校課程では、自らの生き方に対する自覚を深め、自分をいかす能力を養う「自学自習」の力を育て、高等学校課程では、主体性の確立と創造的な思考、行動力の育成に力をそそいでいます。

6カ年の余裕あるカリキュラム

3期に分かれた学習過程の第1期は中1から中3の前半までの2年半です。ここでは「基礎学力の充実期」として、徹底した基礎学力の習得とともに自学自習の精神を養成します。第2期は、中3の後半から高2までの2年半です。「学力の伸長発展期」として、第1期で築いた基礎学力をおおいに伸ばしていくのです。この期間に中学と高校の教育課程をほぼ修了します。これはけっして無理につめこんだ結果ではなく、一貫コースだからこそ実現できるものです。

そして第3期は、高3の1年間です。6年間の総まとめとなる第3期は「大学進学の準備」と位置づけられ、個人の目的・目標に合わせて集中的に学習するために受講教科の多くが選択制となっています。そのため、少人数での演習授業が行われ、理解の定着がはかられるほか、補習やサテライト講座など細かなフォローアップ体制が整えられており、志望大学合格へ総合的な学力が完成していくのです。こうして、相洋中学校・高等学校では確かな学力を身につけ、自分の夢に近づいていけるのです。

SCHOOL DATA

- 神奈川県小田原市城山4-13-33
- JR線ほか「小田原」徒歩15分
- 男子107名、女子86名
- 0465-23-0214
- http://www.soyo.ac.jp/

東京 神奈川 千葉 埼玉 茨城 寮制

橘学苑中学校

大地に足をつけ、世界につながる創造的な人間の育成

1942年に創立された橘学苑は、2006年度（平成18年度）、女子校から男女共学、高校コース制導入と大きな改革を行い、2014年度（平成26年度）より土曜特別プログラムを実施します。

教育の柱は、創立当初から受け継がれている創立の精神です。
一、心すなおに真実を求めよう
一、生命の貴さを自覚し、明日の社会を築くよろこびを人々とともにしよう
一、正しく強く生きよう

この精神に基づいて、教科学習や進路活動、生徒会活動などに取り組んでいます。

好奇心こそ学問の入口！

中学は主要3教科を中心に他教科もしっかり学べるカリキュラムを組んでいます。とくに中学1・2年時には、学習習慣の確立・基礎学力の定着をするよう学習を進めていきます。中学1年では、自学の時間があり、自分で問題解決をしていく姿勢を養っています。夏期休暇期間には、錬成合宿を実施し自学自修の力を伸ばしていきます。英語に関しては、中学1年からネイティブによる授業を取り入れ、積極的に英語を使う力を養います。

中学3年では、イギリスへの海外研修旅行に全員が参加します。また、中学1年～高校3年では希望者を対象に、カナダへ夏期短期海外研修も行っています。英語を使って生活することが自信となり、さらに勉強したいというモチベーションを高めるきっかけとなっています。

高校では、将来を見据えて、国際・デザイン美術・文理総合・文理特進に分かれます。国際コースでは、1年間のニュージーランド留学が必修で、海外の大学も視野に入れた進学をめざします。デザイン美術コースでは、美術系分野の進路をめざします。文理コースでは、高校2年時に文系・理系に分かれ、志望に合った科目を重点的に学びます。

SCHOOL DATA

- 神奈川県横浜市鶴見区獅子ヶ谷1-10-35
- JR線「鶴見」ほかバス
- 男子39名、女子22名
- 045-581-0063
- http://www.tachibana.ac.jp/

あ行 か行 さ行 た行 な行 は行 ま行 や行 ら行 わ行

中央大学附属横浜中学校

神奈川 横浜市　共学校

港の横浜から緑の横浜へ

中央大学附属横浜中学校・高等学校は、2010年（平成22年）に中央大学の附属校となりました。2013年度（平成25年度）から横浜・港北ニュータウンに移転し、新しい歴史をスタートさせています。

中央大の中核を担う優秀な人材を輩出するとともに、新しい時代を切り拓き、力強く生きていく若者を育てることをめざしています。

そのためには、なにを、なんのために、どのように学ぶべきかを知ったうえで、主体的に進路を選択することのできる力が必要となります。大学附属校ということに甘んじることなく、将来に備えた学問を身につけることを第一に追求し、真の実力をつけることによって、第1志望の進路を実現できる指導を行います。

本物の学びを追求する

中央大学附属横浜では、大学附属校の特徴をいかして、10年間という長期的なスパンで生徒の発達段階に配慮しながらきめ細かい教育を行っています。

基本的に、特進クラスの設置や習熟度別授業は行わず、あくまでも生徒同士の学びあいと教えあいを核にすることによるコミュニケーションづくり（学びの共同体）がめざされています。

進度が遅れがちな生徒に対しては、補講、再テスト、個別課題と親身な指導を実施し、自習室利用などを積極的に行い、全体の底あげに力が入れられています。

新しい学校づくりへ邁進

2012年（平成24年）4月より中学校1年生から男女共学となり、2013年度（平成25年度）4月より新校舎への全校移転、さらに2014年（平成26年）4月より高校1年生でも共学化がスタートし、新しい学校づくりに向けて邁進している中央大学附属横浜中学校・高等学校です。

SCHOOL DATA

- 神奈川県横浜市都筑区牛久保東1-14-1
- 横浜市営地下鉄「センター北」徒歩7分
- 男子286名、女子304名
- 045-592-0801
- http://yokohama-js.chuo-u.ac.jp/

鶴見大学附属中学校

神奈川 横浜市　共学校

新教育スタート

創立は1924年（大正13年）。90年という長い歴史のもと、これまでに4万名近い卒業生を世に送りだしています。2008年（平成20年）より完全共学化をはかり、新校舎も完成し、さらなる躍進のスタートがきられました。

教育ビジョンは、「自立の精神と心豊かな知性で国際社会に貢献できる人間（ひと）を育てる」。より高いレベルの進路を実現できる学力を養いつつ、禅の教育に基づく"こころの教育"をつうじて、優しさや思いやりなど豊かな人間性を育成しています。

「学力向上」「人間形成」「国際教育」を柱として

鶴見大学附属の教育目標は、「学力向上」、「人間形成」、「国際教育」です。この目標のもと、近年、さまざまな教育改革を実践し注目されています。

そのひとつが「完全週6日授業体制」。50分授業で、主要5教科を中心とした授業時間数を大幅に確保しています。

ふたつ目は、「教科エリア型フェローシップ」です。生徒は、授業中疑問に感じたことをすぐに教科メディアにある教員の研究室で質問し解決できます。自習室では、質問や宿題、受験勉強ができるほか、発展学習と苦手克服を目標とした補習授業を行います。

もちろん、国際的に活躍できる力を身につけるためのネイティブによる英会話授業や中3でのオーストラリア研修旅行など、国際教育も充実しています。

授業は、「進学クラス」と「難関進学クラス」に分かれて行われます。

「進学クラス」は、生徒一人ひとりに対するきめ細やかな指導をつうじて、基礎学力を確かに身につけ、学ぶ意欲を高めます。

「難関進学クラス」は、先取り授業や、より発展的な内容の授業を行い、一定レベル以上の大学への進学を目標とします。無理なくゆとりのある授業内容で、個々のスピードに合わせられることが特徴です。

SCHOOL DATA

- 神奈川県横浜市鶴見区鶴見2-2-1
- 京浜急行線「花月園前」徒歩10分、JR線「鶴見」徒歩15分
- 男子194名、女子157名
- 045-581-6325
- http://www.tsurumi-fuzoku.ed.jp/

桐蔭学園中学校・中等教育学校

新時代に求められる人材を

1964年（昭和39年）、「私学にしかできない、私学だからできる教育の実践」を掲げ、「真のエリートの教育」をめざして誕生した桐蔭学園。毎年、東京人をはじめとする多くの国公立大学・難関私立大学に合格者を送り出しています。

「すべてのことに『まこと』をつくそう」「最後までやり抜く『強い意志』を養おう」を校訓に、社会・国家・人類の福祉のために貢献できる人材を育成しています。

桐蔭を語るうえで、忘れてならないのは、特徴的な「男女併学制」を採用している点です。

男子生徒と女子生徒とは、中学校から高2まで、学園内のそれぞれの校舎で学びます。しかし高3になると、ホームルームは男女別々のクラスですが、授業は進学棟という校舎に移り、男女いっしょの学習をしていきます。

高3からの授業は、希望により国立理系・文系、私立理系・文系と分かれ、男女ともに切磋琢磨しながら志望大学をめざします。

全国トップレベルの大学や医学部に多数進学していることは、桐蔭の男女併学制が着実にその成果をあげている証となっています。

習熟度別授業と到達度教育

桐蔭では、学習の積み重ねの結果による個人差が著しい英語・数学で、能力・学力に相応したレッスン・ルームを編成し、個々の生徒の能力を最大限高める「習熟度別授業」を1年次から行っています。

また、生徒が日常履修する基礎事項の定着度をみるために、すべての教科で、中学では100点満点で70点、高校では60点を全員が取れるまで指導が行われる「到達度教育」も行われています。

未到達の生徒には、担当教師が徹底的に指導を行い、教師・生徒の双方が努力していくことが、このシステムの基本的な考え方になっています。

SCHOOL DATA

- 神奈川県横浜市青葉区鉄町1614
- 東急田園都市線「市が尾」「青葉台」バス15分、小田急線「柿生」バス20分
- 中学校男子795名、女子379名・中等教育学校前期課程（男子のみ）495名
- 045-971-1411
- http://www.toin.ac.jp/

東海大学付属相模高等学校中等部

使命感と豊かな人間性を持つ人材を育てる

創立者・松前重義先生の建学の精神を受け継ぎ、「明日の歴史を担う強い使命感と豊かな人間性をもった人材を育てる」ことにより「調和のとれた文明社会を建設する」理想を掲げる、東海大学付属相模高等学校中等部。東海大を頂点とした中・高・大の一貫教育を行っています。

中・高・大の一貫教育

東海大相模では、学習・行事・クラブ活動がバランスよく行われるためのカリキュラムを考えています。基本的には、学校5日制のなかで、月1回土曜日にも授業を実施しています。また、じゅうぶんな授業時数の確保や進路に見合った学習指導の徹底をはかるために2学期制を採用しています。

カリキュラム全体としては、幅広い視野に立ったものの見方・考え方を培うことを目的としています。中等部では自ら考え自ら学ぶ力を培い、高校進学への基礎学力の定着をは

かることのできる発展的に自学自習するシステムとなっています。

例年90％ほどの生徒が東海大へ進学しています。この、東海大への進学は、高校3年間の学習成績、学園統一の学力試験、部活動、生徒会活動など、総合的な評価をもとに、学校長が推薦する「付属推薦制度」により実施されています。東海大は18学部77学科を持つ総合大学です。進路の決定に際しては、担任や進路指導の先生ときめ細かい相談を重ね、生徒それぞれに適した進路を選んでいきます。

大学との連携のひとつとして、進路がほぼ決定した3年生の後期には、東海大の授業を経験できる「体験留学」が実施されています。これは、ひと足先に大学での授業を味わうことができ、大学入学後の勉強におおいに役立っています。大学に直結した付属高校のメリットをいかし、受験勉強という枠にとらわれない教育を実践している東海大学付属相模高等学校・中等部です。

SCHOOL DATA

- 神奈川県相模原市南区相南3-33-1
- 小田急線「小田急相模原」徒歩8分
- 男子315名、女子186名
- 042-742-1251
- http://www.sagami.tokai.ed.jp/

東京 神奈川 千葉 埼玉 茨城 寮制

あ行 か行 さ行 た行 な行 は行 ま行 や行 ら行 わ行

桐光学園中学校

神奈川 川崎市 別学校

安定した国公立・私立上位大学への進学

例年、国公立・私立の上位大学に安定して多くの合格者を輩出する桐光学園中学校・高等学校。

桐光学園では、「なりたい自分」を生徒がじっくり見つけていけるよう、将来への目標を実現していくまでの過程をきめ細かくサポートしています。

中3では、生徒が興味のある職業に就いている卒業生を招き、その実態をうかがう「ディスカバーマイセルフ」（職業研究）を行います。さらに、担任と副担任による定期的な進路指導や、専任のスクールカウンセラーに気軽に相談できる体制も、桐光学園の魅力のひとつといってよいでしょう。

「大切なのは、自主性」学びへの意欲を重視

もちろん、「学びへの意欲」も大切にしています。生徒が早い時期から段階を追いながら、将来の目標を教師といっしょに考えていくことで学習意欲を高めています。

選択制の「講習制度」など、生徒一人ひとりの適性に合った独自の学習システムを取り入れているのが特徴です。

また、「夏期講習」や「指名講習」、現代日本の知性を代表する著名大学教授を招く「大学訪問授業」なども実施し、学力アップに役立てています。

「国際理解」と「課外活動」

桐光学園では、生徒の「国際理解」と「課外活動」への意欲を大切にしています。

「国際理解」では、授業のなかでネイティブスピーカーによる英会話の時間を設けるとともに、実際に異文化を体験するカナダへの修学旅行やホームステイ（希望者）をとおして、国際感覚を磨きます。

「課外活動」では、学校生活のあらゆる場面で生徒たちが主体となって活動できるフィールドを用意し、クラブ活動、学校行事を思いっきり応援しています。

SCHOOL DATA

- 神奈川県川崎市麻生区栗木3-12-1
- 小田急多摩線「栗平」徒歩12分、小田急多摩線「黒川」・京王相模原線「若葉台」スクールバス
- 男子747名、女子447名
- 044-987-0519
- http://www.toko.ed.jp/

藤嶺学園藤沢中学校

神奈川 藤沢市 男子校

「世界は僕らを待っている」 ～茶道・剣道必修～

2001年（平成13年）、「国際社会に太刀打ちできる21世紀のリーダー育成」をめざし開校した藤嶺学園藤沢中学校。まだ開校14年という若い中学校ではありますが、母体となる藤嶺学園藤沢高等学校は1年後に100周年を迎える歴史ある伝統校です。

藤嶺学園藤沢の教育で特徴的なのは、アジアに目を向けた国際人を養成していることです。21世紀の国際社会におけるアジア、オセアニア地域の重要性が増す現在、エコ・スタンダードとしての東洋的な価値観や文化を見直すことにより、国際教育の原点を世界のなかのアジアに求めていきます。

さらに、国際語としての英語教育をしっかり行いながらも、身近なアジア・オセアニアに目を向けた国際教育を実践し、勇気と決断力を持った国際人を育てています。

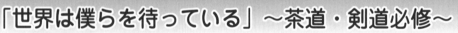

3ブロック制カリキュラム

学習においては、6年間を3ブロックに分け、基礎（中1・中2）、発展（中3・高1）、深化（高2・高3）と区切ることで、ムダのないカリキュラムを実現しています。

基礎ブロックは、すべての教科の土台にあたる基礎学力をつくる時期です。基礎学力を確実につけることを主眼に、授業のほかにも補習を行い、きめ細かく生徒を見守ります。

発展ブロックは、中学と高校の橋渡しをする時期。養った基礎を発展へとスムーズに移行するための学習プランを用意しています。また、学力をさらに伸ばすために、希望者を対象とした発展補習も行います。

中高一貫教育の総仕上げを行う深化ブロックは、将来の進路を決定する大切な時期でもあります。志望系統別のクラス編成を行い、生徒一人ひとりの進路を確実に導けるようにします。

藤嶺学園藤沢では、こうした計画的なカリキュラムにより、生徒が抱いている未来への夢を実現できるようにサポートしています。

SCHOOL DATA

- 神奈川県藤沢市西富1-7-1
- JR線・小田急線・江ノ島電鉄線「藤沢」・小田急線「藤沢本町」徒歩15分
- 男子のみ368名
- 0466-23-3150
- http://www.tohrei-fujisawa.jp/

日本女子大学附属中学校

「自ら考える、学び、行動する」

生田の緑豊かな森のなかに、日本女子大附属中学校・高等学校はあります。

建学の精神は、創立者・成瀬仁蔵が唱えた、「自ら考える、自ら学ぶ、自ら行動する」こと。これをもとに、日本女子大附属では学習面と生活指導面の綿密な連携により、生徒の自主性、主体性を養う教育を実践しています。

ていねいな個別指導

「勉強とは知識量を増やすためにするものではない」、そう考える日本女子大附属では、自ら学ぶ姿勢と創造力を養成するために、生徒の理解力に合わせた教育を行っています。

授業では生徒の理解を確かなものとするため、教員手づくりのプリントなど多くの学習教材を活用しています。

実験や実習、発表などをつうじて、一人ひとりが積極的に参加できる授業形式を採用しているのも大きな特徴と言えるでしょう。

中学では、自主的に学習する姿勢を育てる

ため、個別指導に力を入れています。国・数・英をはじめ、多くの授業で1クラスにつきふたりの教員が担当しています。

ティームティーチングにより、生徒の理解度に応じて適切に指導し、質問にもていねいに答えられるので、理解も深まります。

このようにして深い探求心や粘り強さを育成しています。

バイオリン演奏が必修科目

音楽の授業では、バイオリン演奏が生徒全員の必修科目となっています。これは、バランスのとれた人間性を養うための情操教育の一環で、音楽会では、日ごろの練習の成果を披露します。

また、特徴的なのは、運動会や文化祭など多くの行事が、生徒を中心として企画運営されていることです。そこには、日本女子大附属の「自ら考え、自ら学び、自ら行う」という教育理念が息づいています。

SCHOOL DATA

- 神奈川県川崎市多摩区西生田1-1-1
- 小田急線「読売ランド前」徒歩10分
- 女子のみ746名
- 044-952-6705
- http://www.jwu.ac.jp/hsc/

日本大学中学校

新校舎のもと充実度アップ

中・高・大一貫教育を旗印とする日本大学中学校・高等学校。14学部、20大学院研究科を有する日本最大の総合大学である日本大学のメリットをいかした、幅広く、きめ細かなカリキュラムで教育を実践しています。

伝統と文化を理解する心を育成

1930年(昭和5年)の創設からの校訓「情熱と真心」が受け継がれている日大中・高。文武両道のもと、生徒一人ひとりが情熱を燃やすことを願っています。

中学の道徳では「スポーツ、華道、書道」を取り入れ、「あいさつする心」、マナーやルールといった「社会規範を守る心」を喚起させるとともに、日本の「伝統と文化を理解する心」を育成することに主眼がおかれています。校外活動や学校行事などは、思いやりの心を育んだり、心のつながりを尊重したりすることで、中学生としての人間形成ができるように実施しています。

学力の充実と強化に力をそそぎ、また「つまずき」をなくすために、各教科における補習授業を実施し、生徒の理解に細心の注意を払った授業展開を行っています。さらに、現代社会で重要視されている「英語力」、「情報教育」においても、クラスを分けた柔軟な指導がなされています。

「本意」入学をめざした進路指導

こうした6年間一貫教育のもと、日大高からは、例年65〜70%の生徒が日本大へ進学し、約20%前後が他大学へ進学しています。

進路指導は、生徒一人ひとりの多岐にわたる希望に応じた進路の選択ができるよう、担任・進路指導部が適確な対応を実施しています。また、進路先の選択については、本人の意志を尊重した「本意」入学が最も重要と考え、個別指導にも力が入れられています。未来に羽ばたく生徒を育む日本大学中学校・高等学校です。

SCHOOL DATA

- 神奈川県横浜市港北区箕輪町2-9-1
- 東急東横線・目黒線・横浜市営地下鉄グリーンライン「日吉」徒歩12分
- 男子442名、女子349名
- 045-560-2600
- http://www.nihon-u.ac.jp/orgni/yokohama/

日本大学藤沢中学校

神奈川 藤沢市 共学校

一人ひとり輝ける環境がある

日本大学の教育目標である「世界の平和と人類の福祉とに寄与すること」を柱とし、「健康・有意・品格」の校訓のもと、心身共にバランスのとれた「豊かな人間形成」と「国際的な素養の育成」をめざす日本大学藤沢高等学校。この高校のもと、2009年に開校したのが、日本大学藤沢中学校です。

開校した中学校は、半世紀以上の実績を誇る日大藤沢高校の教育のコンセプトを広げ、可能性とモチベーションを高める6年間をめざしています。

大学と連携したハイレベルな教育

英会話の授業では、クラスをふたつに分け、ネイティブと日本人のふたりの先生で授業が進められます。また理解度に差がでやすい英語と数学においては中学2年から習熟度別授業が行われ、生徒の理解力に応じた授業が展開されます。また、夏休みや冬休みの長期休暇を利用して全員参加の特別授業が行われる

など、多角的にさまざまな学習をすることができます。

さらに、多様な学部・学科を持つ日本屈指の総合大学である日本大のネットワークを活用した体験授業が実施されます。フィールドワークでは大学の施設を利用した農業実習が行われるなど、中学・高校・大学の「10カ年教育」を実施し、大学の施設を利用し、大学生とふれあうことで、より刺激的かつ高度な学習環境を構築しています。

そのため、高校進学時には原則として「特進クラス」をめざすことになります。つまり特進クラスに直結するハイレベルな教育の実践を前提としているのです。

日本大への進学希望者は「全員進学」を目標とした受験指導が行われていますが、大学附属校であっても、高い希望を持ち、国公立大や難関私立大へ進学することももちろん可能で、そうした受験に対応した授業を展開しています。

SCHOOL DATA

- 神奈川県藤沢市亀井野1866
- 小田急江ノ島線「六会日大前」徒歩8分
- 男子168名、女子170名
- 0466-81-0125
- http://www.fujisawa.hs.nihon-u.ac.jp/

フェリス女学院中学校

神奈川 横浜市 女子校

「キリスト教」を基盤に

フェリス女学院中学校は、1870年（明治3年）にアメリカ改革派教会が日本に派遣した最初の婦人宣教師メアリー・エディー・キダーによって設立されました。

日本最初の女子校として、また大学進学にもすぐれた成果をあげる神奈川県の名門校として、高い知名度を誇り、今日にいたっています。

144年というフェリスの歴史を支えてきたものは、「キリスト教」に基づく教育を堅持することでした。

それは、いまも変わることのないフェリスの教育原理となっています。

他人のためにをモットーに

「キリスト教」につぐ、フェリスの第2の教育方針は「学問の尊重」です。これは学院のモットーである「For Others＝他人のために」という言葉にも関係し、自分のためだけでなく他人のために役立ち、国際的にも通用

する質のよい本物の学問を追究することを意味しています。

「進学校」といわれるほどにフェリス生が大学をめざすのは、こうした「他人のために」役立つ、より質の高い学問を求める姿勢の現れです。

また、第3の教育方針は「まことの自由の追求」です。創立以来「自由な校風」として知られるフェリスですが、ここでいう「自由」とは、外的規則や強制に頼らず、一人ひとりが自主性な判断で規制の意味を知り、他人への思いやりを持って行動することを意味しています。

こうした教育方針のもと、フェリスでは、「他人のために」各自が与えられた能力をいかして生きる、愛と正義と平和の共同社会・国際社会をつくる責任にめざめた人間の育成をめざしています。

さらに2014年（平成26年）には、新体育館が完成する予定です。

SCHOOL DATA

- 神奈川県横浜市中区山手町178
- JR線「石川町」徒歩7分、みなとみらい線「元町・中華街」徒歩10分
- 女子のみ555名
- 045-641-0242
- http://www.ferris.ed.jp/

武相中学校

神奈川 横浜市 男子校

豊かな人間性を持った社会人の育成

武相中学校では、豊かな人間性を持った社会人の育成を目標に、「道義昂揚」「個性伸張」「実行徹底」の3つを建学の精神としています。そして、バランスのとれた豊かな人間性を育むために、「知」に重きをおくだけでなく、「徳」「体」を強調し、自分自身を律すること、周囲の人と協調することなどを身につけるとともに、どんなことにも負けない頑強な体力づくりにも力を入れています。

そのため、クラブ活動もおおいに奨励し、多彩な学校行事を準備し、楽しいなかにも意義ある学校生活を実現します。

広く・深く・高く

教育方針は、「広く・深く・高く」です。これをもとに、6年間の中高一貫教育を3期に分け、特徴ある教育を展開していきます。

前期は心と身体の両面から、学習の基礎・生活の基本を身につける時期。全学校生活をとおして、喜びを共有できる豊かな心とたくましい身体から鍛練・継続していくことへの意欲を身につけます。

中期は高い学力を修得し、将来の明確なビジョンを創造していく時期。豊かな個性を持って、進路に合わせた学習を自主的に展開伸長していく力を身につけます。

後期は自己実現に向けた第一歩をふみだす時期。これまでに培われた知育・徳育を持って発展的な生活を送り、受験難度の高い大学や志望する大学に挑戦し、現役合格の目標を達成していく学力と精神力を身につけます。

「国際理解教育」を推進

幅広い視野を持った人材を育成することを目的に、中学卒業後の春休みにオーストラリアへ2週間のホームステイを希望者のみ行っています。

ホスト・ファミリーとの生活で、生きた英語を学び、外国の社会や習慣のちがいを五感で感じることができます。

SCHOOL DATA

- 神奈川県横浜市港北区仲手原2-34-1
- 東急東横線「妙蓮寺」、横浜市営地下鉄「岸根公園」徒歩10分
- 男子のみ83名
- 045-401-9042
- http://www.buso.ac.jp/

法政大学第二中学校

神奈川 川崎市 男子校

可能性は∞（無限大）

130年におよぶ歴史を有する法政大学。その伝統の学風「自由と進歩」のもとに発足したのが、法政大学第二中学校・高等学校です。学力・体力、人格をきたえあげていく最も大切なこの時期、個性豊かな友人たちとの切磋琢磨のなかで、批判力と想像力の基礎を培い、豊かな感性を身につけることを目標に、中高大10カ年の一貫教育を視野においたオリジナルな教育活動を展開しています。

21世紀を担う新しい人間性と学力を培う

こうした教育目標のもと、中学では、基礎学力・体力を確実に身につけること、体験をとおして知識の体系化・総合化をめざした取り組みを重視しています。

大学の見学や大学生チューターによる講座も設置され、大学教授や大学生との交流で、視野を広げながら自分の将来・進路を展望できるのも、法政大学第二ならではといってよいでしょう。

そして、高等学校では生徒の個性を豊かに開花させていくカリキュラム体系を取るとともに、教科教育・進路指導・生活指導において、生徒の発育・発達段階に対応した教育を創造的に行っているのが特徴です。

教科教育では、真の個性の伸長をめざし基礎学力と科学的思考力をしっかりと身につけることを重視しています。また、進路・生活指導においては、生徒の生き方の視点から進路指導を視野におき、中高6カ年の学習期間において、つねに「自ら考え、自ら判断する」教育を大切にしています。

このように充実した教育内容を誇る法政大学第二は、さらなる教育内容の向上をはかるため、付属校の可能性を最大限に追求する大きな学校改革を推進します。具体的な内容としては「2016年度入学者から中高同時共学化」「2016年度に新校舎完成（2014年度一部運用開始）」となります。学校改革用のHPもありますので確認ください。

SCHOOL DATA

- 神奈川県川崎市中原区木月大町6-1
- 東急東横線・目黒線「武蔵小杉」徒歩10分、JR線「武蔵小杉」徒歩12分
- 男子のみ542名
- 044-711-4321
- http://www.hosei2.ed.jp/

東京 神奈川 千葉 埼玉 茨城 寮制 あ行 か行 さ行 た行 な行 は行 ま行 や行 ら行 わ行

聖園女学院中学校

神奈川
藤沢市
女子校

カトリック精神に基づく人間教育

聖園女学院は標高50mの高台にあり、鳥獣保護区にも指定されている広大な雑木林にかこまれています。小鳥のさえずりを聴き、四季折々の花を愛でながら過ごす6年間は、優しい心、情感豊かな心を育みます。

聖園女学院では折に触れて、学院生活のなかで「本物のあなたでありなさい」と生徒に語りかけます。「ありのままの自分を受け入れてもらえる」「無条件に愛されている」という安心感を持つことによってキリストの愛を実感し、その愛で社会に貢献できる女性へと成長します。また、ミサ、クリスマスの集い、ボランティア活動などを体験することにより、カトリック精神の価値観を学び、思いやりの心を育みます。

進学に向けた学習も人生の糧とする

聖園女学院での6年間は学びの連続です。なかでも、「学習」を人生の大きな糧としています。学習は、他者の立場でまとめられた法則や知識を積極的に受け入れること。本質的な意味で、他者の立場で考える取り組みとして大切にしています。

中学では、英語・数学・国語に多くの時間を積み重ねます。これは、高校での理科・地理歴史・公民などで、自然界や世界に関する理解を深めるための地力となります。

また、高校では、大学教授のかたがたとの交流も交えながら深めてきた進路考察をもとに、将来研究したい専門分野の下地をつくりあげます。その下地としての理科・地理歴史・公民の時間を充実させています。

カリキュラム・補習・講習・進路考察などは、こうした学習を段階的に整理したもので、進学もその一環です。

結果として、この7年間国公立大・早慶上智の合格数が約2倍（7→13）、G-MARCHの合格数も約2倍（23→40）に伸びているのも、進学に向けた学習を人生の糧とした聖園女学院生の努力のたまものなのです。

SCHOOL DATA

- 神奈川県藤沢市みその台1-4
- 小田急江ノ島線「藤沢本町」徒歩10分
- 女子のみ344名
- 0466-81-3333
- http://www.misono.jp/

緑ヶ丘女子中学校

神奈川
横須賀市
女子校

自立した女性を育てる6年間

東京湾や横須賀港を見下ろす、横須賀市の高台に立つ緑ヶ丘女子中学校・高等学校。町中の喧騒から離れ、多くの緑にかこまれた落ち着いた雰囲気のキャンパスが自慢です。

そんな緑ヶ丘女子では、誠実さとまごころを持って人生を歩んでほしいという願いが込められた言葉「至誠一貫」のもと、キリスト教の「愛の精神」を心の糧に「新時代の社会で活躍し、貢献できる自立した女性の育成」をめざした教育が行われています。

3つの教育の柱

緑ヶ丘女子では、基礎となる3教科（英・数・国）の学習を中心に、生徒一人ひとりの個性、興味、適正を考えたきめ細かな教育が行われています。

大きな柱となるのは、「英語教育」「情報教育」「聖書による人間教育」の3つ。

女性の活躍の場が日本だけにとどまらない21世紀において、「共生の思想と異文化のなかで生活する力」「国際社会で通用する専門知識や資格」「使える英語」がよりいっそう求められていると考えており、「実践に役立つ本格的英語力」の習得が緑ヶ丘女子の「英語教育」の大きな特徴です。

また、現代社会では、パソコンは情報を得るための欠かせない重要なツール。コンピュータをひとり一台使用できるように用意して、機能や基本操作の学習から情報倫理まで、学習と生活に役立つ「情報教育」を実施しています。

そして、キリスト教の「愛の精神」を大切にする緑ヶ丘女子では、週に1時間の聖書の時間や、月に1回の礼拝、各種行事などをつうじて、他人を思いやる心、社会に奉仕する心を養い、豊かな人間性を育んでいきます。

こうして、国際社会で通用する自立した女性をめざし、社会に巣立つための素地を6年一貫教育のなかで段階的、系統的、効果的に育てているのが緑ヶ丘女子中学校・高等学校です。

SCHOOL DATA

- 神奈川県横須賀市緑が丘39
- 京浜急行線「汐入」徒歩5分、JR線「横須賀」徒歩15分
- 女子のみ28名
- 046-822-1651
- http://www.midorigaoka.ed.jp/

森村学園中等部

自分の進むべき「路」を森村学園で

創立100周年を記念した全校舎の大規模整備を、2011年（平成23年）に終えた森村学園。東急田園都市線つくし野駅から徒歩5分というアクセス良好な場所に立地しながらも、正門をくぐれば、校舎、グラウンド、テニスコートなど学園全体が一望でき、背後には広大な自然が広がります。感受性の強い多感な6年間を過ごすには、この緑あふれる学び舎は、非常に魅力的だといえるでしょう。

多角的に「路」を見つける

現在のTOTO、ノリタケ、日本ガイシなどの創業者である森村市左衛門が、東京・高輪に創立したのが森村学園です。森村翁が実業界で得た人生訓「正直・親切・勤勉」を校訓とし、生徒が自分の「路」を進む力を自ら培うことができるように人間教育、進路指導を行っています。

進路指導では、「進路指導」と「進学指導」を区別化し、6年一貫教育のなかで生徒一人ひとりの夢の実現をサポートしています。

「進路指導」は自分の進むべき「路」を探すための指導です。人生の軸となる「将来なにになりたいのか」という問いかけを生徒に発しつづけています。

一方、「進学指導」では、生徒が希望する大学に合格できる学力を身につけさせる指導を行っています。高2から文系・理系コースに分かれて大学入試を意識した演習型授業へ移行し、高3では多くの科目で実際の入試問題を用いた演習授業を展開します。

また、さらにグローバル化が進む時代を見据え、森村学園では「言語技術」という教科を導入しました。「言語技術」の授業は、つくば言語技術教育研究所の支援を得て行っており、世界で通用するコミュニケーション能力の習得をめざしています。

これからの自分と時代を見つめ、自分の「路」を切り開いていける生徒を育成する森村学園です。

SCHOOL DATA

- 神奈川県横浜市緑区長津田町2695
- 東急田園都市線「つくし野」徒歩5分、JR線・東急田園都市線「長津田」徒歩13分
- 男子254名、女子350名
- 045-984-2505
- http://www.morimura.ac.jp/

山手学院中学校

世界を舞台に活躍できる能力を身につける

1966年（昭和41年）、「未来への夢をはぐくみ、その夢の実現をたくましくになっていく人」すなわち「世界を舞台に活躍でき、世界に信頼される人間」の育成を目的に創設された山手学院中学校・高等学校。マロニエ並木を歩いて到着するキャンパスは、富士山や鎌倉の山並みをのぞむ緑豊かな高台にあります。

「世界を舞台に活躍でき、世界に信頼される人間」を育てるという目標を実現するため、山手学院では、教室のなかで世界について学ぶだけではなく、柔軟な吸収力のあるこの時期に、直接「世界」に飛びこみ、体験することが大切だと考えています。

そのため、全生徒にその機会を与えるものとしてつくられたのが、「国際交流プログラム」です。「中3でのオーストラリアホームステイ」、「高2での北米研修プログラム」を柱として、「リターン・ヴィジット」、「交換留学」、「国連世界高校生会議」など、数多くのプログラムを実施しています。

メリハリのある学校生活で大学合格

山手学院では、週5日制・3学期制を採用しています。土曜日の午前中には土曜講座を実施。多彩な講座が設置され、中学生から高校生まで、多くの生徒が受講しています。さらに、2010年度（平成22年度）中学入学生より「中高6年一貫コース」を開始し、国公立大学への進学に向けて必要な、幅広く確かな学力を育成しています。

月～金曜日に集中して行われる授業。多彩な土曜講座。活発な部活動。この3つの活動によって生みだされるリズム感、メリハリのある学校生活が山手学院の特色です。こうした生徒を伸ばすオリジナルな学習指導の結果、2014年度（平成26年度）は、国公立大へ57名、早慶上智大149名、MARCHには508名の合格者を輩出しています。現役合格者が多いのも大きな特徴で、2014年（平成26年）は卒業生の94%が現役合格しています。

SCHOOL DATA

- 神奈川県横浜市栄区上郷町460
- JR線「港南台」徒歩12分
- 男子348名、女子260名
- 045-891-2111
- http://www.yamate-gakuin.ac.jp/

横須賀学院中学校

神奈川 横須賀市 共学校

世界の隣人とともに生きるグローバル教育

学習のフォローが充実

横須賀学院は1950年、青山学院第二高等部を引き継いで創立されました。その歴史的経緯から、2009年に教育提携協定が締結され、2012年に再調印されました。

横須賀学院は、進路実現のための確かな学力と隣人愛に満ちた豊かな人格形成を目標とする全人的教育を実践しています。とくに中学校では、「共に生きる」という教育目標のもと、温かい思いやりに満ちた人間関係を築いていきます。

中高一貫コースでは、検定外教科書なども併用しながら、6年間を見とおした学習をしています。授業で解決できなかった内容については、夜19時まで開室している学習室を利用することもできます。学習室は、夜19時まで開室しており、専属のスタッフが常駐しています。また国公立・難関私大をめざす特別講座を開講していますが、クラブ活動など

と重なっている場合には、iTunesUを使って、家庭などでの受講が可能となっています。

将来につながるさまざまな経験

2014年度からは、「世界の隣人と共に生きるグローバル教育」とテーマを定め、語学研修プログラムの充実、葉山インターナショナルスクールとの連携などをとおして、英語運用力の育成に力を注ぎます。また国語科のプレゼンテーション試験、学術研究入門などの講座をとおして、自ら考え、課題を発見する力を育てます。

学習面以外においても、宗教教育に加え、「共に生きる」という教育目標を具現化するために、6年間のさまざまな体験学習プログラムが組まれています。「仲間作り」のための新入生オリエンテーション（中1）、清里自然教室（中2）、沖縄自然教室・職業体験（中3）、サイパン体験学習（高2）など、盛りだくさんです。

SCHOOL DATA

- 神奈川県横須賀市稲岡町82
- 京浜急行線「横須賀中央」徒歩10分
- 男子136名、女子96名
- 046-822-3218
- http://www.yokosukagakuin.ac.jp/

横浜中学校

神奈川 横浜市 男子校

学習支援 "YSAP" が全学年で実施される!!

横浜中高では、「一貫コース」学園の主軸として、さまざまな改革を行っています。「一貫コース」の生徒は高入生とは混成せず、一貫用カリキュラムを採用しています。横浜はスポーツ強豪校の印象もありますが、学力の強化にも力を入れています。

横浜の学習支援プログラム "YSAP"

確かな学力を身につけるための学習支援プログラムYSAPを全学年で実施します。現役大学生がアシスタントとして教員とともに講座に参加し、基礎学力アップをはかる「ベイシック講座」を中1・中2で、大学受験に必要な実践力を身につける「アドバンス講座」を全学年で実施。さらに、高2・高3では、難関大学合格に必要な学力を養成する「トップ講座」が行われています。いずれの講座も少人数制で一人ひとりに対応し、最大21時まで校内で受講可能。また、学習室は21時まで利用可能。現役大学生が学生チューター

として、生徒の自立学習の手助けをします。

10年後を見据えた「ライフデザイン教育」

人間力の面では、男の子の成長に合わせて自分を見つめ、進路や生き方を考える「ライフデザイン教育」を中1から実施。先の予測がむずかしい不透明な時代に、10年後、15年後の将来像からいまなすべきことを考えます。さらに、父母の協力も得ながら中3の夏には「職業講座」を実施し、しっかりとした職業観や将来像を醸成します。

横浜のReal Activity

豊かな人間力育成のため、成長段階に応じた体験的な行事で、本物に触れることを大切にしています。中1のアメリカンキャンプでは、ネイティブによる生きた英語に触れ、英語の楽しさを実感。中2のサマーキャンプでは、農家の生活を実体験。中3の修学旅行では、北海道道東の雄大な大自然を体験します。

SCHOOL DATA

- 神奈川県横浜市金沢区能見台通47-1
- 京浜急行線「能見台」徒歩2分
- 男子のみ218名
- 045-781-3395
- http://www.yokohama-jsh.ac.jp/

横浜英和女学院中学校

神奈川 横浜市　女子校

新校舎で育む英語力と国際教養

横浜英和女学院は、1880年（明治13年）、アメリカの婦人宣教師、ミスH.G.ブリテンにより横浜山手48番の地に創立されました。

創立以来、キリスト教主義学校として、建学の精神である聖書の真理と教えに基づき、隣人に奉仕できる心の育成に努めるとともに、生徒一人ひとりの個性と能力をいかす教育を行ってきました。

重視されている英語・国際教育

授業は完全週5日制・2学期制で、大学進学はもとより進学後の勉学にも対応できる教育課程と授業内容を組んでいるのが特徴です。

とくに、英会話と基礎段階である中学1年の英語は少人数で行われ、中学2年以上では習熟度別、少人数クラス編成となっており、大きな力がそそがれています。

高等学校では、80以上の自由選択科目のなかから自分の進路に必要なものを自由に選べます。さらに、火曜・木曜放課後補講、土曜セミナーや夏期補講、高3受験講座など、さまざまな学力面でのフォロー体制が整っています。

横浜英和女学院は、オーストラリアに2校、韓国に1校、アメリカに1校、計4校の姉妹校を海外に持っています。短期留学やホームステイ、海外研修旅行、受け入れプログラムなど、多様で活発な交流が行われています。また、2013年（平成25年）春より、アメリカの姉妹校大学を訪問するUSAスタディーツアーも開始しました。このような機会をとおしてグローバルな視野を養い、世界の人々とともに生きることを学んでいます。

また、中高6年間のコミュニケーションスキルプログラム、キャリアサポートプログラムがあり、他者と社会との関係のなかで、自己実現を考える力を育成しています。

2012年（平成24年）1月には新校舎が完成。生徒一人ひとりの夢が育まれる学習環境もますます充実しています。

SCHOOL DATA

- 神奈川県横浜市南区蒔田町124
- 横浜市営地下鉄ブルーライン「蒔田」徒歩8分、京浜急行「井土ヶ谷」徒歩18分
- 女子のみ415名
- 045-731-2862
- http://www.yokohama-eiwa.ac.jp/

横浜共立学園中学校

神奈川 横浜市　女子校

「ひとりを大切にする」キリスト教教育

横浜の街並みを見下ろす山手の高台に横浜共立学園中学校はあります。創立は1871年（明治4年）、日本で最も古いプロテスタント・キリスト教による女子教育機関のひとつであり、横浜を代表する人気の女子校です。

3人のアメリカ人女性宣教師により設立されたアメリカン・ミッション・ホームに起源を持つ横浜共立学園の教育の根底にあるものは、「ひとりの人間を無条件に尊重し愛する」キリスト教精神です。学園では、キリスト教に基づく教育が実践されています。

そのキリスト教教育の基本は、「神を畏れる」ことにあります。「神を畏れる」とは、人間が神の前に謙虚になるということです。毎朝行われる礼拝をとおして、自分が神様からかけがえのない存在として等しく愛されていることを知ります。

横浜共立学園が創立以来「ひとり」を大切にする教育を行ってきた根拠がここに存在します。

高い大学進学実績

横浜を代表する私立女子校として知られているだけに、その大学進学実績には目を見張るものがあり、難関大学に数多くの合格者をだしています。医学部への進学者が多いのも特色のひとつで、総じて理系人気には高いものがあります。また、特筆すべきは、きわ立って高い現役合格率です。これは「まじめで、よく勉強する」生徒の性格を表す結果でもありますが、その背後には中高一貫の利点をいかし、効率を追求した横浜共立学園のカリキュラムの存在があります。

しかし、名門進学校の横浜共立学園は、けっして受験一本槍の学校ではありません。生徒のほとんどが部活に所属し、ボランティア活動も積極的に行われています。同じ部活の先輩が一生懸命に勉強して現役で希望する大学に入っていく、それもよいプレッシャーになっているのかもしれません。

SCHOOL DATA

- 神奈川県横浜市中区山手町212
- JR線「石川町」徒歩10分
- 女子のみ547名
- 045-641-3785
- http://www.kjg.ed.jp/

横浜女学院中学校

「愛と誠」の人間教育

プロテスタントのキリスト教精神による女子の人間教育を行う横浜女学院中学・高等学校。

自分を深く見つめ真実の生き方を求める「キリスト教教育」、可能性を最大限に伸ばし知性と感性を深める「学習指導」、個性を尊重しあい、信頼と友情を築く「共生教育」の3つを教育理念に、イエスの教え「愛と誠」の人間教育を実践しています。

そんな横浜女学院の1日は、礼拝で始まります。礼拝は横浜女学院のキリスト教教育の基であり、全校礼拝やクラス礼拝、英語礼拝などをとおして、時代を越え世界につうじる、人間としての真実の生き方を学びます。

また、「共生教育」においては、21世紀に輝いて生きる人を育てるため、新しい女子教育をめざしています。

特色あふれるカリキュラム

近年、着実に大学進学実績を伸ばしている横浜女学院。

生徒が主役の女子教育の場では、習熟度別授業や豊富な課外活動、補習授業や受験対策講座、進路と興味に応じた「選択制」、夢を実現させる「進路教育」などが行われています。

また、感性を育てる「芸術教育」、IT時代を迎えた「情報教育」やグローバルな視野を育てる「国際教育」など、横浜女学院ならではのカリキュラムの存在も光ります。

学習指導においては、可能性を最大限に伸ばし、学びと喜びと真理の探求をとおして、人生をより豊かにする知性と感性を深めています。

こうした教育を基本として、横浜女学院では、中高一貫を「基礎期」（中1・中2）、「展開期」（中3・高1）、「発展期」（高2・高3）の3ステージに分け、それぞれの期に応じて、広い視野に立った進路教育により、生徒それぞれの自己実現をめざしています。

SCHOOL DATA

- 神奈川県横浜市中区山手町203
- JR線「石川町」徒歩7分
- 女子のみ503名
- 045-641-3284
- http://www.yjg.y-gakuin.ed.jp/

横浜翠陵中学校

神奈川　横浜市　共学校

Think & Challenge!!

横浜翠陵のスローガンは「Think & Challenge!」。学校生活のすべての場面に用意された数多くのチャレンジが、自分の殻を破り、無限の可能性を引きだします。解けない問題から逃げずに挑みつづけた経験、苦しいことと正面から向きあった体験が自信へとつながり、つぎのステップへと挑む自分の糧となります。

徹底的に向きあいます!!

学習活動も自分への挑戦の場。一人ひとりの「わかった」「できた」を引きだすためにじゅうぶんな授業時間数を確保。さらに、学習プロセスを「DUT理論」に基づきD=Desire（意欲）、U=Understand（理解）、T=Training（実践演習）に分類。挑戦する心=Dを育て、学力をつけるために必要となる訓練=Tを可能にします。挫折しそうなときには、教員が徹底的に向きあい、フォローアップします。DUTのどの段階でつまずいたかを探り、自分の力で正解にたどり着けるよう導きます。「できる」実感の積み重ねが、つぎへの意欲につながり、確実な学力とチャレンジ精神を養います。

中学時代に基礎を徹底的に固め、高校進学時に特進・国際・文理のコースのなかから各自の希望進路に沿ったコース選択をします。希望するコースに向けて力をつけるため、中学3年生では、7時間授業「ブラッシュアップレッスン」も用意しています。

もちろん勉強以外にも、横浜翠陵にはチャレンジの機会がいっぱい。部活動はもちろん、ひとり1家庭の2週間ホームステイによるニュージーランド海外教育研修や、毎年歩く距離が延びるトレッキングキャンプなどの行事でも、自分の限界を乗り越える経験を積み重ね、たくさんの「できた！」を実感できます。大きな自信を持って、人生の大きな目標に向かっていくたくましい「人間力」を育んでいきます。

SCHOOL DATA

- 神奈川県横浜市緑区三保町1
- JR線「十日市場」・東急田園都市線「青葉台」・相鉄線「三ツ境」バス
- 男子81名、女子67名
- 045-921-0301
- http://www.suiryo.ed.jp/

横浜創英中学校

「使える英語」を横浜創英で

2003年（平成15年）、75年もの歴史を誇る横浜創英高等学校のもとに開校した横浜創英中学校。

その横浜創英では、充実した国際教育を目標として、ネイティブスピーカーによる英会話授業、放課後のイングリッシュ・アワー、カナダのトロント近郊での海外語学研修といった多彩なプログラムを導入しているのが特色です。

なかでもイングリッシュ・アワーは、横浜創英独自のユニークなプログラムで、中1を中心に、7時限目に行われる20分間の「楽しい英会話」の時間です。

英語だけを使って、日常的なコミュニケーションに「必要な言葉」から、耳で覚えることを基本としています。

「読み・書き」はもちろん、「話せる」ことを重視した「使える英語」の習得をめざす横浜創英の英語教育を体現していると言えるプログラムです。

さまざまな進路希望に対応

横浜創英では、年々生徒の進路目標が高くなっており、とくに国公立大志望が激増しています。また、それ以外にも希望進路はさまざまです。この要望に応えるために、高校からは「特進コース」「文理コース」「普通コース」の3コースを用意しています。

最大の特徴はセンター試験に対応した「特進コース」の存在です。このコースでは国公立大への現役合格をめざし、週3回7時間授業を導入して、高1では基礎の徹底、2・3年次は応用力の育成をはかっていきます。

「文理コース」「普通コース」は、それぞれの生徒が志望する大学や学部に応じて学習ができるプログラムが整っています。

このように変革する高校に呼応して、中学では基礎学力の定着度を細かにチェックするシステムが多くあり、高校での発展学習につなげていくかたちができあがっています。

SCHOOL DATA

- 神奈川県横浜市神奈川区西大口28
- JR線「大口」徒歩8分、京浜急行線「子安」徒歩12分、東急東横線「妙蓮寺」徒歩16分
- 男子80名、女子78名
- 045-421-3121
- http://www.soei.ed.jp/

横浜隼人中学校

「必要で信頼される人」を育成

横浜市にありながらも、遠くに富士山を仰ぐ緑豊かな自然環境にある横浜隼人中学校・高等学校。敷地面積は、なんと約5万4000㎡もの広さです。学校全体を写した航空写真を見ると、その広大なキャンパスの姿に驚かされます。そんな恵まれた教育環境のもと、横浜隼人では、生徒が将来、それぞれの場で重要な役割を担える「必要で信頼される人」に育つことをめざした教育が行われています。勉強だけでなく、「他人への思いやり」、「環境へのやさしさ」、「差別や偏見のない広い視野」、そして「困難に打ち勝つ勇気」を身につけることを大切にした教育が行われているのです。

「横浜隼人」21世紀の教育

さらにすぐれた教育環境をつくりだすため、横浜隼人では、『横浜隼人』21世紀の教育」という教育プログラムを実践しています。これは、生徒の能力・適性に合わせ、一

人ひとりの生徒の無限の可能性を広げていくための具体的な施策で、「進学のためのプログラム」と「人間形成のためのプログラム」が柱となっています。

「進学のためのプログラム」では、基礎・基本を重視して多様な学習プログラムが実践されています。通常の授業に加え、放課後の時間（ハヤトタイム）・講習・さまざまなテストなどの充実した学習プログラムにより、学習習慣を定着させ、将来の大学受験を容易にします。さらに、生徒の能力に合わせ、中2より習熟度別授業を実施するとともに、毎月第1・3・5土曜日は授業を行ってます。

「人間形成のためのプログラム」では、生徒同士、そして生徒と教員とのコミュニケーションを大切にしています。スポーツ・クラブ活動を積極的に奨励する「部活動」、英語で教えるイマージョン教育などのプログラムを展開する「国際人を創る」ための取り組みを行っています。

SCHOOL DATA

- 神奈川県横浜市瀬谷区阿久和南1-3-1
- 相鉄線「希望ヶ丘」徒歩18分
- 男子123名、女子58名
- 045-364-5101
- http://www.hayato.ed.jp/

横浜富士見丘学園中等教育学校

新しく機能的な校舎で「自立した女性」を育てる

相鉄線の二俣川駅から歩いて約15分、閑静な住宅街がつづくなだらかな坂をあがれば、横浜富士見丘学園中等教育学校のシックな赤レンガの新校舎が現れます。

マザーホールと呼ばれる図書館棟を中心に、アンジェラホール（大講堂）、校舎棟、体育館棟などが手をつなぐように配置されているのが特徴的で、さらに校舎内は木を多く使うことで温かみが感じられるつくりになっています。

シックハウス症候群、バリアフリー、耐震などの健康・安全面にも配慮されており、なかでも耐震面は最新工法により通常の1.5倍の耐震強度が確保されています。

また、ソーラーパネル、風車、校内LAN環境整備など、環境教育・情報教育の最先端機能も充実しています。

横浜富士見丘学園中等教育学校は、その優雅な姿からは想像できない技術が満載されています。

完全6年一貫制でゆとりある教育

私立の女子校としては、日本で初めての中等教育学校であり、その最大の特徴は中学と高校の境目がない完全な6年一貫教育です。

授業は2学期制で、週6日制。ゆとりを持って多くの時間数を確保しています。

昨年度、初めての女性校長の誕生で、女性の自立、社会参加をめざした新たな教育が開始されています。その中心は、「使える英語力」と「思考型学習の徹底」です。カリキュラムは、第1ステージ（1・2年）では知的好奇心の刺激に重点をおき、第2ステージ（3・4年）では未来設計に挑み、第3ステージ（5・6年）で受験に打ち勝つ実力を養成します。

ゆとりがありながらもしっかりと計画された教育が行われている横浜富士見丘学園中等教育学校。知的で品位ある人間性と、洗練された国際感覚を持ち、社会に貢献できる「自立した女性」の育成をめざしています。

SCHOOL DATA

- 神奈川県横浜市旭区中沢1-24-1
- 相鉄線「二俣川」徒歩15分
- 女子のみ193名
- 045-367-4380
- http://www.fujimigaoka.ed.jp/

横浜雙葉中学校

抜群の教育環境を誇る

横浜雙葉の象徴である三角帽子の鐘楼を中心に、山手の高台にはコロニアル風の校舎が広がります。独特の風が吹きわたる山手地区でも、ひときわ色濃く異国情緒を醸しだすかのようです。丘の上からは港や市街が、さらに富士山や房総半島も見通せます。

横浜雙葉は1872年（明治5年）、最初の来日修道女マザー・マチルドによってその基礎が築かれました。1900年（明治33年）にカトリック学校横浜紅蘭女学校として始められ、1951年（昭和26年）に現在の名称に改称されました。

校訓は「徳においては純真に、義務においては堅実に」で、この校訓と、キリスト教の精神を象徴する校章は、全世界の「幼きイエス会」系の学校に共通となっています。

新しい夢を紡ぐ新校舎と新カリキュラム

最新の情報ネットワークを駆使した西校舎には、図書館やITワークショップルームをはじめ宗教教室などが配置されています。大きな吹き抜けには光が降りそそぎ、白い壁と大理石の床が清潔なコントラストをなします。生徒たちは、このすばらしい新校舎で貴重な青春のひとときを過ごします。

2002年度（平成14年度）から大きく刷新されたカリキュラムは、さらに進化し、文系と理数系を問わず強化し、少人数授業を導入するなど、定評ある横浜雙葉の教育がいっそううきめ細やかなものになっています。

横浜雙葉に入学すると、在校生が織りなす新入生のためのミサで出迎えられます。ミサはクリスマスのほか、年に数度実施されます。

横浜雙葉は敬虔なカトリックの学校ですが、宗教を強制せず、信仰の有無も合否判定に影響させません。

生徒一人ひとりが、家庭的なかかわりをとおして自分の使命を見出し、未来の共生社会を築くために具体的に行動することができるよう育まれています。

SCHOOL DATA

- 神奈川県横浜市中区山手町88
- みなとみらい線「元町・中華街」徒歩6分、JR線「石川町」徒歩13分、「山手」徒歩15分
- 女子のみ561名
- 045-641-1004
- http://www.yokohamafutaba.ed.jp/

国立・私立中学校プロフィール

千　葉

学校説明会

受験生・保護者対象 | 要予約

第1回	**7/27** ㊐ 10:00~	
第2回	**7/27** ㊐ 13:00~	
第3回	**9/6** ㊏ 10:00~	
第4回	**9/27** ㊏ 10:00~	
第5回	**10/25** ㊏ 10:00~	

雄飛祭（文化祭）

9/14 ㊐
9:00~15:00
（受付は14:00まで）

※ 一般公開しております。
予約の必要はありません。
※ 「学校紹介コーナー」「入試相談コーナー」
を設けています。

学校説明会予約開始日

第1回~第3回は 7/1（火）~
第4回~第5回は 9/1（月）~

ホームページまたは
電話でお申込みください。

昭和学院 秀英中学校・秀英高等学校

〒261-0014　千葉市美浜区若葉1丁目2番　TEL:043-272-2481　FAX:043-272-4732

専修大学松戸中学校

〒271-8585 千葉県松戸市上本郷2-3621 TEL.047-362-9102
http://www.senshu-u-matsudo.ed.jp/

SINCE
2000

世界へ羽ばたけ
確かな未来はここから始まる

Soar Around The World 2015

英会話体験授業 要予約
7/5（土）13:00〜・**6**（日）9:30〜／11:00〜／13:00〜
■ 場所：アンビションホール
※6月16日（月）10:00 予約受付開始［受付時間 平日10:00〜16:00］
※4年生以上対象

中学校見学会 要予約
7/13（日）・**20**（日）・**21**（月・祝）3日間とも9:30〜15:00
■ 場所：アンビションホール
※7月1日（火）10:00 予約受付開始［受付時間 平日10:00〜16:00］

文化祭 中高合同・一般公開 （予約不要）
9/20（土）・**21**（日）2日間とも9:00〜15:00
※学校説明会を数回実施いたします

体育大会 一般公開 （予約不要）
10/11（土）8:30〜16:00
■ 場所：本校校庭
※校内見学などはありません

中学校説明会 （予約不要）
10/4（土）・**12/14**（日）2日間とも10:00〜12:00
■ 場所：本校体育館
【ダイジェスト版】**1/5**（月）14:00〜15:00
※初めて本校の説明をお聞きになる6年生対象

テーマ別説明会 （予約不要）
第1回 **10/26**（日）「教科学習について」
第2回 **11/22**（土）「グローバル教育について」
■ 2日間とも10:00〜12:00 ■ 場所：本校体育館

専修大学松戸
高等学校・中学校・幼稚園
公式ロゴマーク

平成27年度 中学入学試験
▶第1回 **1/20**（火）〈定員100名〉
▶第2回 **1/26**（月）〈定員 30名〉
▶第3回 **2/ 3**（火）〈定員 20名〉

■試験科目：3回とも4科目（面接なし）
※第1回入試の定員には、帰国生枠（若干名）を含みます。
　なお、帰国生枠に出願の場合のみ、面接試験があります。
※詳細については募集要項をご参照ください。

市川中学校

<small>いちかわ</small>

千葉
市川市
共学校

人間教育と学力伸長の両立

2003年（平成15年）の校舎移転を契機に、共学化や土曜講座などの新たな試みに取り組んでいる市川中学・高等学校。よき伝統の継承（不易）と進取の精神（流行）が市川の持ち味です。

市川ならではの人間教育

市川の教育方針は「個性の尊重と自主自立」。この教育方針のもと、「独自無双の人間観」「よく見れば精神」「第三教育」の3本の柱を立てています。

「独自無双の人間観」とは、「人はそれぞれ、素晴らしい個性・持ち味があり、異なった可能性を持つかけがえのないものだ」という価値観を表します。

「よく見れば精神」（一人ひとりをよく見る教育）は「生徒一人ひとりに光をあて、じっくりと『よく見る』精神が、生徒の潜在能力を引き出し、開発し、進展していく」というものです。

また「第三教育」とは、家庭で親から受ける「第一教育」、学校で教師から受ける「第二教育」につづき、自ら主体的に学ぶ生涯教育を指します。

国公立大学や難関私立大学への多数の進学実績とともに、市川ならではの人間教育が、多くの保護者の支持を集める大きな理由となっているようです。

カリキュラム変更で授業時数増加

2009年（平成21年）からは文部科学省よりSSH（スーパーサイエンスハイスクール）の指定を受けています。これにともない、理数系の授業や施設が非常に充実し、外部の発表会では優秀な成績を収めています。

さらに、2010年度（平成22年度）から6日制に移行、カリキュラムが大幅に変更され数学・英語などの授業時間数が増加しました。

「人間教育の市川」、「進学の市川」が両輪となって突き進む市川中学校・高等学校です。

SCHOOL DATA

- 千葉県市川市本北方2-38-1
- JR線・都営新宿線「本八幡」、JR線「市川大野」バス
- 男子593名、女子387名
- 047-339-2681
- http://www.ichigaku.ac.jp/

暁星国際中学校

<small>ぎょうせいこくさい</small>

千葉
木更津市
共学校

世界に輝く人間をめざす

豊かな緑に包まれ、18万㎡もの広大な敷地を有する暁星国際小学校、暁星国際中学・高等学校。暁星国際学園の歴史は、東京の暁星学園の開校に始まります。

暁星学園では、創立当初より、多数の帰国生徒が学んできました。1979年に帰国生受け入れをおもな目的として暁星国際高等学校を開校。1981年には暁星国際中学校を併設しました。1984年、暁星国際中・高および暁星君津幼稚園は暁星学園から分離し、学校法人暁星国際学園となりました。1995年に暁星国際小学校を、2004年には新浦安幼稚園を開設し、現在にいたります。

キリスト教精神に基づく教育

教育目標は、「あなたがほかの人にしてほしいと願うことを人にしてあげること」というキリスト教精神に基づき、①国際的感覚にすぐれ②新時代に対応する③諸機能の調和した④健全な社会人を育成すること、です。

これらの目標達成のため、暁星国際学園は開校以来一貫して寮を併設しています。寮での共同生活をとおして人間を形成し、自立心やコミュニケーション能力の育成に努めてきました。さらに帰国子女や留学生を積極的に受け入れて、多様な文化を受容し広く友愛を育むことのできる環境を整えています。

暁星国際学園では、特色あるコース制①「レギュラーコース（特進・進学）」②「インターナショナルコース」③「ヨハネ研究の森コース」④「アストラインターナショナルコース」を設けて、日々の授業に最善の配慮を行い、生徒の個性を尊重した指導に努めています。今年度から「アストラインターナショナルコース」では女子の生徒が誕生しました。

また、グローバル化に対応できる生徒の育成のために、英語教育にとくに力を入れています。ネイティブと日本人の教員による授業が毎日それぞれ1時間ずつ設けられ、豊富な内容で徹底した語学教育を実践しています。

SCHOOL DATA

- 千葉県木更津市矢那1083
- JR線「木更津」スクールバス
- 男子142名、女子65名
- 0438-52-3291
- http://www.gis.ac.jp/

国府台女子学院中学部

心のチカラ、学びのチカラを育む

1926年（大正15年）、平田華蔵先生により創立された国府台女子学院。仏教の教えを現代に受け継ぎ、揺るぎない「芯の強さ」を育む教育を実践している学校です。

中学部では中1・中2で基礎学力の充実をめざし、演習による知識の定着をはかっています。中3では選抜コース（1クラス）を設けているほか、英語・数学の習熟度に応じたクラスを設置。週1時間の読書指導、1クラスを2分割して行う少人数の英会話（全学年）など、生徒の学習意欲を引き出す授業に心がそそがれているのが特徴です。

もちろん、繊細な感性や慈しみ、思いやりの心を育む「心の教育」も実践。芸術鑑賞や学院祭などさまざまな行事をとおして、人間教育の輪が広がるよう努めています。

高等部には「英語科」も

高等部には「普通科」と「英語科」が設置されています。

普通科は中学からの選抜コースのほか、高2から「文系か理系かの選択」と「国公立系か私立系かの目標」に応じて類別コースに分かれ、進路に合わせた学習に取り組みます。高3では、多様な選択科目と少人数制の実践的なカリキュラムを設けているのが特色です。

こうしたきめ細かな学習の結果、大学進学では、国公立大・難関私立大へも、ほとんどの生徒が現役で合格しています。4年制大学現役進学率は87.5％にのぼります。

2014年度（平成26年度）は北海道大、東京外大、筑波大をはじめとする国公立大へ13名、早稲田大、慶應義塾大、上智大に33名という合格者を輩出していますが、そこには、生徒がその個性に応じて、さまざまな大学へ進学している国府台女子学院の大きな特徴が表れているといえるでしょう。

心の教育を大切にするとともに、着実にすぐれた進学実績をあげている国府台女子学院です。

SCHOOL DATA

- 千葉県市川市菅野3-24-1
- 京成本線「市川真間」徒歩5分、JR線「市川」徒歩12分
- 女子のみ615名
- 047-322-7770
- http://www.konodai-gs.ac.jp/

芝浦工業大学柏中学校

創造性の開発と個性の発揮

増尾城址公園に隣接した自然と緑にかこまれ、恵まれた教育環境にある芝浦工業大学柏中学校・高等学校。建学の精神「創造性の開発と個性の発揮」のもと、①広い視野（興味・関心・知的好奇心）の育成、②豊かな感性と情緒の育成、③思考力の強化と厚みのある学力の養成を教育方針に掲げ、その教育が展開されています。

多様な進路に対応するカリキュラム

生徒の個性に合わせた多様で柔軟なカリキュラム編成を行っているのが、芝浦工大柏の大きな特徴といってよいでしょう。

高校2年次から文系・理系のコース選択制となり、3年次には、①文系Ⅰ私立文系コース②文系Ⅱ国公立文系コース③理系Ⅰ私立理系コース④理系Ⅱ農・薬・生物系コース⑤理系Ⅲ国公立理系コースの5コースの選択制となります。

芝浦工大柏では、ほぼ全員が4年制大学へ

の進学を志望し、また生徒の約3分の2が理系志望、約3分の1が文系志望となっています。

そのため進路指導は、生徒の興味、適性、志を大切にしています。そして、生徒一人ひとりが持てる能力をじゅうぶんに発揮でき、生きがいを持って進める道を見出せるように、学習、ホームルーム、面談をとおして、きめ細かな進路指導を行っているのが特徴です。

受験対策としては、1～3年次に夏期講習会を実施しているほか、各学年で希望者を対象に放課後の講習・補習を行い、実力養成に努めています。

その結果、2014年度（平成26年度）の大学入試では東京工大2名含む現役国公立大合格者は44名、早稲田大・慶應義塾大・上智大・東京理科大には67名、G-MARCH含めると136名と一般受験者の53.1％の生徒が前記の大学合格を勝ち取っています。

SCHOOL DATA

- 千葉県柏市増尾700
- 東武野田線「新柏」徒歩25分・スクールバス、JR線・東武野田線「柏」スクールバス
- 男子419名、女子173名
- 04-7174-3100
- http://www.ka.shibaura-it.ac.jp/

渋谷教育学園幕張中学校

千葉
千葉市 共学校

「自らの手で調べ、自らの頭で考える」

幕張新都心の一角、「学園のまち」に渋谷教育学園幕張中学校・高等学校はあります。まわりには県立高校、県立衛生短大、放送大、神田外語大、千葉県総合教育センターなど多くの文教施設が集まり、まさに学ぶには理想的な環境といえます。

創立は1983年（昭和58年）、中学校の創立は1986年（昭和61年）と、比較的若い学校と言えますが、毎年多くの卒業生を東京大をはじめとする超難関大学に送りだしており、千葉県屈指の進学校です。

また、渋谷教育学園幕張といえば、先駆的なシラバスの導入でも有名です。このシラバスは、つねに改訂や工夫が行われ、充実度の高い大学合格実績をしっかり支えていると言ってよいでしょう。

しかし、けっして進学だけを重視している学校ではありません。「自らの手で調べ、自らの頭で考える」という意味の「自調自考」を教育目標に掲げており、生徒の自発性を尊重した教育を行っています。そして、心の成長・陶冶をめざし、他者への理解、思いやり、連帯性を重視しています。

国際人としての資質を養う

生徒の眼前にグローバルな世界と未来とが開けていることを考え、渋谷教育学園幕張では、外国人教員による少人数外国語教育、長期・短期の海外留学、海外からの帰国生および外国人留学生の受け入れを積極的につづけています。

この環境を地盤として、異なる知識や体験の交流、共有化を進め、また、日常的学習の場も含めて国際理解へのよりいっそうの視野の拡大をはかっているのです。

敬愛され、伸びのびと活動し、貢献しうる日本人の可能性をさらに追求し、21世紀の地球と人間生活の反映に貢献できる人材の育成をめざす渋谷教育学園幕張中学校・高等学校です。

SCHOOL DATA

- 千葉県千葉市美浜区若葉1-3
- JR線「海浜幕張」徒歩10分、京成千葉線「京成幕張」徒歩14分、JR線「幕張」徒歩16分
- 男子646名、女子237名
- 043-271-1221
- http://www.shibumaku.jp/

昭和学院中学校

千葉
市川市 共学校

キャンパスも、教育体制も、学校全体が一新

ＪＲ線・都営新宿線・京成電鉄線から歩いても15分（バス5分）という、大変便利な千葉県市川市の閑静な住宅街に昭和学院中学校はあります。

その建学の精神は、創立者伊藤友作先生がしめされた校訓「明敏謙譲」、すなわち「明朗にして健康で、自主性に富み、謙虚で個性豊かな人間を育てる」ことにあります。

この変わらぬ建学の精神のもと、四季折々の豊かな自然の息吹を感じる新しいキャンパスで、中学・高校の6年間を過ごすことができます。

効果的な学習指導

昭和学院では、中高一貫という私学の特性をいかし、6年間の教育課程をつうじて生徒の能力・適性に応じたきめ細やかな進路指導を行っています。

中高ともに少人数制のクラスで、中3〜高3に特進クラスをおくなど、きめ細かいクラス編成と教育内容を実施しています。

さらに、放課後の7時間目には学習会（補習等）を実施するとともに、夏休みや冬休みなど長期の休暇にも校内補習を実施しています。そのほか、業者テストの実施や予備校との連携をはかるなど充実した進学指導に努めています。

また、学力の向上だけでなく、昭和学院では中学生としての基本的な生活習慣を身につけることにも力をそそいでいます。

生徒会を中心に「あいさつ運動」をはじめ、福祉施設訪問などの「ボランティア活動」もさかんです。また、中1からキャリア教育を始め、生徒一人ひとりの進路設計を考えさせます。社会人としての責任やマナーなどを学び、進路設計にいかしています。

確かな学力・豊かな心・健やかな身体を育むための教育を基本方針とし、部活動への参加も奨励し文武両道の精神が伝統となっています。

SCHOOL DATA

- 千葉県市川市東菅野2-17-1
- JR線・都営新宿線「本八幡」・京成電鉄「京成八幡」徒歩15分
- 男子110名、女子268名
- 047-323-4171
- http://www.showa-gkn.ed.jp/js/

昭和学院秀英中学校

千葉　千葉市　共学校

独自のプログラムで伸びる進学実績

「明朗謙虚」「勤勉向上」を校訓とする昭和学院秀英中学校・高等学校。「質の高い授業」「きめ細やかな進路指導」「豊かな心の育成」という3つの実践目標のもと、独自の充実したカリキュラムを展開しています。

昭和学院秀英の授業は、ただの詰め込みではなく、生徒の思考力・実践力・表現力を高め、もっと生徒が学びたくなるよう、日々教員が努力し、改善をしているところに大きな特徴があります。

たとえば、昭和学院秀英には独自の作文教育と読書教育があります。これは1985年（昭和60年）の創立以来続けられているもので、「読む」「考える」「書く」を繰り返すなかで「自ら考える」習慣を身につけ、思考力・実践力・表現力を養います。

また、国際的視野と語学力を身につける人材育成をはかるため、高1の夏休みには、アメリカのワシントン州で3週間にわたるホームステイを実施する海外研修旅行があります。

全員が「特進クラス」

昭和学院秀英はいわゆる「特進クラス」といった特別なクラスは設置していません。中・高の6年間にわたって質の高い授業を生徒全員に行うことで、他校で「特進」「特別」と呼ばれるクラスと同様の内容、レベルの教育を提供することができるのです。

生徒のほぼ100%が大学への進学をめざしているため、進路指導は進路に適応した指導と助言が行われ、高校1年次では不得意科目克服のための補習、2・3年次では進学のための補習を放課後などを活用して実施、また春期・夏期・冬期の休暇中には講習も実施しています。

国公立・私立大への優秀な入試合格実績とともに早稲田大・慶應義塾大、上智大をはじめとする有力私立大への指定校推薦もあり、難関大学への進学実績が伸びつづけている昭和学院秀英中学校・高等学校です。

SCHOOL DATA

- 千葉県千葉市美浜区若葉1-2
- JR線「海浜幕張」徒歩10分、JR線「幕張」・京成千葉線「京成幕張」徒歩15分
- 男子261名、女子300名
- 043-272-2481
- http://www.showa-shuei.ed.jp/

聖徳大学附属女子中学校

千葉　松戸市　女子校

「和」の精神で輝く未来へ

千葉県松戸市の郊外に広大な校地を有し、すずかけの並木道や季節を彩る花々にかこまれた静かな環境のなかに聖徳大学附属女子中学校・高等学校はあります。開校から32年目を迎え、2011年（平成23年）には制服を一新。充実した施設のもと、社会で自分らしく輝ける女性を育んでいる学校です。

個性的な人間教育プログラム

聖徳大学附属女子は、教育理念である「和」の精神に基づき、「思いやる力」「かなえる力」「助け合う力」を養う全国屈指の人間教育プログラムを有しています。

「必修授業の小笠原流礼法教育の実践」「健やかな心身の成長を育む食育プログラムとしての毎日の会食教育」「日本の伝統文化を尊重し世界に視野を向ける国際人教育プログラム」などが、その一例としてあげられます。こうした女性だけの学びをつうじて、将来さまざまな分野で女性が幅広く活躍するために

必要な学芸・情操を10年後の自分をイメージしながら積みあげていきます。

志望に応じた「進路類型クラス」

学習面では、大学入試突破を目標として、2013年度（平成25年度）からは、中学入学時、新たに「S選抜コース」（国公立・最難関私立大目標）を設置し、高校3年生になると、志望大学に応じた個別プログラムで戦略的な受験指導を行っています。「選抜クラス」の生徒は、高校では特進コース（国公立・難関私大進学系）へ、「進学クラス」の生徒は他大学進学希望者と聖徳大学への内部進学希望者で、選択授業を多く取り入れ、興味に応じた幅広い履修が可能です。

中高一貫教育ならではのムリ・ムダのない時間のなかで自分を発見し、最適な学習カリキュラムと人間的な成長に大切な教養教育を重視し、確実に学力を伸ばす聖徳大学附属女子中学校・高等学校です。

SCHOOL DATA

- 千葉県松戸市秋山600
- 北総線「北国分」・「秋山」徒歩10分、JR線「松戸」・「市川」・京成線「市川真間」バス
- 女子のみ236名
- 047-392-8111
- http://www.seitoku.jp/highschool/

西武台千葉中学校

「西武台シンカ論」で突き進む

2011年（平成23年）より、東京大・東京工大・一橋大などの難関国公立大および早稲田大・慶應義塾大・上智大などの難関私立大への現役合格をめざす「中高一貫特選コース」がスタート。2012年（平成24年）4月より校名を西武台中学校から変更した西武台千葉中学・高等学校は、「西武台シンカ論」を新時代へのマニフェストとして掲げています。

これは、生徒一人ひとりのニーズに応えて個性と能力を伸ばし、志気と体力を高め、「可能性の実現」へ導いていくものです。

現役合格を力強くサポート

新しく導入された中高一貫特選コースは、中高6カ年を3つのステージに分けて展開します。第1ステージは、中1から中2までの「基礎期」。第2ステージは中3から高1までの「発展期」。そして第3ステージが、高2から高3までの「進路実現期」です。

高2修了までに高3の内容まで学習し、高3では主として大学入試センター試験や志望大学の2次試験問題の演習期間にあて、難関大学の現役合格を力強くサポートしていきます。

また、第2ステージまでは、従来からある進学コースとの入れ替えを毎年行い、生徒同士が切磋琢磨することで、学力の向上や高いモチベーションの維持をはかっています。

学習内容の特徴としては、一貫用テキストの使用、日本人教師と外国人講師のチームティーチングによる英語力の強化など、きめ細かな教育を提供しています。

部活動も活発

また、西武台千葉では、運動部と文化部合わせて18の部活動が行われており、中学生の8割以上がいずれかの部活動に参加しています。学習、部活動、学校行事などをとおして、知・徳・体のバランスがとれた豊かな人間形成をめざしているのです。

SCHOOL DATA

- 千葉県野田市尾崎2241-2
- 東武野田線「川間」徒歩17分
- 男子89名、女子105名
- 04-7127-1111
- http://www.seibudai-chiba.jp/

専修大学松戸中学校

生徒一人ひとりの "夢プラン" を支える

専修大学松戸中学校・高等学校は、「国際舞台を視野に入れる」「難関大学をめざす」「報恩奉仕」を教育方針とし、ハイレベルな国際教育と理数系教育、充実した学習環境を提供しています。

英語・理数教育の充実が強み

専修大学松戸の教育において特筆されるのは、英語教育と理数教育の充実です。

英語教育は、国際人を育むことを目標に、中学卒業時には全員が英語検定準2級以上の取得をめざしています。

アンビションホール（高志館）を国際交流・英語学習の中核として位置づけ、英会話の授業やランチタイムアクティビティで利用しています。週7時間ある英語授業のうち、2時間でネイティブ教員と日本人教員によるチームティーチングが実施されています。

中学3年の6月にはアメリカ・ネブラスカ州への13日間の修学旅行を行っています。

姉妹校との交流、体験授業への参加、ホームステイが3つの柱となり、「使える英語力」の向上と国際感覚の養成をはかります。

理数教育では、数学は中学2年までに中学課程を修了し、中学3年より高校課程に進みます。高校3年では演習授業を中心に展開しています。理科は中学時より物理、化学、生物、地学に分けた専門別授業を行っています。2012年度（平成24年度）からは「理科実験」を中学1年・中学2年で1時間ずつ行い、さまざまな実験を取り入れた授業をつうじて、生徒の理数系への関心を高めています。生徒にとっては難しい点も補習などでフォローアップしていきます。

さらに体育の授業数も増えたことで、部活動と合わせ、勉強だけに偏らないバランスがとれた人材を育てています。生徒一人ひとりのモチベーションを高め、"夢"の実現を全力で支援する専修大学松戸中学校・高等学校です。

SCHOOL DATA

- 千葉県松戸市上本郷2-3621
- JR線・地下鉄千代田線「北松戸」徒歩10分、新京成線「松戸新田」徒歩15分
- 男子266名、女子245名
- 047-362-9102
- http://www.senshu-u-matsudo.ed.jp/

千葉日本大学第一中学校

千葉
船橋市　共学校

自立し、文武のバランスがとれた人に

千葉日本大学第一中学校・高等学校は、その建学の精神に基づき、「世界に役立つ日本人」の育成に努めている、日本大学の特別附属校です。

「『真』『健』『和』」の校訓のもと、勉強だけ、部活動だけ、ではなく、社会性を身につけ、バランスのとれた自立した生徒の育成をめざし、人間形成の場として規律ある校風を標榜していきます。

学習においては、中高で重複する内容を整理・統合し、内容の深い合理的な学習指導を実践します。また、生徒一人ひとりの個性や将来の志望に合わせ、多様なコース・科目を設定し、選択幅の広い独自のカリキュラムを実現しています。演劇や古典芸能などを鑑賞する機会を多く設けているのも特徴です。

ゆとりある6年間でしっかり学力養成

中学では、1・2年次を基礎学力の養成期と位置づけ、主要教科の時間数を増やし、同時に時間外講習を開講することで、完全な理解に基づいた学力の養成と、高校段階までふみこむ学習指導を実践しています。

高校では、生徒の特性、希望する進路などに応じた適切な学習計画が立てられるようにカリキュラムを設定しています。

2年次からはクラスを文系・理系に分け、最終学年の3年次は本人の進学志望に応じて、文系・理系ともに他大学進学コース、日本大学進学コースに分かれます。

日大への進学は附属校推薦で行うとともに、他大学への進学もしっかりサポートしています。

こうした指導の結果、2014年度の大学合格実績は日大201名、筑波大・千葉大・東京学芸大をはじめとする他大学84名（いずれも在校生）という数字となって表れています。

附属校のゆとりある6カ年一貫教育のもと、生徒の多岐にわたる進路を応援する千葉日本大学第一中学校・高等学校です。

SCHOOL DATA

- 千葉県船橋市習志野台8-34-1
- 東葉高速鉄道「船橋日大前」徒歩12分、JR線「津田沼」・新京成線「北習志野」バス
- 男子396名、女子241名
- 047-466-5155
- http://www.chibanichi.ed.jp/

千葉明徳中学校

千葉
千葉市　共学校

無限の可能性を引き出し、輝かせる

2011年に開校した千葉明徳中学校。教育理念「明明徳」に基づき、さまざまな活動をとおして生徒一人ひとりのすぐれた特質を引き出し、輝かせるための教育を行っています。この理念を具現化するために「人間性の向上（こころを耕す学習）」と「学力の向上（文理両道のリベラルアーツ）」を2本柱とし、教育を展開しています。

「心を育てる」「知を磨く」

自分と世界との関係性に気づくことは、幸せに生きていくためにとても重要なことだという考えに基づいて、千葉明徳中学校では「つながり」という視点から心を育てる教育を行います。それが千葉明徳独自の「こころを耕す学習」です。おもな取り組みには、さまざまな体験学習や「自分を識る学習」などがあげられます。もうひとつの柱として、子どもたちの持つかぎりない可能性を引き出すために、「文理両道のリベラルアーツ」という総合的・重奏的な教育に挑戦します。文系・理系に偏りなく、基礎基本にじっくり取り組み、深く幅広い教養を養います。週6日制で豊富な授業時間を確保し、学習するうえでいちばん大切な原理原則を理解することに力をそそいでいます。また、始業前の20分間を利用し、朝学習を実施したり、成果のあがらない生徒に対しては放課後に補習を行い、基礎学力の定着をはかっています。

千葉明徳では、高校への入試がないので、6年間を効率的に、そして有意義に過ごすことができます。また教科によっては中高一貫教育の効率性をいかして先取り学習を行ったり、すべての学年で補習を充実させたりするなど、中学と高校が完全に連携し、目標達成に向けて全力でサポートしています。

緑豊かで落ちついた環境のなかで、生徒たちの人間性と学力を向上させることにより、社会を力強く生きぬく若者（行動する哲人）を育てるのが千葉明徳中学校です。

SCHOOL DATA

- 千葉県千葉市中央区南生実町1412
- 京成千原線「学園前」徒歩1分
- 男子81名、女子73名
- 043-265-1612
- http://www.chibameitoku.ac.jp/junior/

東海大学付属浦安高等学校中等部

中高大10年一貫のゆとりある教育内容

東京ディズニーリゾート近くの閑静な住宅街に位置する東海大学付属浦安高等学校中等部。東海大学が掲げる建学の精神に基づき、中等部から大学まで10年間の一貫教育を実践しています。

教科学習では、テーマ学習を中心とした調査や実験実習が行われ、問題発見・解決型の授業を行っているところが特徴です。英語教育にはとくに力を入れており、外国人講師と日本人教師がふたりでチームを組んで授業を展開しています。また、中等部3年次には、ニュージーランドでの英語研修も実施しており、生きた英語に触れるチャンスが用意されています。

学校施設も充実しています。明るい雰囲気の校内には、理科実験室や特別教室が学びやすく配置され、体育館や武道場、温水プールなどもあります。こうした学校施設を活用した部活動もさかんです。趣味の域から専門性の高い活動までたくさんの部活動が用意されています。

東海大への推薦枠が充実

中等部卒業後は、ほとんどの生徒が東海大学付属浦安高等学校へ進学します。

そして、大学への進学は、さまざまなかたちの学校長推薦により、国内8キャンパスを有する大学、3つの短期大学、ハワイの短期大学がある学校法人東海大学を中心に可能となっています。大学への推薦にあたっては、高校3年間の学習成績はもちろんのこと、学校生活全般にわたる資料が集積・検討され、特別推薦や奨励推薦をはじめとする各種推薦により入学者が決定します。

2014年（平成26年）も、卒業生の82%が、東海大学関係へ進学を果たしました。

中等部での3年間だけでなく、大学までの10年間を見据えながら学校生活を送ることのできる、東海大学付属浦安高等学校中等部です。

SCHOOL DATA
- 千葉県浦安市東野3-11-1
- JR線「舞浜」徒歩18分・バス10分、JR線「新浦安」・地下鉄東西線「浦安」バス10分
- 男子253名、女子126名
- 047-351-2371
- http://www.urayasu.tokai.ed.jp/

東京学館浦安中学校

広く国際的な視野に立つ有為な人材を育成する

東京ベイエリアの国際性豊かな地域に位置する東京学館浦安中学校・高等学校。高校は創立33年。地域からの信頼も厚く、進学実績を着実に積みあげています。

創立者・鎌形剛先生が提唱された「広く国際的な視野に立って活動する、有為な人材を育てなくてはならない」という建学の精神を実践しています。

そしてこの建学の精神を体現するため、3つの綱領を掲げ、生徒一人ひとりの実行目標にしています。その第1が「自己の開発」。生徒の才能を掘りおこし、豊かに伸ばすことをしめします。ふたつ目は「判断と責任」。善悪を自主的に判断し、責任を持って行動することを目標としています。そして3つ目は「相互扶助」。互いに協力しあうことを学び、社会に奉仕できる人材を育てます。

独自の英語教育が自慢

多彩なカリキュラムが展開されている東京学館浦安中では、とくに英語教育に力を入れており、「生きた英語、活かせる英語力」をモットーに、週に5時間の英語の授業が行われています。

ネイティブスピーカーによる英会話をはじめ、テキストも生徒たちが英語に親しむことのできる興味深くユニークなものを使用しています。さらに、中学3年次には英国修学旅行を実施します。この修学旅行は英語学習の成果が試される場であり、高校・大学と進学していく際の大きな意欲をかたちづくるものとなっています。

高校段階でも、生徒一人ひとりの希望に添うべく、柔軟なカリキュラムが組まれています。生徒たちの希望する進路は、国公立大や私立大、文系・理系などさまざまです。その各個人に合ったコースが選択できるようになっているのが特徴です。選択授業を含め、コースは6種類。生徒自身の自主性を重視したフレキシブルな教育体制となっています。

SCHOOL DATA
- 千葉県浦安市高洲1-23-1
- JR線「新浦安」徒歩13分・バス5分
- 男子71名、女子48名
- 047-353-8821
- http://www.gakkan-urayasu-jr.jp/

東邦大学付属東邦中学校

千葉 習志野市　共学校

「自分探しの旅」にでよう

東邦大学付属東邦中学校は、1961年（昭和33年）に、東邦大学の附属校として開校されました。併設の高等学校は1952年（昭和27年）に開設されています。

母体の東邦大学は、医学部・看護学部・薬学部・理学部の4学部および医学部付属の3つの病院を持ち、自然科学の研究、教育、医療に重要な役割を果たしてきた大学として広く知られています。

週6日制、週35時間を確保して行われる正課の授業では、「精選と深化」による指導計画を工夫して、演習や実験実習を多く盛り込みながらも、高3の1学期には全学習範囲を終えます。

カリキュラムはリベラルアーツ型で、選択科目を多様に設けることで生徒の進路実現をサポートします。

Exploring Study（自分探し学習）

東邦中では、建学の精神「自然・生命・人間」の具体的な道筋として、「自分探しの旅」を学びのテーマとしています。

これは、学習はもちろんのこと、部活動や学校行事など、さまざまな体験を積みながら、つねに真の自分を探し、見つめようという意味であり、生徒にとっては将来の進路選択における心がまえであるとともに、人生や人間についての根源的な問題へとつうじているテーマとなっています。

そして、生徒一人ひとりが幅広く、能動的に「自分探しの旅」をつづけるために用意されている多彩な学習を体系化したものが「Exploring Study（自分探し学習）」です。

進学校として生徒の進路実現をサポートするプログラムであり、また、生徒がやがて大学に進学して専門的な学問研究などに挑戦する際、それに必要な厚みのある知識を定着させ、さらには未来のリーダーとして人間社会に貢献できる高い志と豊かな人間性を育てるものとなっています。

SCHOOL DATA
- 千葉県習志野市泉町2-1-37
- 京成線「京成大久保」徒歩10分
- 男子541名、女子353名
- 047-472-8191
- http://www.tohojh.toho-u.ac.jp/

二松學舍大学附属柏中学校

千葉 柏市　共学校

生徒が主体の「さわやかな進学校」

2011年に開校した二松學舍大学附属柏中学校。夏目漱石も学んだ137年の二松學舍の長い歴史に、初の附属中学校誕生として、新たな1ページが加わりました。躍進する二松學舍大学附属柏中学校は、2013年度から特選クラスを新設し、特待生選抜入試も行われました。

「東洋の学問・道徳を学び、時代をになう有為（役に立つ）な人材を育成すること」を掲げて明治10年に創立された二松學舍。中学校においても、将来一人ひとりが、他人のこと・社会のこと・地球環境のことを考え、役に立つ人間になることを目標に、質の高い教育をめざしています。

そして、二松學舍大学附属柏中学校の教育を語るうえで欠かせないのは「論語教育」です。「論語」は、生徒の生きる力を育む最良の教材だと考えています。授業をつうじて、自分のやるべきことや自分の課題を考え、「自問自答」により人間力を高めます。

校舎は豊かな自然にかこまれ、四季をとおして生命の息吹を感じながら勉強できる恵まれた教育環境です。グラウンドは、東京ドーム3個ぶんの広さ。2011年2月に完成した新体育館は、バレーボールコートが6面取れる広さを誇ります。

ユニークな3つの教室で自問自答

環境教育では、「森の教室」「沼の教室」「都市の教室」という3つの教室を展開します。この教育のなかでも、自問自答力（自ら体験し、自ら問題を発見し、自ら答える力）を育成します。

森の教室では、5月の宿泊研修とスキー教室。都市の教室では、国立博物館見物のほか、東京スカイツリー公開初日に展望台へもあがりました。沼の教室では、手賀沼研究のほか、田植えから稲刈りまでを体験する「田んぼの教室」も実施されています。

新しい歴史を刻み始めた二松學舍大学附属柏中学校。今後の飛躍が楽しみな1校です。

SCHOOL DATA
- 千葉県柏市大井2590
- JR線・地下鉄千代田線・東武野田線「柏」、東武野田線「新柏」、JR線「我孫子」スクールバス
- 男子76名、女子91名
- 04-7191-3179
- http://nishogakusha-kashiwa.ed.jp/

日出学園中学校

学ぶ楽しさを実感できる中高6年間

日出学園は、1934年（昭和9年）に幼稚園・小学校として創立されたのが始まりです。以来、1947年に中学校が、1950年に高等学校が開設され現在にいたっています。建学の精神は校訓「誠・明・和」の3文字にこめられています。「誠」は心を重んじる教育、「明」は自主的・積極的な明るさをつくる教育、そして「和」はともに力を合わせることの大切さを学ぶ教育を意味しています。

生徒の進路に合わせた授業を展開

日出学園中高の在校生は、ほとんど全員が大学進学を希望しています。中高一貫教育のメリットを最大限にいかしたカリキュラムが組まれており、中学では、各教科の基本的な内容の習得・理解定着をめざします。高校では、生徒それぞれが進路志望に応じた教科を選択し、自主的に学習することによって大学入試に対応できる学力を養います。

2013年度より学校週6日制に変わりました。カリキュラムも新しくなり、より充実した環境で学習に取り組むことができます。

学習の基礎をしっかりと固めるため、英語と数学においては、中学2年から習熟度別少人数授業を実施しています。それぞれの学力に対応した授業を受けることで、学力向上をはかります。また国語においては、教科書を中心に授業を進めていく「国語」と、文法や言語活動を中心に進めていく「言語表現」に分けて授業を行っています。すべての学習の基礎となる「読む・書く・話す・聞く」力をつけていくことを目標にしています。

このように、学習面において細やかな配慮がいきとどき、生徒たちは伸びのびと、そして着実に学力を養いつつ成長しています。その結果、近年は国公立大・難関私立大などへの合格実績も次第に上昇してきています。

中高6年間の一貫教育のなかで、勉学の楽しみを味わいながら、豊かな心を持つ人間を育てる、日出学園中学・高等学校です。

SCHOOL DATA

- 千葉県市川市菅野3-23-1
- 京成線「菅野」徒歩5分、JR線「市川」徒歩15分
- 男子145名、女子188名
- 047-324-0071
- http://www.hinode.ed.jp/

麗澤中学校

「心」を育て、自分（ゆめ）を育てる

千葉県柏市に、47万㎡という広大なキャンパスを有する麗澤中学校・高等学校。「麗澤の森」と言われる緑豊かなキャンパスには、さまざまな生物、植物が生息しています。

すばらしいのは自然環境だけではありません。3つのグラウンド、6面のテニスコート、2つの体育館、武道館、中央食堂など、充実した教育施設が配置されています。

こうした理想的な教育環境のもと、麗澤では、高等学校との一貫教育をつうじて「感謝の心・自立の心・思いやりの心」を育み、そのうえに必要な知力を身につける「知徳一体」の教育を実践しています。

基礎を作り、実力を造り、夢を創る。

麗澤の学習カリキュラムは、志望大学に合格しうる学力の養成はもちろん、英語力・情報収集力・論理的思考力・プレゼン力など社会人として必要不可欠な力を養成するための教育を実践しているのも大きな特徴です。

6年間を3つのステージに分け、1・2年を「基礎を作る」時期、3・4年（中3・高1）を「実力を造る」時期、5・6年（高2・高3）を「夢を創る」時期として、英語教育・言語技術教育・自分（ゆめ）プロジェクトといった麗澤独自の教育を中心に、確実に実力を養成する教育プログラムを用意しています。

とくに英語教育では、1年次の導入時期にはフォニックスを活用して耳と口をきたえ、その後は国際社会で対応できる表現力（話す・書く）や、英語でのプレゼンテーション力（構成力・説明力）の養成に発展していきます。加えて欧米の国語教育である言語技術教育（ランゲージ・アーツ）により世界で通用する考え方と発信力を育てています。

さらに、5年（高2）から「TKコース（難関国立大）」、「SKコース（難関私立大・国公立大）」、「ILコース（難関私立大文系・海外の大学）」の3つのコースに分かれ、それぞれの目標進路を実現していきます。

SCHOOL DATA

- 千葉県柏市光ケ丘2-1-1
- JR線・地下鉄千代田線「南柏」バス5分
- 男子221名、女子242名
- 04-7173-3700
- http://www.hs.reitaku.jp/

和洋国府台女子中学校

気品ある女性に

和洋国府台女子中学校・高等学校の創立は、1897年（明治30年）。100年を越える伝統を誇ります。校名の「和洋」とは、「和魂洋才」の精神に由来し、日本の伝統文化を大切にしながらも、海外のすぐれたものを積極的に取り入れる姿勢を表しています。

創立以来、たんなる技術教育にとどまらない、日本女性としての品位と教養を身につけることを重視した人間教育をつづけてきました。女性としての豊かな感性と品格を養う教育を実践し、自分をいかして社会のために貢献する大切さを学んでいます。

こうした教育理念は、茶道を取り入れた「礼法」では日本女性として欠かせない知識を学び、日本人としての心を磨きます。また、琴を学ぶ「邦楽」では正に心の"琴線"をふるわせ、日本古来の"響き"を体得しています。合唱」コンクールでは、音のハーモニーの大切さを学ぶとともに、さらなる友情の輪を広げています。

生きた英語をしっかり学ぶ

中学のネイティブ教師による英会話の授業は、1クラスを3分割にして行っており、3年間をつうじて毎週1時間、能力別の細やかな指導体制です。英会話を楽しむことを第一目的に、ゲームなども取り入れています。言葉の壁を越え理解しあえる喜びは、自信や学習意欲の向上につながります。また、文化の違いを学ぶことで国際人としての感覚を養います。

6年一貫教育のなかでは、語学研修も豊富にそろえています。中学では3年間の集大成として、卒業後の春休みに8日間のイギリス研修を希望者対象に行っています。夏休みにブリティッシュヒルズ語学研修（2泊3日）、冬休みに佐倉セミナーハウスで英語宿泊研修（3泊4日）の機会があります。高校では希望者にオーストラリアの姉妹校への短・長期の留学などの機会があります。

SCHOOL DATA

- 千葉県市川市国分4-20-1
- JR線「市川」・「松戸」、京成線「市川真間」、北総線「北国分」バス
- 女子のみ319名
- 047-374-0111
- http://www.wayokonodai.ed.jp/

麗澤の森

「ありがとう」から 始める教育があります

子どもたちが社会へと巣立つとき、グローバル化した社会を生き抜くために必要な本当の力は単に、知識や学力をやみくもに高めるだけでは身につかないと私たちは考えています。感謝の気持ちに基づく "思いやりの心" を育むことで豊かな人間性を養い、その上に深い英知と強靭な体力を身につける——。みずみずしい感性と柔軟な思考、高い吸収力を備えている中高時代だからこそ伸びやかな環境の中で、「感謝の心」「思いやりの心」「自立の心」をしっかりと育んでいきたいと考えています。それは、人種を越え、国境を越えてさまざまな人々と共に生きる "未来の社会" を生きていくために不可欠な力。麗澤中学・高等学校は、他者の思いに寄り添いながら、自分の心と真摯に向き合い、いつも感謝の気持ちを大切にする高潔な人間性の上に、高く強固な知力と強くしなやかな体力を身につけた 21 世紀のグローバル社会を託せる人を育成してまいります。

平成 27 年 4 月新設
アドバンスト叡智コース／エッセンシャル叡智コース

中学校学校説明会
9/28(日)・**10/25**(土)・**11/15**(土) 　10:30〜12:00

中学校学校見学会 ＜要予約＞
7/12(土)・**9/20**(土) 　午前の指定時間

中学校入試説明会
11/30(日)・**12/14**(日) 　10:30〜12:00

中学校ミニ入試説明会 ＜要予約＞
1/10(土) 　午前の指定時間

中学校ミニオープンキャンパス ＜要予約＞
8/ 3(日) ＊小6対象［男女各 25 名］小5対象［男女各 15 名］
2/15(日) ＊小5対象［男女各 25 名］小4対象［男女各 15 名］
いずれも 9:30〜12:30

公開行事［中高合同開催］
9/12(金)麗鳳祭［文化発表会］　**9/13**(土)麗鳳祭［展示会］

麗澤中学・高等学校

Access
JR 常磐線［東京メトロ千代田線直通］『南柏駅』より東武バス［約 5 分］『廣池学園』下車

〒 277-8686 　千葉県柏市光ヶ丘 2-1-1 　Tel：04-7173-3700 　http://www.hs.reitaku.jp

Wayo Konodai Girl's Junior High School

和やかにして　洋々たる

和洋

県内でも有数の特色ある英語教育

　高い英語力を身に付け、世界を舞台に活躍できる人材を育てるために、冬休みには1〜3年生が参加できるオーストラリア姉妹校の教師による英語研修合宿、3年生の夏休みにはブリティッシュヒルズ語学研修を、3月にはイギリスへの8泊の研修旅行を用意しています。

　英語教育の成果として、市川地区英語発表会において入賞することが出来ました。高校では全部門で入賞し、県大会に出場、4部門中3部門で入賞しました。

実験・観察を重視した理科教育

　中学生の理科の授業は週4時間。そのうち2時間は各クラスとも身近な自然を利用した「実験・観察」の授業を行います。

　理科実験室は1分野・2分野2つの実験室を用意し、実験室には剥製(はくせい)・標本、動植物など学習教材も豊富に取りそろえてあります。同時に、課題研究に取り組むことで、探求方法を学習し科学的思考力や応用力を養います。

英会話の授業風景

■学校説明会
　9月13日（土）
　11月 8日（土）
　12月 6日（土）
　1月10日（土）

■体育大会
　9月27日（土）
■学園祭
　10月25日（土）
　10月26日（日）

※各行事の詳細はHPをご覧ください。

理科実験（カエルの解剖）

鮮やかな色のバスが、生徒の安全を守って走ります。

スクールバス運行		
松戸駅/北国分駅	⇔	本校
市川駅/市川真間駅	⇔	本校

和洋国府台女子中学校
http://www.wayokonodai.ed.jp/
〒272-0834　千葉県市川市国分4-20-1　Tel:047-374-0111

埼玉私学フェア 2014

入場無料

いくつもの学校を待たずにたっぷり相談
個別相談で自分の最適受験校を探す

熊谷展
2日間
開催

7月26日 ㊏ 10時〜17時
27日 ㊐ 10時〜16時

会場：キングアンバサダーホテル熊谷3階プリンス

大宮展
3日間
開催

8月22日 ㊎ 13時〜18時
23日 ㊏ 10時〜18時
24日 ㊐ 10時〜17時

会場：大宮ソニックシティ地下1階第1展示場

川越展
3日間
開催

9月5日 ㊎ 10時〜17時
6日 ㊏ 10時〜17時
7日 ㊐ 10時〜16時

会場：川越プリンスホテル5階ティーローズルーム

埼玉県内私立中学校・高等学校　※は中学校を併設

（参加校は会場によって異なります。ホームページでご確認ください）

秋草学園	国際学院※	城西大学付属川越※	武南※
浦和明の星女子※	小松原	正智深谷	星野※
浦和学院	小松原女子	昌平※	細田学園
浦和実業学園※	埼玉栄※	城北埼玉※	本庄第一
浦和ルーテル学院※	埼玉平成※	西武学園文理※	本庄東※
大川学園	栄北	西武台※	武蔵越生
大妻嵐山※	栄東※	聖望学園※	武蔵野音楽大学附属
大宮開成※	狭山ヶ丘※	東京成徳大学深谷※	武蔵野星城
開智※	志学会	東京農業大学第三※	山村学園
開智未来※	自由の森学園※	東邦音楽大学附属東邦第二	山村国際
春日部共栄※	秀明※	獨協埼玉※	立教新座※
川越東	秀明英光	花咲徳栄	早稲田大学本庄高等学院
慶應義塾志木	淑徳与野※	東野	

Be your best and truest self.

「最善のあなたでありなさい。そして、最も真実なあなたでありなさい。」

このモットーがめざしていること、それは生徒一人ひとりが
ほんものの自分として生きる人間に成長することです。

学校見学会（予約不要）

第2回　7月25日（金）

第3回　8月21日（木）

＊各回とも9：30開始
　各回とも同一内容
　上履きをご持参ください

学校説明会（予約不要）

第1回　10月4日（土）午前・午後

第2回　11月8日（土）午前・午後

第3回　12月6日（土）午前

＊午前の部は9：30開始、午後の部は1：30開始
　各回とも同一内容
　上履きをご持参ください

文化祭（予約不要）

9月6日（土）10：00〜
9月7日（日）　9：30〜

＊チケット制ですが、受験生と保護者の方は
　チケットなしで入場できます
　上履きをご持参ください

カトリックミッションスクール

 浦和明の星女子中学校

（併設）浦和明の星女子高等学校
〒336-0926　埼玉県さいたま市緑区東浦和6-4-19
〔TEL〕048-873-1160　〔FAX〕048-875-3491
〔URL〕http://www.urawa-akenohoshi.ed.jp
（JR武蔵野線　東浦和駅　徒歩8分）

大宮開成中学校

校訓 **愛・知・和**

21世紀を担う
国際感覚豊かな人間教育

英数特科クラス	中学段階から数学・英語の集中特訓 最難関国公立・私立大学に現役合格をめざす

特別進学クラス	充実のサポート体制で着実に実力育成 国公立・難関私立大学に現役合格をめざす

教育目標
Ⅰ. 国公立・最難関私立大学に現役合格
Ⅱ. 国際理解教育
Ⅲ. 人間教育（自主・自律教育）

重点指導目標
1. 一人ひとりを大切にするきめ細やかな指導の徹底と進路の実現
2. 国際理解教育を通じて、国際社会で活躍できるチャレンジ精神旺盛な人間の育成
3. 高い志を持ち、自分で判断・行動できる21世紀のリーダーを育成

入試説明会
7/12（土）10：00〜　　11/ 8（土）10：00〜
9/13（土）10：00〜　　11/27（木）10：00〜
10/11（土）10：00〜　　12/ 6（土）10：00〜
10/25（土）13：00〜　　12/15（月）10：00〜
＊文化祭当日
10/26（日）11：00〜
＊文化祭当日

ミニ説明会
10/18（土）13：30〜
11/ 9（日）13：30〜
11/15（土）13：30〜

入試問題対策説明会（要予約）
11/23（日・祝）9：00〜

4・5年生対象学校説明会
平成27年 2/21（土）10：00〜

文化祭
10/25（土）・26（日）10：00〜

＊上記日程は予定です。最終的な確認はホームページ等にてご確認ください。

学校法人開成学園
大宮開成中学校

〒330-8567　埼玉県さいたま市大宮区堀の内町1-615　TEL.048-641-7161　FAX.048-647-8881
URL　http://www.omiyakaisei.jp　E-mail　kaisei@omiyakaisei.jp

国立・私立中学校プロフィール

埼　玉

浦和明の星女子中学校

埼玉
さいたま市
女子校

「一人ひとりを大切に」

「正・浄・和」という校訓のもと、お互いを「かけがえのない人間」として尊重し、「一人ひとりを大切にする」校風がある浦和明の星女子中学校。「一人ひとりを大切に」というと、少人数教育を思い浮かべるかもしれませんが、浦和明の星女子が考えるそれは、「その生徒をその生徒としてみる」「その生徒がその固有の使命に生きるよう手助けする」という意味です。

モットーである「Be your best and truest self（最善のあなたでありなさい。最も真実なあなたでありなさい。）」は、あなたはあなたであるよう、真剣に努力することを求め、そして「ほんものの自分」をめざして成長することを期待しています。

バランスのとれたカリキュラムと進路指導

カリキュラムは6年間の一貫教育です。生徒の理解や進度を考慮した、3段階に分けたプログラムを組んでいます。

中1・中2は「基礎学力の定着」期、中3・高1は「学力の充実」期、そして高2・高3は「学力の発展」期です。それぞれの時期に合わせた学習で確実に学力を養成していきます。

さらに、授業を中心としたていねいな日々の勉強を大切にしているため、授業内容は6年間をとおしてどの教科も創意工夫されています。週5日制ですが、毎月第1週の土曜日は「自主の日」として、希望する生徒が自主的に学校で活動できるようになっています。

また、進学校にありがちなハードな補習や勉強合宿は行いません。たんに試験を目的にした勉強は、学びの一端ではあっても、学習そのものではないと浦和明の星女子では考えられているからです。

大学進学は大切なことですが、大学に入ることが最終目標ではありません。生徒の自己実現を助けていくような進路指導が心がけられています。

SCHOOL DATA

- 埼玉県さいたま市緑区東浦和6-4-19
- JR線「東浦和」徒歩8分
- 女子のみ527名
- 048-873-1160
- http://www.urawa-akenohoshi.ed.jp/

浦和実業学園中学校

埼玉
さいたま市
共学校

実学に勤め徳を養う

2005年（平成17年）春、伝統ある浦和実業学園高等学校のもと、「すべての生徒に価値ある教育を」をスローガンに開校した浦和実業学園中学校。初年度から多くの受験生の注目を集め、新たな完全一貫制の教育がスタートしています。

校名の「実業」が表すものは、「社会にて実際に役立つ学問、アクティブな学問」のこと。浦和実業学園では生徒一人ひとりの個性を存分に伸ばすことにより、国際社会に羽ばたく人材育成をめざしています。その教育には3つの柱が存在しているのが特徴です。

個性を伸ばす3つの柱

ひとつ目は「英語イマージョン教育」です。中学1・2年の全クラスにネイティブの副担任を配し、生徒と生活をともにし、育てるという感覚で「英語に浸る」イマージョン教育環境で学校生活を送りながら、より実践的な英語力を身につけることをめざしています。

2つ目は「徳育」です。総合的学習や各種行事など、学校生活全般をとおして、あいさつ、思いやりの心、感謝といった心の教育を行い、社会生活における「生きる技術」ともいえるものです。

3つ目は「キャリア教育」です。生徒本人の自主性を重んじる進路ガイダンスを年4回、6年間で合計24回実施します。

生徒が考える将来像を最大限に尊重しながら将来のプランニングを行い、その人生計画を実現するためのきめ細かなサポート体制を整えています。職業体験学習をはじめ、外部のさまざまな職種の人々から話を聞く「講話」の時間もあります。

教育カリキュラムは週6日・35単位の授業を組み、系統的かつ効率的な授業を展開するとともに、進学希望に対応した選択教科プログラムを導入し、各学年に応じた進学指導を行い、生徒の希望を確実にサポートしています。

SCHOOL DATA

- 埼玉県さいたま市南区文蔵3-9-1
- JR線「南浦和」徒歩12分
- 男子133名、女子112名
- 048-861-6131
- http://www.urajitsu.ed.jp/jh/

大妻嵐山中学校

「自立、そして社会で活躍する女性」を育てる

豊かな自然環境に恵まれた大妻嵐山中学校・高等学校。キャンパスには「大妻の森（自然観察園）」や「ビオトープ（野生生物の成育場所）」などがあり、自然観察の場が整備されています。こうした教育環境のもと、大妻嵐山では、「聡明な女性」「社会に貢献できる人材」「科学する心・表現する力」の育成をめざした教育が行われています。

理数系の授業を重視

この「科学する心」「表現する力」を育むため、理数系の体験学習を重視した授業を行っています。週に数学は6時間、理科は5時間もあり、実験を多く設けています。そうした活動のひとつが、国蝶オオムラサキの観察・飼育です。生徒はオオムラサキとのふれあいをつうじ、大きな感動とともに生命の尊さや自然の営みの不思議さなどを学びます。飼育のための下調べから、「推論・実験・実証」へと進展し、スケッチや自分の考えをまとめ

たプレゼンテーションも行われます。

留学を推進し、語学教育を重視

「表現する力」の教育では、週5日の朝読書や、卒業論文・科学論文指導などをつうじ、総合的に自己表現力を高めています。

また、英語教育にも重点をおき、英会話やスペル、スピーチなどの校内コンテストなどをとおして、総合的な英語コミュニケーション能力を高めています。

週7時間ある英語の授業では、日本人の教員と外国人教員が連携をとりながら、「イングリッシュコミュニケーション」で会話の特訓を行い、英検やTOEFLにも挑戦します。

さらに、英語だけを使う「英会話合宿」や海外研修など、学校で習った英語を実践できる校外学習の機会も数多く設定しています。

留学を推進し、国語力とともに英語でも「表現する力」のアップをはかり国際理解教育が充実している大妻嵐山です。

SCHOOL DATA

- 埼玉県比企郡嵐山町菅谷558
- 東武東上線「武蔵嵐山」徒歩13分
- 女子のみ149名
- 0493-62-2281
- http://otsuma-ranzan.ed.jp/

大宮開成中学校

3つの教育目標で国際感覚豊かなリーダーを

2005年（平成17年）春、受験生の熱いまなざしのもと開校した大宮開成中学・高等学校。

一人ひとりの個性を大切にする指導と国際教育をつうじ、高い志を持った21世紀のリーダーを育成することを目標にした教育活動が展開されています。この目標を達成するために、「国公立・最難関私立大学に現役合格」「国際教育」「人間教育（自主・自律教育）」の3つを教育目標に掲げています。

トップレベルをめざす英数特科クラス

「国公立・最難関私立大学に現役合格」の実現を目標として、6年一貫教育を2年ごとの3ステージに分けている大宮開成。

第1ステージ（中学1・2年）では、「基礎学力の完成」をめざします。第2ステージ（中学3・高校1年）では「選択能力の完成」を、そして第3ステージ（高校2・3年）では「現役合格力の完成」をめざし、各ステージごと

に到達目標を明確化して学習を行っています。

さらに、2009年度（平成21年度）に「英数特科クラス」を設置。トップレベルの国立大をめざすために、英語と数学を集中的に特訓するクラスです。

中学から平常授業に加えて英語・数学の「特科授業」を、平日週1回と毎週土曜日に実施。高校段階では予備校講師による授業を強化し、国公立大受験に必要な5教科7科目にじゅうぶん対応できるカリキュラムで授業を展開します。

人間力を育てる「国際教育」「人間教育」

2つ目の「国際教育」は、受験英語のみならず、「使える英語」を修得する「英語教育」と、日本文化学習や異文化学習をとおした「国際理解教育」の2つが柱となります。

そして、逞しい人間として自立・自律する力を、6年間のさまざまな行事のなかから培っていくのが3つめの「人間教育」です。

SCHOOL DATA

- 埼玉県さいたま市大宮区掘の内町1-615
- JR線「大宮」徒歩19分・バス7分
- 男子96名、女子105名
- 048-641-7161
- http://www.omiyakaisei.jp/

開智中学校
かいち

埼玉
さいたま市

共学校

心豊かな創造型・発信型の国際的リーダーの育成

「新しい学びの創造」をめざし、「先端クラス」を立ちあげてから、今年で6年目を迎えます。

「先端クラス」ではグループワークなどを最大限に活用した「学び合い」「協働学習」の授業を展開しています。たんに知識を取得するのではなく、考えながら主体的に学び発信力を身につけます。また、「哲学対話」では互いに対話をとおして思考を深める経験を積み重ねることで、生活のなかでであうさまざまな問題に立ち向かう力を養います。一方、「一貫クラス」では生徒の学ぶ意欲を育てる質の高い授業を展開しています。習熟度別授業やわかりやすい授業で、きめの細かい指導体制を導入しています。そのうえで、先端クラスでの取り組みの成果を基本にグループワークでの学び合いも実践しています。道徳の授業内での「ワークショップ」では、クラスの仲間とともに相手の立場に立って考え、人の気持ちを共感できる心を培います。

予備校いらずの授業体制

教科学習の特徴として、一貫クラスの英数では習熟度別授業を展開します。高1では、先端クラス、一貫クラスⅠ・Ⅱ類の習熟度によるクラス編成になります。高2では、理・文・医系に分かれ、大学入試演習も行いながら高校の学習を修了します。高3では東大文系・理系、国公立早慶文・理系、医系の5コースに分かれ、各自大学入試に必要な科目を重点的に選択し学習する演習授業がスタートします。自らの学びをすすめるため、最大9時間の自習時間も導入しています。

開智の生徒はその多くが予備校に通学しません。柔軟な指導力を持った強力な教師陣の質の高い授業と、生徒の自由選択による放課後の特別講座によって学力が最大限に伸びるからです。このように開智中学・高等学校では自ら学ぶ、創造型・発信型の心豊かな国際的リーダーを育てる教育をめざしています。

SCHOOL DATA

- 埼玉県さいたま市岩槻区徳力西186
- 東武野田線「東岩槻」徒歩15分
- 男子567名、女子376名
- 048-795-0777
- http://www.kaichigakuen.ed.jp/

開智未来中学校
かいちみらい

埼玉
加須市

共学校

新たな教育を開発する 「進化系一貫校」

開智未来中学・高等学校は、開智学園2番めの中高一貫校として、2011年（平成23年）4月、茨城県、群馬県、そして栃木県に近接する埼玉県加須市に開校しました。

開智未来は「知性と人間を追求する進化系一貫校」を基本コンセプトに、開智中学校（さいたま市）の教育を受け継ぎつつ新たな教育をさらに開発し、教育活動の構造化をめざす学校です。

独自の教育プログラムがたくさん

開智未来では、最難関大学合格を可能にすると同時に、生涯にわたって発揮される学力を育成するために、「4つの知性の育成」をうたっています。

4つの知性とは、IT活用力などの「未来型知性」、体験や行動を重んじた「身体的知性」、暗誦教育に代表される「伝統型知性」、そして「学び合い」などによる「コミュニケーション型知性」で、それらの知性をバラン
あんしょう

スよく培う授業をめざしています。

また、中高一貫校であることの利点をいかし、6年間をつうじて独自の「環境未来学」と「哲学」を学習します。

「環境未来学」は環境に関するさまざまな活動を総合化させた学習で、フィールドワークの実践により「自然探究」「社会探究」「自分探究」と学びを深めていきます。

「哲学」は関根均校長先生自らが授業を受け持ちます。

人間のあり方、行き方、価値、社会の課題などを主体的に考える姿勢を養い、志を育てることをねらいとした教科です。

人間教育も重視しており、そのキーワードのひとつが「貢献教育」です。

「社会に貢献する人間になる」「人のために学ぶ」という教育理念は、「環境未来学」「哲学」などにも共通する考えです。

ほかにもさまざまな「進化系一貫校」ならではの取り組みが満載の開智未来中学校です。

SCHOOL DATA

- 埼玉県加須市麦倉1238
- 東武日光線「柳生」徒歩20分、JR線「栗橋」・「古河」・「鴻巣」、東武伊勢崎線「加須」・「羽生」スクールバス
- 男子211名、女子182名
- 0280-61-2021
- http://www.kaichimirai.ed.jp/

春日部共栄中学校

かすかべきょうえい

埼玉 春日部市 共学校

世界に羽ばたくリーダーを育てる

優秀な大学進学実績を残してきた春日部共栄高等学校を母体として、2003年（平成15年）、埼玉県春日部市に誕生した春日部共栄中学校。

新たに中学校をつくるにあたり、教育理念として「これからの日本を、世界を支えるべきリーダーを養成すること」を掲げています。そこには、旧来型の「進学教育」を超えた新たな教育のあり方を模索する姿勢が明確にしめされており、注目を集めています。

自学力を伸ばす「第二カリキュラム」

春日部共栄では、学力向上を目標とする中高一貫カリキュラム（第一カリキュラム）に加え、生徒それぞれが夢をかなえる力を勝ち取るための「第二カリキュラム」を重視しています。これはさまざまな分野で高く深い専門性や、各分野を横断する高い教養と知識を得るための分野別プログラムのことです。

たとえば、英語的分野では、毎朝のリスニ

ング、暗誦コンテスト、スピーチコンテスト、K-SEP（中学3年生を対象に実施される10日間のプログラム。カナダの大学生10名ほどが先生となり、英語やカナダについて学びます）など。国語的分野では、「ことば」を重視して「共栄読書マラソン」、百人一首大会、文学散歩など、大学受験のためだけではない多様な学びの機会が用意されています。

確かな教育力

最難関大合格をめざす「グローバルエリート（GE）クラス」、難関大合格をめざす「グローバルスタンダード（GS）クラス」。ともに「世界のリーダー」・「世界で幅広く活躍できる人材」の育成を視野に入れ、教育を行います。

また、年間8回開催される「講演会」は、各界の最先端で活躍なさっている方々をお迎えし、柔軟な思考力と豊かな発想力を培います。

SCHOOL DATA

- 埼玉県春日部市上大増新田213
- 東武スカイツリーライン・東武野田線（東武アーバンパークライン）「春日部」スクールバス10分
- 男子219名、女子159名
- 048-737-7611
- http://www.k-kyoei.ed.jp/jr/

国際学院中学校

こくさいがくいん

埼玉 北足立郡 共学校

独自の国際理解教育で新たな地平をめざす

国際学院は、建学の精神「誠実、研鑽、慈愛、信頼、和睦」を掲げ、これらの徳目を身につける「人づくり」教育を行うべく2013年（平成25年）にスタートを切りました。

世界180カ国約9000校がネットワークを組むユネスコスクール認定校（国内には約550校）の1校で、そのグローバルなネットワークから世界中の学校と交流できるなど国際理解教育では最先端をいく学校です。これまで高校で蓄積してきた英語教育のノウハウは、新たな中高一貫教育のなかでも大きな特徴となっていくでしょう。

教育内容に「将来にわたって持続可能な社会を構築するために必要な教育」であるESD教育（持続発展教育）を加え、「国際理解教育」と「環境学習」を柱として異文化学習やエコキャップ回収運動などに取り組みます。

AEC Projectでは情報通信技術（ICT）を活用して、世界の中学生・高校生と英語でコンタクトし、情報を交換したり、意見を述べあ

い作品もつくります。

蓄積された進学教育が基盤

自然に恵まれた広大なキャンパスに最新の設備、充実した学習環境が整い、生徒は意欲的に学習や学校行事、課題活動、部活動に取り組みます。

学院創立50周年を迎える、県内でも歴史ある学校で、高校ではこれまで、進学の面でも国公立大や有名難関私大への合格者を輩出しています。中高一貫教育に移行しても、そのノウハウをいかし難関大進学を実現するために、国語・数学・英語は先取り授業を実施、中学3年次より高校の授業内容をスタートし、万全の教育を展開します。主要5教科の授業時間を標準時間よりも多く設け、充実した授業内容を進めていきます。

部活動においても、日本一になるなど全国で活躍する部も多くあります。国際学院で、貴重な青春時代を笑顔で過ごしてみませんか。

SCHOOL DATA

- 埼玉県北足立郡伊奈町小室10474
- 埼玉新都市交通伊奈線ニューシャトル「志久」徒歩12分、JR線「上尾」・「蓮田」スクールバス
- 男子15名、女子14名
- 048-721-5931
- http://js.kgef.ac.jp/

埼玉栄中学校

埼玉 さいたま市 共学校

生徒に寄り添い、可能性を引きだす

建学の精神に「人間是宝（人間は宝である）」を掲げる埼玉栄中学校・高等学校。

生徒の将来を考え、一人ひとりに秘められている可能性をいかに開発させるかということに教育の根源をおいています。

中高一貫教育システム

6年間を3期に分けた一貫教育を行い、豊富な授業時間と効率的なカリキュラムによって、生徒の可能性を伸ばします。

中学1・2年は「基礎力養成期」とし、学習の習慣化と基礎学力を定着させます。

中学3年～高校2年は「応用力確立期」とし、自らの適性や能力を知り、自己の将来を考える時期として目標をしっかりと見定め、努力します。

そして高校3年を「総合力完成期」として、自己実現に挑戦するための最後の仕上げを行います。また、コースとして、最難関大学への進学をめざす「難関大クラス」と、自分の目標達成のために最も希望する大学への進学をめざす「進学クラス」を設けています。

両コースともに、生徒の志望大学への進学にあたっての強い味方が、埼玉栄の「SAT（SAKAE Assistant Time）」制度です。難関国公立大、私立大志望の生徒には、その出身の教諭が、志望校への道をアシストしてくれるのです。進学実現への道すじとやる気を喚起する指導となっています。

生徒個々をしっかり把握した指導体制

また、生徒の可能性を引きだすため「チーム制」による指導を実施。ひとりの生徒を複数の教師があらゆる角度から分析し、個々の特性、能力を正確に把握し伸ばしていきます。そして、「できるまで、わかるまで」の指導で生徒個々の現状を把握し、細分化した学習計画を立てます。

こうしたきめ細かな指導が光る埼玉栄中学校です。

SCHOOL DATA

- 埼玉県さいたま市西区指扇3838
- JR線「西大宮」徒歩3分、JR線「宮原」バス
- 男子204名、女子158名
- 048-621-2121
- http://www.saitamasakae-h.ed.jp/

埼玉平成中学校

埼玉 入間郡 共学校

2つのクラスで、希望をかなえる

埼玉平成中学校は、1997年（平成9年）に隣接する埼玉平成高等学校の併設校として設立され、2000年（平成12年）には新高等部校舎が完成しました。キャンパスは10万㎡を超える広さで、総合グラウンド、テニスコート、サッカー場、体育館などの施設とともに、ゴルフ練習場が整えられているのが特徴です。

こうした豊かな自然に抱かれた埼玉平成は、ここ数年取り組んできた基礎基本の徹底のうえに立ち、個々の生徒の特長をますます伸ばすべく、2010年度（平成22年度）より「S選抜クラス」「A進学クラス」のふたつに分かれた新教育体制をスタートさせました。

多くの時間が割かれている「英語」

授業時間では、とくに英語に多くの時間が割かれています。1週間に6.5～7.5時間という設定は、首都圏でも群を抜いて多い授業時間といえます。授業時間の多さは、語学という繰り返しの大切な科目には非常に効果的です。教材には「プログレス21」を採用しています。難度が高いともいわれる「プログレス21」ですが、多くの授業時間が設定されているため、高度な内容も授業のなかでわかりやすく理解することができます。

また、中学3年での到達目標として英検準2級取得を掲げています。

この英語と数学では習熟度別授業を実施。生徒は自分の理解度に応じた授業を受けることで、より高い意欲を持って学習することができます。

また、埼玉平成は、ホームルームも1クラス25名の少人数です。学習指導はもとより、生活指導面でも、この少人数制はすぐれた教育効果をあげています。その結果、毎年、国公立大、難関私立大へすばらしい進学実績を残しています。

基礎、基本の充実を大切にし、つぎのステージに向かって、全校が一丸となって邁進しています。

SCHOOL DATA

- 埼玉県入間郡毛呂山町下川原375
- 東武越生線「川角」徒歩5分、西武新宿線「狭山市」・西武池袋線「飯能」・JR線「武蔵高萩」・「高麗川」スクールバス
- 男子45名、女子39名
- 049-294-8080
- http://www.saitamaheisei.ed.jp/

栄東中学校

<small>さかえ　ひがし</small>

埼玉　さいたま市　共学校

知る・探る・究める 栄東のアクティブ・ラーニング！

アクティブ・ラーニングとは

いま注目を集める栄東中学校のアクティブ・ラーニング（以下、AL）。端的に言えば能動的・活動的な学習という意味です。教師が一方的に生徒に知識伝達する講義形式ではなく、課題研究やグループワーク、ディスカッション、プレゼンテーションなど、生徒の能動的な学習を取りこんだ授業を総称するものです。

自ら課題を見つけ、それを解決していく能動的な学びを積極的に取り入れていくことで、自律的な学習態度を身につけることが期待できます。

ALで育成しようとする力には問題発見力や課題解決力、論理的思考力などがあり、それらは知識を基礎にしなければ育ちません。学びにおける基礎・基本があり、そのうえでALによって個性や応用力を育むべきであると栄東では考えられています。来るべき大学受験を乗り越え、第1志望校に合格してもらいたい、という目標に変わりはありません。大学入試センター試験で求められるような基礎学力は徹底的に育成し、そこで得た知識が大学や実社会で「使える知識」となるようにALは働きかけていきます。

東大クラスと難関大クラス

中学校には「東大クラス」と「難関大クラス」が設置されています。

東大クラスは、将来に向けて高い目標を掲げ、幅が広く奥の深い学習を行います。難関大クラスは、東大クラスと同じカリキュラム、授業進度で学習を進めます。進級の際に東大クラスへ移る生徒もいます。入学後に学力が大きく伸びる生徒がいるからです。当然、クラスの別にかかわらず、ALが教育の根幹に置かれています。生徒の学力に応じた柔軟な対応と、細やかな指導のもと、難関大学への合格者数は順調に増加しています。

SCHOOL DATA

- 埼玉県さいたま市見沼区砂町2-77
- JR線「東大宮」徒歩8分
- 男子602名、女子375名
- 048-666-9200
- http://www.sakaehigashi.ed.jp/

狭山ヶ丘高等学校付属中学校

<small>さ　やま　が　おか　こう　とう　がっ　こう　ふ　ぞく</small>

埼玉　入間市　共学校

実績ある進学校に誕生した期待の大きい付属中学校

2013年4月、難関大学への合格実績に定評がある狭山ヶ丘高校に付属の中学校が誕生しました。狭山ヶ丘高校付属中学校では、中高一貫の6年間の指導をとおして、全生徒の最難関大学現役合格をめざします。

高校のノウハウを活かした学習指導

狭山ヶ丘には高校で培った生徒を「やる気にさせる」ノウハウがあり、このノウハウを中学入学時から用いて「自ら学ぶ」生徒に育てあげます。そして、6年間じっくりと手をかけた教育を行うことで、高校卒業時には全生徒が国立大・難関私立大に合格できる力をつけるのです。

そのノウハウのひとつが、高校で各学年ごとに行われている朝ゼミです。朝ゼミは毎朝7時20分～8時10分までの50分間、多彩な科目で展開されます。この朝ゼミにより、生徒たちに自学自習の習慣がつくようになります。また、夏、冬、春などの長期休業には長期講習がすべて無料で行われます。

英語を重視しているのも狭山ヶ丘の特徴です。英語の授業時間数が多いことはもちろん、朝ゼミや海外語学研修など、英語力の向上に非常に力を入れています。これは新設された中学校にも引き継がれ、早いうちから異文化を体験できるように、英語圏での海外研修を予定しています。

新たな生徒を受け入れる校舎も2010年4月に建設され、全館冷暖房が完備され清潔感にあふれています。校舎内には悠久庵という茶室があり、茶道の授業をとおして、礼儀作法を身につけます。また、図書室には最新ベストセラーや部活動関連の雑誌もそろっており、130席ある閲覧席では集中して自習することができます。なお、新体育館が2014年3月に完成し、新校舎（7階建て）も2015年3月完成予定です。

受け入れ態勢が完全に整った狭山ヶ丘高等学校付属中の歴史がいま始まります。

SCHOOL DATA

- 埼玉県入間市下藤沢981
- 西武池袋線「武蔵藤沢」徒歩13分
- 男子75名、女子71名
- 04-2962-3844
- http://www.sayamagaoka-h.ed.jp/js/

淑徳与野中学校

埼玉
さいたま市
女子校

高い品性　豊かな感性　輝く知性

淑徳与野中学校は、2005年（平成17年）4月に開校しました。仏教主義に基づく独自の女子教育を行う淑徳与野高校と同じく、中学校も仏教主義に基づいた心の教育を大切にしています。

この仏教主義による教育とは、むずかしい教義を教えるということではなく、「つねに周囲に対する感謝の気持ちを忘れずに生きていく」ことを大切にする教育です。国際化が進み、価値観も多様化しているこの時代において、ますます求められる教育といってよいでしょう。

母体となっている淑徳与野高校は、難関大学に多くの合格者を輩出する埼玉県有数の進学校です。

卒業生の約96%が、現役で4年制大学へ進学しています。中高一貫生は、全員が5教科型のクラスに進学し、みんなで国公立大・早稲田大・慶應義塾大・上智大などの難関大学への合格をめざします。

独自の国際教育と最新の学校設備

学習面では、英語教育にとくに力を入れています。国際社会で通用する英語力が備わるよう、中1〜中3で週1時間、ネイティブによる授業を行ったり、英検2次対策の面接授業を実施するなど、きめ細かいカリキュラムが組まれています。

さらに、中学2年次には台湾への研修旅行を実施、高校2年ではアメリカへの修学旅行を行い、全員が3泊4日のホームステイを経験します。このほかにも、さまざまな短期留学プログラムが用意されています。

学習に集中できるよう、校舎は自然に包まれた心地よい環境になっています。2階・3階の屋上庭園（エコガーデン）にはビオトープや野草園があり、校舎の前面は緑で覆われています。伝統の仏教主義と、グローバルな社会に対応する国際教育で生徒たちの夢をかなえる淑徳与野中学校です。

SCHOOL DATA

- 埼玉県さいたま市中央区上落合5-19-18
- JR線「北与野」・「さいたま新都心」徒歩7分
- 女子のみ357名
- 048-840-1035
- http://www.shukutoku.yono.saitama.jp/

城西川越中学校

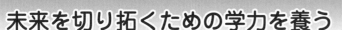

埼玉
川越市
男子校

未来を切り拓くための学力を養う

1992年（平成4年）に城西大学付属川越高校に併設された城西川越中学校は、躍進著しい埼玉の私立中高一貫校の先駆的存在です。6年間の一貫教育を行う男子校として、大学進学を目標に定めた進学校となっています。

大学進学に対しての明確な姿勢は、学校が「合格者を作る」システムを掲げて「難関国公立大学」への進学を目標としていることからも感じられます。カリキュラムは、中1・中2を「基礎力養成期」、中3・高1を「応用力育成期」、高2・高3を「実践力完成期」と位置づけ、それぞれの時期に最適なものを構築しているのが特徴です。そのなかで、課外補習や模擬試験など、生徒一人ひとりをバックアップする体制が整っています。

大学進学に向けてのコース制は、高2から文系理系に分かれ、高3でさらに細かく国公立系と私立系に分かれます。それぞれの目標・適性に合った科目選択ができるように配慮さ

れています。また、2012年度（平成24年度）より「特別選抜クラス」がスタートしました。

英語教育にも力を入れており、どの学年も、1日の始まりには早朝リスニングが行われます。1時間目が始まる前に、20分間集中して取り組みます。このリスニングにより、英語のコミュニケーション能力を伸ばし、集中力も養います。

クラブ活動できずなを深める

城西川越中では、99%の生徒がクラブ活動に参加し、運動系から文化系まで、幅広い分野で活動が行われています。クラブ活動は、心身をきたえ、学年を超えて活動するなかで協調性や社会性を身につける貴重な場です。生徒たちは、学業に一生懸命取り組むとともに、クラブ活動にも全力をそそいで両立をめざしています。

城西川越中学校は、大学進学を見据え、心豊かな人間を育成していきます。

SCHOOL DATA

- 埼玉県川越市山田東町1042
- JR線・東武東上線「川越」、東武東上線・越生線「坂戸」、西武新宿線「本川越」、JR線「桶川」スクールバス
- 男子のみ207名
- 049-224-5665
- http://www.k-josai.ed.jp/

昌平中学校

埼玉
北葛飾郡 共学校

伸びざかり、注目の中高一貫校

大学進学実績において、高校改革3年目で東大現役合格をはじめとした著しい伸びを見せている昌平高等学校に、2010年（平成22年）春、中高一貫校「昌平中学校」が誕生しました。

現在、昌平高校は入学者全員が大学進学希望です。その希望をかなえるのは当然のこととして、他者を思いやる優しさ、困難に立ち向かうたくましさ、自ら知を求める積極性を合わせ持ち、広く社会に貢献・奉仕する人材の育成をはかってきました。

「努力すれば報われる」「才能は働きかけによって開花する」ことを昌平は実証してきました。そして、もっと早い時期からその才能と向かいあうために、中学校が開設されたのです。

才能を伸ばすためのさまざまな教育

才能開発教育の軸となる「授業」は、
・土曜日は授業実施（ただし第4土曜は休日）
・平日は6時限授業（月・水・金）、7時限授業（火・木）
・放課後に希望者対象の8時限講習を週2回実施（火・金、SHプログラムを使用）
・講習を含んだ週あたりの授業時間数合計は35～37時間
・長期休暇中（夏・冬・春）の講習授業実施

以上のような特徴があげられます。多くの授業時間が確保され、さらに数学・英語では3年次に習熟度別授業が行われています。

また、パワー・イングリッシュ・プロジェクト（国際理解、英語力強化）として、
・英検の全員受験運動
・積極的なTOEIC Bridge受験
・姉妹校（オーストラリア）との交流（短期留学、ホームステイ受け入れ）
・複数のネイティブ教員の配置
・英語授業時間数の大幅な充実

などがあり、国際理解の一端として、中学2年次より中国語教育も行われています。

SCHOOL DATA

- 埼玉県北葛飾郡杉戸町下野851
- 東武日光線「杉戸高野台」徒歩15分・スクールバス5分、JR線「久喜」スクールバス10分
- 男子91名、女子80名
- 0400-04-0001
- http://www.shohei.sugito.saitama.jp/

城北埼玉中学校

埼玉
川越市 男子校

自律した人間育成と難関大学進学の両立

1980年（昭和55年）、都内有数の進学校である城北中学校・高等学校と「教育理念」を同じくする男子進学校として設立された城北埼玉高等学校。その附属中学校として2002年（平成14年）に城北埼玉中学校は開校されました。

校訓は「着実・勤勉・自主」です。この校訓のもとに「人間形成」と「大学進学指導」を2本の柱とした教育を行っています。

人間形成における教育目標は、自らの生活を厳しく律することのできる強い意志を持った人間の育成です。

そして、その人間性とは「個性豊かな教養と情操にあふれ、社会において自らの果たすべき使命をきちんと自覚しうる自律的なものであるべき」としています。

高校のノウハウいかしたカリキュラム

城北埼玉では、毎年多くの国公立大・難関私立大へ生徒を送りだしている城北埼玉高等学校の指導ノウハウをさらにパワーアップさせ、6年間の一貫した教育課程により国立大への全員合格をめざした大学進学指導を実践しています。

中1・中2の「基礎力習得期」では「学力不振者を出さない」指導体制が展開されます。

中3・高1は「実力養成期」で、自律的・自主的な姿勢を養うとともに、さまざまな教科や分野に接して学習の探究心を深め、適性や志望への意識をうながすことを目標とします。

2年ずつの3ブロックに分けた教育が行われ、心身ともに著しい成長過程を迎えるこの時期を、より実りあるものにするために成長過程に合わせたカリキュラムを設定します。

そして、高2・高3は「理解と完成期」です。より高い学力とさまざまな教養を習得しながら、大学進学にふさわしい人間性と学力を備え、全員国立大合格をめざし、受験に必要な科目にしぼった学習が展開されます。

SCHOOL DATA

- 埼玉県川越市古市場585-1
- JR線「南古谷」・東武東上線「上福岡」スクールバス10分、西武新宿線「本川越」スクールバス20分
- 男子のみ450名
- 049-235-3222
- http://www.johokusaitama.ac.jp/

西武学園文理中学校

埼玉 狭山市　共学校

リーダーを育てる "文理教育"

「レディー&ジェントルマン中高一貫エリート教育」を標榜し、国際社会で活躍する生徒に必要な「学力と体力」の錬磨育成に力をそそいでいる西武学園文理中学・高等学校。

質の高い次世代のリーダーを育てる一貫した教育、生徒それぞれの力を大きく伸ばすきめ細かな学習指導、そして生きる力、多くの試練に打ち勝ち、最後までやり抜く強い意志を育成する"文理教育"が、生徒一人ひとりに浸透している結果として、毎年国公立大（東大合格23年連続、2013年は1名合格）、難関私立大、医歯薬系学部に合格実績を残しています。

6年を3期に分けた指導体制

西武学園文理の6年間の学習体制は、2・3・1体制をとっています。

「基礎力養成期」の中1・中2では予習・復習を中心とした学習習慣を身につける授業を軸に、授業開始前の時間を使って基礎力の充実に努めます。また、英語と数学では2クラス3展開の習熟度別授業を実施しています。

「応用力養成期」の中3〜高2では、基礎学力をもとに応用力を磨きます。高2では、理系・文系の学部系統に合わせ、「類型別クラス編成」になります。

入試実践力完成の高3では、クラスをさらに「国公立・私立」に細分化し、「類型別クラス編成」を実施し、効率的な学習を実現しています。

豊富な行事で人間教育

西武学園文理では、人間教育を目的とした多彩な学校行事が行われています。中2では奈良・京都研修旅行、進路意識を高めるための職場体験、中3では国際感覚やマナーを学ぶイタリア研修旅行を実施。

これらの経験は、大きな達成感とともに協調性も養われ、生徒には思い出深い行事となっています。

SCHOOL DATA

- 埼玉県狭山市柏原新田311-1
- 西武新宿線「新狭山」、JR線・東武東上線「川越」、東武東上線「鶴ヶ島」、西武池袋線「稲荷山公園」、JR線・西武池袋線「東飯能」スクールバス
- 男子322名、女子248名
- 04-2954-4080
- http://www.bunri-s.ed.jp/

西武台新座中学校

埼玉 新座市　共学校

「一生モノの英語」を身につける「西武台式英語」

西武台新座では、「グローバル社会で活躍できるたくましい人間力の育成」をめざし、「高い学力」、「グローバル・リテラシー」というふたつの力を重視した教育が行われています。

「高い学力」とは、高い専門性や一流の学問を身につけることを目的とした、難関大学に合格できるレベルの学力を意味しています。

「グローバル・リテラシー」とは、「実社会で役立つ英語力」「多様な人びとと協同できる共生力」「新たな世界を切り拓く価値創造力」の3つを総合した力のことです。

そのなかでも、一生モノの英語力をめざす西武台新座の"英語教育"は、とくに注目を集めています。

「一生モノの英語」の土台づくり

中学では、日本初となる「The JINGLES（ザ ジングルズ）」を英語学習の基礎段階で導入しています。これは、発音するための筋肉をきたえ、科学的に発音トレーニングを行うプログラムです。発音できない言葉は理解できにくいという考えのもとで、発音を重視した学習を行っています。そして、リスニングやスピーキングの能力を向上させ、そこから総合的な英語力に発展させていきます。

使用教科書はZ会の「New Treasure」です。「教科書」をそのまま教えるのではなく「教科書」で英語の根幹や語句のコア・イメージなどを教える独自の手法をとっています。これにより、丸暗記の英語教育からの脱却をめざしています。

そのほかに「やさしいものをたくさん読む＝Be a bookworm！（本の虫になりなさい！）」をコンセプトにした授業が展開されています。基礎期では、英語圏で使用されている絵本を教材として厳選し、「英語を日本語で理解する」ことにとらわれず「英語で英語を理解する」ことをめざしています。

SCHOOL DATA

- 埼玉県新座市中野2-9-1
- JR線「新座」・東武東上線「柳瀬川」スクールバス15分、西武池袋線「所沢」スクールバス25分、JR線「北浦和」スクールバス40分
- 男子51名、女子42名
- 048-481-1701
- http://www.seibudai.ed.jp/junior/

聖望学園中学校

心を磨き、確かな学力を養成する

聖望学園は、埼玉県のなかでも人間教育と進学教育を充実させている学校として注目されています。6年間一貫教育のなかで組まれた洗練されたカリキュラムと教育システムが、大学進学実績の伸長に結びついています。その大きな特徴は、中学でのISMプログラム、高校でのサテライト講座、予備校講師による土曜講習、7時間授業、高3の受験演習などです。厳しい大学受験に全員が合格できるよう、万全の体制が整えられています。

とくに中学段階で重視されているのは、基礎学力の徹底で、英語・数学・国語については、標準を上回る授業時間を設定し、英語では少人数授業を行っています。

また、全教科でやる気を引き出すための授業が展開されています。さらに、「自学自習」を推奨し、生徒たちの自主性を重んじた学習指導を行っています。中3の希望制講習にはほぼ全員が参加しており、「自学自習」の理念が生徒たちに根づいています。

キリスト教に基づく心の教育

聖望学園は、基本的な志向としては明確な進学校と言えますが、それだけに偏った教育でなく、建学の精神であるキリスト教主義を大切にし、心の教育をはじめとする人間教育を重視しています。

そうした教育方針は、学園のモットーである「敬愛信義」という4文字によく表れています。まず「敬」は、神様を敬うことで、同時に神様の被造物である生きもの・自然などを敬うことを指しています。つぎの「愛」とは、文字どおり人びとを愛することです。3つ目の「信」とは信仰です。信仰を持って望みを掲げ、その実現をめざします。そして最後の「義」は、正義のことです。勇気を持って正義を貫く人へ成長することを目標としています。学園は一丸となり、授業だけでなく、行事・部活動・課外活動などをとおしてこれらのモットーを実現しようとしています。

SCHOOL DATA

- 埼玉県飯能市中山292
- JR線「東飯能」徒歩13分、西武池袋線「飯能」徒歩15分
- 男子89名、女子107名
- 042-973-1500
- http://www.seibou.ac.jp/

東京成徳大学深谷中学校

国際教育と規律ある指導で生徒を育成

2013年（平成25年）4月、面倒見のよさと熱意あふれるすぐれた指導力が魅力の東京成徳大深谷高等学校に中学校が誕生しました。

高校で実施した卒業生保護者アンケートでは、「この学校の先生は面倒見がよい」と回答した保護者が93.5％。「子どもが楽しく充実した高校生活を送れた」と回答した保護者が91.5％と高い評価を得ています。

そんな高等学校から誕生する中学校は昨年2月に竣工しました。

隣接する総合体育館（Fアリーナ）は、体育館機能だけでなく、美術室や音楽室といった特別教室のほか、合宿施設も設けられています。

国際教育の強化

国際教育では、英語の授業はもちろん、総合的な学習の時間や学級活動にもネイティブスピーカーがかかわり、生きた外国語（英語）を学ぶことができます。

また、これまで学んだ外国語を実際に使えるように、そして高校の3年間で国際教育をより発展させるため、中学校では海外修学旅行や学期留学などを実施します。

アットホームな校風

生徒と教員の距離が近く、アットホームな雰囲気や校風が伝統となっている東京成徳大学深谷高等学校。

その伝統を守りつつ、教職員たちは毎日生徒たちを力いっぱい励まし、確かな学力と豊かな人間性を育てています。

また、たくましいおとなになれるように、あいさつをはじめとした規範意識や生活態度の確立、部活動の奨励など、規律ある心身をきたえる指導も行っております。

東京成徳大学深谷中学校は、生徒一人ひとりの夢を実現するため、高校での経験をいかし、さまざまな面で生徒たちをサポートしていきます。

SCHOOL DATA

- 埼玉県深谷市宿根559
- JR線「深谷」徒歩25分・スクールバス7分、秩父鉄道「行田市」、JR線・東武東上線・秩父鉄道「寄居」、東武東上線「森林公園」よりスクールバス
- 男子18名、女子16名
- 048-571-1303
- http://tsfj.jp/

東京　神奈川　千葉　埼玉　茨城　寮制

あ行　か行　さ行　た行　な行　は行　ま行　や行　ら行　わ行

東京農業大学第三高等学校附属中学校

共学校

本物にふれて学ぶ6年間

2009年（平成21年）春に誕生し、今年で6年目を迎える東京農業大学第三高等学校附属中学校。

母体となる東京農業大学第三高等学校の見学の精神である「いかなる逆境も克服する不撓不屈の精神」「旺盛な科学的探究心と強烈な実証精神」「均衡のとれた国際感覚と民主的な対人感覚」の3つを柱とした教育を実施しています。

実学教育をベースとして人材を育成

東農大三中の大きな特徴は「実学教育」をベースに学力・進路選択力・人間力を育てるというところにあります。

6年間を基礎力充実期、応用発展期、進路実現期の3期に分けた学習カリキュラムのもとで、大学受験に向けた学力を育てていきます。加えて、屋上菜園でのダイズ栽培や、そこで収穫したダイズをもとにした味噌作り、ワグネルポットを用いた比較分析など、学び

の本質を追求します。

また、中1次から年に数回実施されるキャリア教育講演会や、東京農業大と連携した独自のプログラムなどで能動的に進路選択力を身につけていきます。

さらに、日々の情操教育や、前述したような東農大三中ならではのさまざまな体験、中2での宿泊英語体験学習、中3次のホームステイ（ニュージーランド、希望制）といった国際教育をとおして人間力を培うことができます。

中学生のための新校舎

学習環境の充実も見逃せません。開校と同時に中学生のために造られた新校舎は、各階に設置されさまざまな用途で使用できるオープンスペースや、使いやすく設計された理科実験室、ビオトープ、屋上菜園など、日々の学校生活を快適におくることができるよう設計されています。

SCHOOL DATA

- 埼玉県東松山市大字松山1400-1
- 東武東上線「東松山」ほかスクールバス
- 男子108名、女子104名
- 0493-24-4611
- http://www.nodai-3-h.ed.jp/

獨協埼玉中学校

共学校

学力だけでなく心も育てる

8万㎡もの広大で緑豊かなキャンパスに、近代的施設・設備を備える獨協埼玉中学校・高等学校。

「自ら考え、判断することのできる若者を育てること」を教育目標とし、6年間のゆったりとした時間のなか、じっくりとものごとに取り組み、調べ、考え、判断する生徒を育てています。もちろん、そのためには「健康な心と体」や「豊かな感性」、「さまざまな知識」が必要です。これらの考えをベースに、じっくりと培われた「自ら考え、判断することのできる力」を育てているのです。

自分の目で見て、判断できる力をつける

獨協埼玉では、実験や経験をとおしてものごとの本質を見つめる「帰納的手法による学習」を重視しています。理科では実験を中心に、英語は多くの時間を少人数、習熟度別授業でネイティブの先生に教わります。

また、自分の目で見て、判断できる力をつ

けるためには「個の基礎体力」が必要と考え、文系、理系とむやみに線を引かず、この時期に学ぶべきことをしっかり身につける学習を行っています。

また、教科学習だけではなく、幅広い教養を身につけ、深い感性を磨きながら、自分自身の生き方を身につけることができるプログラムも多く用意されています。

生徒一人ひとりの興味や関心を引き出しながら、自分なりのテーマ設定ができるよう、総合学習の時間において行われている生きた教材を使った指導はそのひとつです。

たとえば、中1はネイチャーステージと位置づけ、地元の農家の協力を得て、田んぼで稲を育てます。1年をつうじて稲の成長を手助けしながら、地域の文化や環境問題にも関心を持つきっかけとなります。

ゆったり、じっくりと、ていねいに時間をかけて、学力だけでなく心も育てていく獨協埼玉中学校・高等学校です。

SCHOOL DATA

- 埼玉県越谷市恩間新田寺前316
- 東武スカイツリーライン「せんげん台」バス5分
- 男子271名、女子243名
- 048-977-5441
- http://www.dokkyo-saitama.ed.jp/

武南中学校

埼玉
蕨市

共学校

BUNAN Advanced 始動！

21世紀のグローバルリーダーを育てる

文武両道の進学校として知られる武南高等学校が、2013年（平成25年）春に中高一貫校をスタートしました。

武南中高一貫校は「BUNAN Advanced」を掲げ、21世紀のグローバルリーダーを育てるために、「Innovation＝社会を変革する心」、「Intelligence＝豊かな教養を愛する心」、「Integrity＝人間力を高める心」、「International Mindset＝世界を知る心」を大切にします。

これらの心を育む源は「何事にも笑顔で挑戦する強い精神」です。そのような精神を持ち、そして「日本人」「アジア人」としてのアイデンティティを兼ね備えた「世界で通用する」タフな若者の育成に力を尽くします。

その一環として、中学2年次にはアジア研修、高校1年次には英語圏への研修などを実施する予定です。アジア研修では、現地校との交流はもちろんのこと、JICA（国際協力機構）の活動を現地で見学することで、日本人がアジアで実際に活躍している姿に触れ、世界で通用する人材へのイメージをより具体的に持つことができます。

最先端の教育環境を整備

高い目標を抱いてスタートする武南は、それに見合う教育環境の整備にも抜かりはありません。2012年の6月には「中高一貫BUNAN Advanced校舎」が完成しました。アクティブラーニング用の開かれたスペース「ラーニングコモンズ」が各階の中心に位置し、それをHR教室や特別教室が取り囲みます。また、全館が無線LANでつながり、全教室には電子黒板を設置、生徒はタブレットPCを持ち、ICT（情報コミュニケーション技術）教育にはこれ以上ない環境が提供されます。同時に屋上のビオトープなど、生徒に安らぎを与える場所も用意されています。

SCHOOL DATA

- 埼玉県蕨市塚越5-10-21
- JR線「西川口」徒歩10分
- 男子53名、女子44名
- 048-441-6948
- http://www.bunan.ed.jp/j-highschool/

星野学園中学校

埼玉
川越市

共学校

全人教育で骨太な人を育てる

2000年（平成12年）春に中高一貫教育をスタートさせた星野学園中学校は、開校15年目を迎えました。

その教育の根底には、118年の歴史を誇る併設校の星野高等学校と、難関大学へ多数の合格者を輩出している川越東高等学校のノウハウがそそぎこまれています。学力だけではなく、体力・人格も高めることで、さまざまな分野においてグローバル社会で活躍できる骨太な人づくりをめざしています。

「理数選抜クラス」でより高いレベルを

学習面では、難関国公立大学への現役合格を目標とした高い学力を身につけるために、きめ細かい指導がなされています。基本的な学力と日々の学習習慣を身につけ、日々の補習、夏期講習、個別指導、小テストなどでその充実をはかります。

また、「理数選抜クラス」を設置し、論理的な思考力や豊かな表現力を育み、とくに数学や理科を強化して、最難関国立大学に現役で合格できる学力を養成しています。

全人教育を教育方針としている星野学園では、部活動と学校行事を重視しており、とくに部活動は中・高とも全員参加です。生徒は部活動のなかで、強い意志、豊かな個性、自主性などを身につけ、大きく成長しています。そして、中学生と高校生が部活動をとおして豊かな人間関係を学ぶことができるのも大きな特徴です。

また、星野学園では学校行事も多彩で、星華祭、体育祭、合唱祭などすべての学校行事が生徒一人ひとりの活躍の場であり、将来に向けてのリーダーシップを体得する絶好の機会となっています。

2012年（平成24年）には第3体育館ならびに星野ドーム（全天候型運動施設）と第2総合グラウンドが完成し、1500人席の記念ホールをはじめ、諸施設・学習環境が整っている星野学園中学校です。

SCHOOL DATA

- 埼玉県川越市石原町2-71-11
- JR線・東武東上線「川越」、西武新宿線「本川越」、JR線「宮原」・「熊谷」・「東大宮」、西武池袋線「入間市」スクールバス
- 男子106名、女子333名
- 049-223-2888
- http://www.hoshinogakuen.ed.jp/

本庄東高等学校附属中学校

知と心を備えた聡明さを育む

本庄東高等学校附属中学校は、2014年4月に9期生を迎え入れました。

母体である本庄東高等学校は、「若い時代の努力は無を有に、不可能を可能にすることができる」をスローガンに、生徒の夢をかたちにするとともに、「素直」「感謝」「謙虚」をキーワードに、豊かな人間性を育んできた学校です。その伝統を受け継ぎ、生徒たちは明るく元気に、充実した学園生活を送っています。

自国文化・伝統を知り、世界を知る

「自らが考え判断できる、知と心を備えた聡明な21世紀のリーダー」。本庄東のめざす人間像です。

その一環として、世界を舞台に活躍できるワールドワイドな人材の育成をはかり、中高一貫のシステムをいかした国際理解教育を実践しています。第一歩として、中学では国際理解の前提として重要な自国の文化・伝統にふれる体験を行います。同時に、コミュニケーション能力として必要な英語力の養成も重視。「英語でクッキング」などの体験講座や外書講読により、実用的な英語の力を養います。さらに語学研修や修学旅行ではオーストラリアを訪れ、異文化に触れる体験をします。

6年一貫でブレない指導体制

教科指導の面では、6年一貫カリキュラムにより、基礎力の徹底から応用、実践力の養成までを効率的に展開します。また、中高をつうじて実施されるキャリアガイダンスで興味や関心を引き出し、自分の可能性に生徒自身が気づくためのサポートを行います。

今春、本庄東高等学校を卒業した中高一貫コースの3期生は、東京大2名、京都大3名を含む国公立大31名、早稲田大・慶應義塾大・上智大58名、G-MARCH+東京理科大78名、また千葉大、佐賀大、福島県立医科大、慶應義塾大などの医学部医学科11名ほか、多数の現役合格を達成しています。

SCHOOL DATA

- 埼玉県本庄市西五十子大塚318
- JR線「本庄」徒歩25分、「岡部」スクールバス8分
- 男子153名、女子128名
- 0495-27-6711
- http://www.honjo-higashi.ed.jp/

立教新座中学校

主体的に行動する人材を育てる

約10万㎡におよぶ広大なキャンパスを持つ立教新座中学校・高等学校。緑にかこまれた校舎で、生徒たちは伸びのびと毎日を過ごしています。立教新座では、教育の主眼を「キリスト教に基づく人間形成」においており、授業、学校行事、クラブ活動など、学校生活のすべてに祈りの姿勢をもってのぞむことを重視しています。

そして、その教育理念のもとで、「テーマをもって真理を探究する力を育てる」「共に生きる力を育てる」を目標に、自由を尊び、平和を愛し、責任感に富む「強くしなやかな個性と品格をもった生徒」を育てています。

実際の授業では、生徒が主体的に見つけたテーマについて調べ、発表し、友人とディスカッションをするというゼミ形式の授業がさかんに行われています。また、生徒たちが自らの進路や興味関心のある分野をより深く学習するため、高3からは、自由選択の講座も設置されています。

さらに、他者・自然などへの深い理解と共感性を育てるためのボランティア活動や、異文化・環境との共生に関する体験学習も積極的に実施しています。

推薦入学で立教大学へ

立教学院に属している立教新座中高では、立教大学への推薦入学の制度が整っており、毎年約80％近い生徒が進学しています。高校3年間の学業成績などを総合して推薦入学が決まり、学部・学科については、「学内の序列上位者より選択することになる」とのことです。

そうしたなかで、他大学への進学も応援しています。高校2年次から、他大学進学クラスが設置され、ほかのクラスとは異なるテキスト・内容での授業が展開されます。受験に適した選択科目を取ることで受験に備え、これまでにも東京大や京都大をはじめとする多くの難関大学に合格者を輩出しています。

SCHOOL DATA

- 埼玉県新座市北野1-2-25
- 東武東上線「志木」徒歩12分、JR線「新座」バス10分
- 男子のみ609名
- 048-471-2323
- http://niiza.rikkyo.ac.jp/

国立・私立中学校プロフィール

茨　城

江戸川学園取手中学校

茨城
取手市　共学校

授業が一番！　茨城有数の進学校

毎年優秀な進学実績を残している江戸川学園取手中学校・高等学校。2014年（平成26年）も、東京大に10名の生徒が合格しました。難関私立大学では、早稲田大に65名、慶應義塾大には37名が合格。また、医学部に強い学校としても知られており、今年も、国公立大医学部に17名、私大医学部には29名の合格者を輩出しています。「授業が一番」をモットーとした教育の成果が、如実に表れているといってよいでしょう。

中等部では、基礎学力の定着のため「苦手科目を作らない」ことを重視し、生徒たちがなにごとも「自分でやる」という精神を身につけられるように指導しています。

具体的な授業の内容で特徴的なものとしては、100分授業を取り入れていることがあげられます。基本の授業時間は50分ですが、この100分授業を取り入れることで、数学の難問や、国語・英語の論述問題などに対応できるようになっています。

ユニークな「飛び級制度」

江戸川学園取手では、2002年度（平成14年度）から「飛び級制度」が導入されています。

この飛び級制度は、英語と数学の授業において成績がきわめて優秀な生徒が、より上の学年の授業を受けられるというものです。生徒たちの学習意欲をより高める効果があります。

こうした取り組みに表れているように、これまでの学校の概念にとらわれず、新しい学校づくりをめざしているという点が特徴的です。高等部でもそうした取り組みの一環として、「普通科コース」に加えて「医科コース」が設けられています。将来、世界の医療現場で活躍する人材を育てることを目標としています。この「医科コース」の成果は、前述の大学進学実績にも表れています。

規律ある進学校として、生徒たちを応援していく江戸川学園取手中学校です。

SCHOOL DATA
- 茨城県取手市西1-37-1
- JR線「取手」・関東鉄道常総線「寺原」徒歩25分
- 男子501名、女子456名
- 0297-74-0111
- http://www.e-t.ed.jp/

常総学院中学校

茨城
土浦市　共学校

社会に貢献できる人材の育成をめざす教育

1996年（平成8年）に開校した常総学院中・高は、6年間の中高一貫教育を行っています。メディカルコース（医学系）・リベラルアーツコース（文理系）の2コース制を採用し、生徒それぞれの個性や適性を活かした進路指導も行っています。医学部・歯学部・薬学部進学をめざすメディカルコースとともに、リベラルアーツコースもさまざまな教育プログラムを実施し、大学受験だけではない幅広い学問や職業に対する意識を育て、社会に貢献できる人材の育成をめざしています。

具体的には、医師をはじめ多彩な外部講師を招いての講演会や、病院・研究所などのコース別見学、秋の文化祭ではコース別研究発表などを行っています。また、3年次には自分の興味のある研究課題をレポートにまとめて発表する個人課題研究も行っています。

特色ある英語教育

英語はとくに重要な教科として、週8時間の授業を行っています。コミュニケーション能力をきたえるため、英会話の授業は週2時間取り、1クラスを3分割してネイティブスピーカーの先生が教えています。

中学3年次には、ニュージーランドへの海外研修が実施されます。ファームステイや学校訪問などを行い、生徒にとって思い出深い1週間となります。

このように学力向上を大きな目標とする常総学院ですが、教科以外の教育にも力をそそいでいます。そのひとつとしてあげられるのが、特別養護老人ホームの訪問です。お年寄りの介護体験も行い、生徒たちには貴重な経験の場となっています。

また、生徒全員が1分間の自己アピールをする活動や、青少年赤十字加盟校として「アフリカの子どもたちにワクチンを送る運動」などが積極的に展開され、「自ら考え」「自ら判断し」「自ら行動する力」を身につける教育が実践されています。

SCHOOL DATA
- 茨城県土浦市中村西根1010
- JR線「土浦」バス15分、つくばエクスプレス「つくば」より車で15分
- 男子190名、女子197名
- 029-842-0708
- https://www.joso.ac.jp/

土浦日本大学中等教育学校

茨城
土浦市

共学校

6年間で人間としての根っこをつくる

茨城県初の中等教育学校として、2007年（平成19年）に開校した土浦日本大学中等教育学校。

豊かな自然環境のなかで、「人間力・国際力・学力」の3つの力を育みます。

土浦日本大学中等教育学校では、6年間を3つのタームに分け、効果的に学習が進むように計画しています。

最初の2年間は、Foundation Termです。基礎学力の獲得をめざします。1年次には蓼科や京都・奈良での研修、2年次には28日間の英国研修が用意されています。

つぎの2年間は、Academic Termです。自ら考え、表現する学力を身につけます。3年次には広島研修、4年次にはケンブリッジ大学での研修が行われます。

そして最後の2年間は、Bridging Termです。これまでの研修をとおして獲得してきた力を糧に、進路実現に向けて最大限の努力をします。

世界のリーダーを育てる

学校外での研修も多く、なかでも海外での研修は、総合的・多角的学習の場として非常に重要なものと考え、英語教育にも力を入れています。英語教育の目標を「英語で討論し、自己主張できるレベルのコミュニケーション能力の獲得」と位置づけ、外国人の教員とのふれあいを大切にするなど、実践的なプログラムを導入しています。

土浦日本大学中等教育学校は、日本大学の附属校ではありますが、他大学進学者の多さが特徴的です。

2014年（平成26年）も、東北大などの難関国公立大、早慶上智といった難関私大に多数の合格者を輩出しました。また、海外の大学へ進学した生徒もいます。日本大へは、毎年3割強の生徒が進学します。

新しい進学校として年々進化する土浦日本大学中等教育学校です。

SCHOOL DATA

- 茨城県土浦市小松ヶ丘町4-46
- JR線「土浦」徒歩20分・バス10分
- 男子136名、女子158名
- 029-835-3907
- http://www.tng.ac.jp/sec-sch/

茗溪学園中学校

茨城
つくば市

共学校

濃密な6年間が「考える」力を育む

茗溪学園は、当時の中等教育批判に応える取り組みをする研究実験校として、1979年（昭和54年）に開校されました。

一人ひとりの生徒を知育に偏らず総合的に教育し、人類、国家に貢献しうる「世界的日本人」を創生すべく、知・徳・体が調和した人格の形成をはかり、とくに創造的思考力に富む人材を育てることを建学の理念としています。

また、豊かに生きるために、正しい選択力と決断力、そしてたくましい実行力を養うべく、生命尊重の精神を育て、自分で考え行動できる人づくりをすることが茗溪学園の教育目標です。

「考える」姿勢を重視した教育

その教育の特徴のひとつが、目で確かめ肌で感じる生きた学習を実践していることです。フィールドワークを「問題解決学習」として、知識を前提としたうえに「知恵」を育

てていくための有効な学習形態として取り入れられています。

各教科とも考える姿勢を重視し、実験と調査活動を豊富に取り入れることにより課題意識を開発し、問題解決に適応できる柔軟で創造的な思考力を養っています。

進学については、習熟度別授業、選択制カリキュラム編成、個人課題研究などによって意欲と学力を伸ばし、将来の仕事につながる目的意識を持って進学できるようにしています。また、国際理解・国際交流の機会も多く用意しています。

人間性を育てる寮生活

寮生活をつうじての人間形成も茗溪学園の大きな特徴です。長・短期の寮生活、宿泊をともなう共同生活を経験させ、お互いに切磋琢磨し、自分も他人も尊重する精神を身につけます。こうした6年間のなかで、生徒は自分をしっかりと見つめ、自立していきます。

SCHOOL DATA

- 茨城県つくば市稲荷前1-1
- JR線「ひたち野うしく」・「土浦」・つくばエクスプレス「つくば」バス
- 男子328名、女子342名
- 029-851-6611
- http://www.meikei.ac.jp/

教育は愛と情熱!!

《長聖高校の平成26年度大学合格実績》
東京大2名、京都大1名、一橋大2名、東京工業大1名、お茶の水女子大1名、筑波大3名、
東北大1名、名古屋大2名等国公立大合計78名（うち医学部9名）、早慶上理33名

高校創立50周年・
中高一貫課程創設20年記念の年

中学東京入試
（特別奨学生入試も兼ねる）

1月12日（月・祝）

●東京会場　慶應義塾大学
　　　　　　三田キャンパス
●東海会場　多治見市文化会館
●長野会場　JA長野県ビル12階
●松本会場　松本東急イン

中学本校入試

1月24日（土）

●会場　佐久長聖中学校
※JR佐久平駅・岩村田駅からシャトルバスを
　運行します。

寮生活　授業　体験学習　三位一体となった **6年間の一貫教育**

■ 学校説明会

7月12日(土) 10:30～12:00
【有楽町】東京国際フォーラム・G404
9月24日(水) 10:30～12:30
【汐留】ロイヤルパークホテル汐留 25F
9月28日(日) 13:30～15:30
【名古屋市】メルパルク名古屋
10月13日(月・祝) 13:30～15:00
【高崎市】エテルナ高崎5階

■ 公開授業　8:40～12:30

10月 4日(土)
※個別入学相談コーナーあり。

■ 体験入学

11月16日(日)
　　　9:00～13:40
・授業体験（国語・数学）、模擬作文
・授業体験後に「家族そろって給食体験」

■ 聖華祭（文化祭）　9:30～15:00

9月20日(土)・**21日**(日)
※両日とも個別入学相談コーナーあり。

全国寮生学校合同説明会

11月14日(金)〔横浜市〕
ホテルノフム（JR横浜駅西口徒歩1分）
11月15日(土)〔東京都〕
フクラシア東京ステーション5階
（JR東京駅 日本橋口徒歩1分）

平成29年度に高校新校舎完成予定!!

佐久 長聖中学校 高等学校

〒385-0022 長野県佐久市岩村田3638
TEL　0267-68-6688（入試広報室 0267-68-6755）
FAX　0267-68-6140

http://www.chosei-sj.ac.jp/
E-mail　sakuchjh@chosei-sj.ac.jp

上信越自動車道佐久インターから車で1分
JR長野新幹線・小海線佐久平駅から車で5分
（長野新幹線で東京から70分）

国立・私立中学校プロフィール

寮のある学校

函館白百合学園中学校

北海道　函館市　女子校

豊かな心を育てるために

全国に広がる白百合学園の歴史は、1878年（明治11年）、フランスより3人の修道女が函館に着任し、女子教育の基礎を築いたのがはじまりです。東京の白百合女子大学をはじめとする白百合学園の最初のページはこの函館から記されたのです。

函館白百合学園は、キリスト教に根ざした価値観を養い、神と人の前に誠実に歩み、人としての品性を重んじ、愛の心をもって人類社会に奉仕できる女性を育成しています。そのため、聖書などから学ぶだけではなく、奉仕活動、募金活動、体験的学習などをつうじて、自ら道徳心を養えるようにしています。

将来を見据えたきめ細やかな指導

また、函館白百合学園は将来、世界で活躍する国際人の育成をめざし、語学教育にも熱心です。

外国人専任講師による授業を導入し、英語の授業時間を十分に確保することで、読解力から英会話力まで総合的に身につくように配慮されています。

国・数・英の授業数は公立中学よりも格段に多く、生徒の発達段階に配慮した授業展開のなかで自然な定着をはかっています。

高校進学時は、難関大学への進学を考えている生徒に対応する「特別進学コース」、看護学校や理系私立大学に適した「看護医療系進学コース」、進学・就職に幅広く対応した「総合進学コース」への進学が可能です。

キャンパス内には、自宅から通学できない生徒のための寮「暁の星ハウス」が完備されています。

自立の精神を身につけ、共同生活をとおして、より豊かな人間性を育てることを目的として寮運営がなされています。

羽田空港から飛行機で約70分、函館空港からはバスで20分、思いのほか短時間で函館白百合学園中学校にアクセスできます。入学試験は首都圏の会場でも行われます。

SCHOOL DATA

- 北海道函館市山の手2-6-3
- 函館空港からバス約20分、JR線「函館」バス約35分
- 女子のみ97名
- 0138-55-6682
- http://www.hakodate-shirayuri.ed.jp/

函館ラ・サール中学校

北海道　函館市　男子校

人間教育と進学教育の両立めざす寮制学校

1960年（昭和35年）に高等学校が、1999年（平成11年）に中学校が開設された函館ラ・サールには、「進学教育と人間教育の高いレベルでの両立」を教育方針の核としたつぎのような特色があります。

ひとつ目は「人間教育重視の教育伝統」です。カトリックミッションスクールとして、生徒の全人格的成長をはかるとともに、問題を抱えた生徒もしっかりと支えていきます。

ふたつ目は「全国から優秀な生徒が集まっている」点です。函館市外出身生徒の割合（関東・関西だけで過半数）と出身地の多様性の点では全国一と言われています。多様で密度の濃いふれあい、幅広く豊かな自己実現につながります。

3つ目に「全国唯一の大部屋寮生活」（中学3年間。高校からは4人部屋）です。一見不自由にみえる独自の寮生活をつうじて、深い友人関係とたくましく柔軟な人間関係力を培います。また、函館は北海道の豊かな自然と歴史的情緒にあふれた港町であり、ここでの生活はかけがえのないものです。

最後に「低廉な経費」です。都会での通学・通塾生活より経済的です（授業料寮費合わせて月10万5000円）。

自分の意志で学びつづける意欲を養う

函館ラ・サールでは、一生涯自分の意志で学びつづける意欲を持った人間を育てるため、自分で原理や仕組みを「考えること」で、生徒一人ひとりが自発的に学ぶ姿勢を養う教育を展開しています。

教育カリキュラムは、1週間の授業時間数を37時間としています。基礎的な学力をしっかりと身につけ、なおかつ、さまざまな活動に使える時間的な余裕を持たせるためです。

また、ミッションスクールという特色をいかした倫理・宗教の科目や、国際性を重視した英語教育など、「知」・「心」・「体」の育成に積極的に取り組んでいます。

SCHOOL DATA

- 北海道函館市日吉町1-12-1
- JR線「函館」バス、函館市電「湯の川」徒歩12分
- 男子のみ325名
- 0138-52-0365
- http://www.h-lasalle.ed.jp/

佐久長聖中学校

中高一貫課程創設20年 さらなる躍進を

佐久長聖中学校・高等学校がある、信州・長野県佐久市は、交通整備網が発達し、2015年4月開業の北陸新幹線金沢・東京間の中間に位置する重要拠点として、先端産業が集まるハイテク産業地域であるとともに、文教環境が整った学術文化都市でもあります。

こうした恵まれた教育環境にある佐久長聖の特徴は、授業・体験学習・寮生活が三位一体となった6年間一貫教育を行っていることです。寮のことを「館」と呼び、中学に隣接する「聖朋館」に専任の教職員が宿泊し、24時間体制で指導にあたっています。

生徒の志望に合った2コース

中高一貫校としての特性をじゅうぶんにいかした授業編成を行っており、中1では学習の基礎・基本を身につけ、中3の1学期までに中学の全学習過程を修得し、2学期からは高校の学習範囲へと移ります。授業は50分で、生徒一人ひとりが自ら調べ、考え、意見を述べあうことを大切にし、詰め込みではない、「本当の学力」を伸ばします。さらに、2011年度（平成23年度）からは「東大医進難関大コース」と「スキルアップコース」という2つのコース制を導入し、より一人ひとりに合った学習指導体制が可能となりました。

2014年度の大学入試結果は、東大2名、国公立大医学部9名、京大、一橋大など国公立大に78名、早大・慶應大などの難関私立大を中心に多くの生徒が希望の進路に進んでいます。

語学学習と国際学習も特徴

また、語学学習を大切にする佐久長聖では、生きた英語に触れ、英語の「聞く・話す」力を高めていく教育を行っています。語学力を高めながら国際的な理解力も深める授業を進め、例年、3年生の7割が「英検準2級」に合格しています。また、中2生全員で2月中旬〜3月初旬にカナダで語学研修、高1で希望者による海外語学研修を実施しています。

SCHOOL DATA
- 長野県佐久市岩村田3638
- 上信越自動車道佐久インターより車で1分、JR長野新幹線・小海線「佐久平」車で5分
- 男子219名、女子174名
- 0267-68-6688
- http://www.chosei-sj.ac.jp/

海陽中等教育学校

リーダーの出発点が、ここにある

海陽中等教育学校は、愛知県蒲郡市に位置する全寮制の男子校です。「将来の日本を牽引する、明るく希望に満ちた人材の育成」を建学の精神に掲げ、2006年（平成18年）に開校しました。学校の設立にあたっては、トヨタ自動車・JR東海・中部電力の3社を中心に、日本の主要企業約80社が学校設立・運営のために資金を拠出した、まったく新しいタイプの中等教育学校です。

全寮制のメリットをいかした教育

生徒たちが生活する寮は「ハウス」と呼ばれ、各人の個性を尊重し健やかな成長をはかれるように、個室が用意されています。また、各階には海を見渡すラウンジが備えられ、生徒同士の交流や学習の場としても利用できます。こうした寮生活は、イギリスのイートン校などの例にならって、寮における生活のなかから高い知性とよき生活習慣を身につけていく場として重要な役割を果たしています。

それぞれのハウスには約60人の生徒が生活をともにし、各ハウスには教員の資格を持ったハウスマスターが常駐しています。そしてそれぞれのフロアには、日本を代表する企業から派遣されたフロアマスターがおり、生徒と生活をともにしながら、生活指導や学習支援を行います。

教育内容では、週6日制で十分な授業時間を確保し、国数英を中心に習熟度別授業を取り入れています。ハウスでも1日2時間の夜間学習があり、チューター（少人数担任）制できめ細かくフォローします。その結果、2014年度（平成26年度）の進路では東京大9名、京都大3名、一橋大1名、東京医科歯科大2名、東京芸術大1名、早稲田大33名、慶應義塾大26名、リベラルアーツ大など海外大学4名といった成果をあげています。

将来の日本をリードする明るい人材を育てる海陽中等教育学校に、いま、さらに大きな期待が寄せられています。

SCHOOL DATA
- 愛知県蒲郡市海陽町3-12-1
- JR線「三河大塚」・「蒲郡」バス
- 男子のみ702名
- 0533-58-2406
- http://www.kaiyo.ac.jp/

早稲田摂陵中学校

社会に貢献する人材を育成

2009年度（平成21年度）から、早稲田大の系属校となった大阪府にある早稲田摂陵中学校。

教育目標には「地域社会・国際社会に貢献する人材の育成」を掲げ、豊かな心を育むための教育を行っています。

早稲田摂陵には、学園敷地内に設置された「新清和寮」という学生寮があります。ここでは、中・高合わせて100名ほどの生徒たちが、全国各地から集まる仲間とともに共同生活を送っています。

中学生は4人部屋での生活となるため協調性が育まれ、寮内で定められた5つの心得を守りながら共同生活することで、自立した人間へと成長していきます。

多種多様な学校行事の数々

一年をとおしてさまざまな行事が催されているのも早稲田摂陵の特色です。

4月には、新入生が学校にスムーズになじめるようにと、「新入生オリエンテーション」や「仲間づくり合宿」が実施されます。

中3で実施されるシンガポール研修は、早稲田摂陵の教育目標である国際社会に貢献できる人材を育成するために、必要不可欠な行事となっています。

また、年に数回ずつ、地域清掃ボランティアを実施したり、地域の人々も参加できる「早摂公開講座」を開催したりと、地域とのかかわりを深める行事も行っています。

こうした地域の人々との交流を大切にすることで、もうひとつの教育目標である地域社会に貢献できる人材としての意識も高めていきます。

早稲田摂陵では、このほかにも「早摂祭」や「錬成合宿」などの多彩な行事が行われており、こうした行事、そして、日常生活をとおして「地域社会・国際社会に貢献する人材の育成」という教育目標を実現できる生徒を育成し続けます。

SCHOOL DATA

- 大阪府茨木市宿久庄7-20-1
- 大阪モノレール「彩都西」徒歩15分、阪急電鉄「茨木市」「北千里」「石橋」・JR線「茨木」・北大阪急行電鉄・大阪モノレール「千里中央」スクールバス
- 男子111名、女子46名
- 072-643-6363
- http://www.waseda-setsuryo.ed.jp/

西大和学園中学校

次代を担うリーダーを育成するために

奈良県にある西大和学園中学校・高等学校は、2014年度（平成26年度）の入試から自宅通学者のみですが、中学校の女子生徒の募集を開始しました。中学校は男子と女子が別に学ぶ別学、高校は共学です。学園の敷地内には男子寮が完備され、全国から集まる仲間とのきずなを深めながら、多様な価値観に接し、人間的な成長を遂げていくことができます。

リーダーに必要な3つの要素

西大和学園は、「知性」・「国際性」・「人間性」を柱として、「次代を担うリーダーを育成するために」と教育目標を掲げています。

授業のモットーは「わからないを残さない」。受験のために特別な技術を磨くのではなく、日々の学習をその場で確実に理解し、身につけていくことを大切に考えています。

また、「知性」は本物の体験のなかで磨かれていくと考える西大和学園では、生徒の好奇心に応える多くの体験学習を用意し、中3で卒業研究に取り組みます。生徒は興味を深めながら、学ぶことの楽しさを知ります。

これらの活動は、西大和学園が2002年度（平成14年度）から継続指定を受けているSSH（スーパーサイエンスハイスクール）の取り組みの一貫として行われています。

ふたつ目の柱である「国際性」は、生きた英語力を身につける英語教育と世界を感じられる語学研修により養い、真の国際人として活躍できる人材を育てます。

そして、3つ目の柱である「人間性」を磨くために、多彩な行事、クラブ活動がさかんに行われています。自然や仲間とのかかわりのなかで生きていることを実感し、他者の存在によって自分が生かされていると知ることにより、他者の幸福のために行動する「利他の精神」を持った人材へと成長できます。

このような独自の教育により、「磨かれた『知』を備え、世界を舞台に活躍する、豊かな人間性を持つリーダー」を育てていきます。

SCHOOL DATA

- 奈良県河合町薬井295
- 近鉄田原本線「大輪田」徒歩8分、JR線・近鉄生駒線「王寺」、近鉄田原本線「新王寺」徒歩18分またはバス、近鉄大阪線「五位堂」バス
- 男子619名、女子37名
- 0745-73-6565
- http://www.nishiyamato.ed.jp/

土佐塾中学校

生徒を育てるユニークな教育プログラム

高知の街を見下ろす高台に、土佐塾中学校はあります。豊かな自然に恵まれたこの土佐の地から、将来を担う人材を輩出することを目的として設立されました。

土佐塾では、自宅から通学できない生徒のために寮施設が完備されています。「大志寮」と名づけられたこの寮は、親元を離れて生活する寮生のために、さまざまな面で創意工夫がこらされてます。たとえば、寮での勉強については、学校の先生のほか、塾や予備校の先生も指導にあたるシステムを取っています。また、寮が学校から徒歩5分という至近距離にあり、学校生活を中心に効率のよいスケジュールが組まれているのも魅力です。

学力を伸ばすサポートシステム

入口と出口を比較して学力を伸ばしてくれる学校として話題にのぼる土佐塾を支えているのが、母体である塾・予備校で培ったノウハウと人材です。大志寮の夜間学習にも塾・予備校から派遣されたスタッフが学校教員とともに授業や指導にあたります。

土佐塾独自の「進路サポートプログラム（SSP）」は生徒に自分の進路を早くから意識させ、学力の伸長を助けるものです。通常の学校行事とは別に、大学教授を招いて行うワンデーセミナーや、弁護士や医師などの専門職に就くかたを招くキャリアセミナーなどが実施されます。SSPによって、生徒一人ひとりのキャリア形成能力を育成し、生徒が主体的に自己の進路を選択する能力を養います。

学校施設も大変充実しています。体育館や広いグラウンドはもちろんのこと、自習にも利用できる図書館なども備わっていて、全施設が冷暖房完備です。そして最も特徴的なのは、職員室に仕切りがないことです。開放的な構造で、生徒が気軽に質問ができます。

土佐塾中学校は東京でも入試を行っており、首都圏からたくさんの生徒が受験しています。

SCHOOL DATA

- 高知県高知市北中山85
- JR線「高知」バス約15分
- 男子372名、女子239名
- 088-831-1717
- http://www.tusajuku.ed.jp/

帝京冨士中学校

学寮一貫教育が生む心のふれあい

「努力をすべての基とし、偏見を排し、幅広い知識を身につけ、国際的視野に立って判断のできる人材を育成すること」を目的として創立された帝京冨士中学校・高等学校。生徒とともに夢を育てていく温かみのある教育が特徴です。

学寮一貫教育の魅力

愛媛県西部、冨士山の中腹にある校舎は、自然にかこまれ、勉強に打ちこむのに最適の環境です。寮が完備されているので、遠方からの受験も可能となっています。

学寮一貫教育を行う帝京冨士ならではのきめ細かな学習指導を見てみましょう。

平日の夕食後には、寮生全員と自宅通学生の希望者を対象とした150分の「習熟学習」の時間が設けられています。英語・数学・国語・理科・社会の5教科の教員が、日替わりで3名ずつ3コマ担当し、講義または個人指導を行います。苦手科目の克服や応用力を高めるだけでなく、集中力や持続力が養われ、学習習慣も身についていきます。

国語・数学・英語の3教科では、「グレイド方式」という教育方式を採用しています。中1〜高3までの6年間を7段階に分け、少しずつ先取り学習をしていくことで、高3で入試に向けた特別演習の時間を確保することができます。

また、国語、数学、英語では少人数のクラスをさらに習熟度に分けて授業を行っています。添削においても画一化したものではなく、生徒それぞれに応じた課題を提供し、個人指導を充実させることで学力向上をはかっています。

このような教育により、生徒同士だけでなく、生徒と教員の間にも深いきずなが生まれ、一人ひとりの能力を引き出す英才・精鋭教育が可能となります。そして、ふたりにひとりが国公立大学に合格するという実績につながっています。

SCHOOL DATA

- 愛媛県大洲市柚木947
- JR予讃線「伊予大洲」より車で5分
- 男子23名、女子9名
- 0893-24-6335
- http://www.tomisu.ac.jp/

個性と多様性の尊重
根底からの学び
多彩な進学先

多彩な進路を支える教育システム

文化、科学の根底から学ぶ授業カリキュラムのもとで偏りのない学習をする中から自らの興味関心を発見するプロセスが、回り道のようですが最善のものです。この考え方に基づいて、高校1年までは全員が同じ内容を学ぶ期間としています。高校2年で文・理コース選択を、高校3年では18種類のコースから1つを選択し、希望する進路の実現を目指します。

このように、成蹊大学へ進学する3～4割の生徒と全国の国公私立大学へ進む6～7割の生徒の両方に対応するカリキュラムに加え、卒業生の協力を得た様々な進路ガイダンスなどの行事とが組み合わされて、医歯薬、芸術分野を含む多彩な進路が実現しています。

国際理解教育の多様なプログラム

1949年開始の交換留学を始め、長期・短期の様々な機会が用意されています。1年間の留学でも学年が遅れない制度や留学中の授業料等を半額にする制度を整え、留学を後押ししています。短期留学(2～3週間)には、50年余の歴史を持つカウラ高校(オーストラリア)との交流の他、ケンブリッジ大学、UC-Davisとの提携プログラムなど、将来の進路選択を見据えた成蹊ならではの特色あるプログラムを実施しています。成蹊学園国際教育センターが小学校から大学までの国際理解教育をサポートする体制を整え、また、高校への留学生受け入れも常時ありますので、日常的に国際交流の機会があります。

2014年度 学校説明会　(詳細はHPでご確認ください)

10/11(土) **11/8**(土)
14：00～ 　14：00～
会場：成蹊大学キャンパス

2014年度 受験生対象イベント　(詳細はHPでご確認ください)

10/11(土)　午後　体験イベント(クラブ活動)　要申込

10/18(土)　午前　入試対策講座　申込不要

11/ 8(土)　午後　体験イベント(クラブ活動)　要申込

11/22(土)　午前　入試対策講座　申込不要

※ご来校の際は上履きと履物袋をご持参ください。

2014年度大学合格状況 (詳細はHPをご覧ください)

成蹊大、北海道大、横浜国立大、京都大、一橋大、東京工業大、東京外国語大、東京農工大、東京海洋大、東京藝術大、筑波大、千葉大、首都大学東京、早稲田大、慶應義塾大、上智大、明治大、中央大、立教大、東京理科大、国際基督教大、東京医科歯科大、横浜市立大医学部、順天堂大医学部、東京医科大、日本医科大、防衛医科大学校　など

成蹊中学・高等学校

〒180-8633　東京都武蔵野市吉祥寺北町3-10-13　〔Tel〕0422-37-3818
〔URL〕http://www.seikei.ac.jp/jsh/　　〔E-mail〕chuko@jim.seikei.ac.jp

あ と が き

　現在、国内には700校以上もの中高一貫校があります。そのうち、首都圏には300校以上の学校が所在しています。また、これまでの国立・私立だけではなく、公立中学校においても、中高一貫校を新設する動きがつづいています。多くの選択肢のなかから、各ご家庭の考え方やポリシーに合わせた教育を選ぶことができるということは、非常に幸せなことです。

　その反面、選択肢が多ければ多いほど、悩んでしまうご家庭も少なくありません。とくに初めて中学受験を経験されるご家庭においては、学校選びは大変な作業です。

　本書はそのような保護者のかたに、少しでもお役に立てれば、との思いから生まれたものであり、毎年改編を重ねています。ここに登場する275校の学校については、その教育理念や日々の特色など、学校の素の姿をお伝えすることを第一として編集を行っております。そのため、いわゆる偏差値や学力の指標となるものは掲載しておりません。それは数字だけでなく、ご家庭の教育方針やお子さまに合った学校を選んでいただきたいからです。

　学校の紹介にあたっては、各校の校長先生ならびにご担当の先生がたに多大なご協力を賜り、厚くお礼申しあげます。

　本書をつうじて、各ご家庭が、より望ましい学校教育を選択されることを願ってやみません。

『合格アプローチ』編集部

営業部よりご案内

　『合格アプローチ』は、首都圏有名書店にてお買い求めになることができます。

　万が一、書店店頭に見あたらない場合には、書店にてご注文のうえ、お取り寄せいただくか、弊社営業部までご注文ください。

　ホームページでも注文できます。

　送料は弊社負担にてお送りいたします。

　代金は、同封いたします振込用紙で郵便局よりご納入ください。

ご投稿・ご注文・お問合せは

株式会社グローバル教育出版

【所在地】〒101-0047
東京都千代田区内神田2-4-2 グローバルビル

【電話番号】 合格しょう
03-**3253-5944**(代)

【FAX番号】 03-**3253-5945**

URL：http://www.g-ap.com
e-mail:gokaku@g-ap.com
郵便振替　00140-8-36677

合格アプローチ　2015年度入試用

首都圏 国立私立 中学校厳選ガイド275校

2014年7月10日　初版第一刷発行　定価1800円（＋税）

●発行所／株式会社グローバル教育出版
〒101-0047 東京都千代田区内神田2-4-2 グローバルビル
　　　　電話 03-3253-5944(代)　　FAX 03-3253-5945
http://www.g-ap.com　　郵便振替00140-8-36677

チャンスがいっぱい！自分が変わる夏休み！

Ⅰターム 7/22 〜 7/26・Ⅱターム 7/28 〜 8/1・Ⅲターム 8/4 〜 8/8・Ⅳターム 8/10・11・23・24
短期集中学習 8/17 〜 8/21・Ⅴターム 8/26 〜 8/29

得意を伸ばし不得意を克服！ 夏のＴＴＣ！

2014夏期講習と短期集中学習
・中学受験コース（小３〜小６）
・公立中高一貫校受検（小５・小６）

「教務だより」夏期特別号
　夏期講習の日程・費用などが掲載されています。

※お気軽に最寄りの教室へ電話で詳しい資料を
　ご請求ください。

志賀高原 夏の短期集中学習
小学生対象
・小5・6 自然体験合宿（8/19〜21）
・小4 受験森のスクール（8/18〜21）
・小5 受験森のスクール（8/18〜21）
・小6 受験合宿　　　　（8/17〜21）
・小6 公立一貫校合宿（8/18〜21）

めいけいの中学受験志望校別特訓（9月〜12月）
●志望校にあった入試演習、ラストスパートでつかむ
　合格のコツ！ ベテラン講師が指導します。

※コース選択については模試
などの成績で資格審査します。

9月スタート　土曜 午後2時〜6時（コースにより終了時間が異なる場合があります。）

日程： 9/ 6　　9/13　　9/20　　9/27　　10/ 4　　10/11　　10/18　　10/25
　　　 11/ 1　 11/ 8　 11/22　 11/29　 12/ 6　 12/20　　全14回　費用 45,360円（税込）

開設コースと実施教室

コース	教室	コース	教室
YT御三家	瑞江	県立千葉	千葉
最難関	瑞江	市立稲毛	稲毛
渋谷幕張	瑞江	市立浦和	大宮
男女難関	笹塚	都立両国	瑞江
市川・東邦大東邦	本八幡	都立白鷗	瑞江
昭和秀英	稲毛	区立九段	東大島
千葉ハイレベル	本八幡	都立小石川	王子
男女ハイレベル	笹塚　王子　小岩	都立富士	方南
男女レベルアップ	笹塚　王子　小岩	都立桜修館	笹塚
		都立三鷹	笹塚
		都立大泉	大山
		国立東大附属	方南

YT御三家コースについて
●1月10日、17日が加わります。
●YT学校別週テスト代を別途頂きます。

茗渓塾
MEI KEI JYUKU
http://www.meikei.com

本部事務局
〒151-0073　東京都渋谷区笹塚1-56-7
TEL:03-3320-9661 FAX:03-3320-9630

笹塚教室 ☎ 03-3378-0199	方南教室 ☎ 03-3313-2720
大山教室 ☎ 03-3958-3119	王子教室 ☎ 03-3913-8977
小岩教室 ☎ 03-3672-1010	瑞江教室 ☎ 03-3698-7070
東大島教室 ☎ 03-5875-1223	本八幡教室 ☎ 047-393-6506
稲毛教室 ☎ 043-207-6565	船橋教室 ☎ 047-460-3816
千葉教室 ☎ 043-290-5680	土気教室 ☎ 043-205-5541
鎌取教室 ☎ 043-300-0011	ユーカリが丘教室 ☎ 043-460-2070
川口教室 ☎ 048-241-5456	大宮教室 ☎ 048-650-5655
富士見教室 ☎ 049-251-2048	